Doing History

Edition Historische
Kulturwissenschaften

herausgegeben von Manfred K. H. Eggert

Band 1

Sarah Willner
Georg Koch
Stefanie Samida
(Hrsg.)

Doing History

Performative Praktiken in der Geschichtskultur

Waxmann 2016
Münster • New York

Bibliografische Informationen der Deutschen Nationalbibliothek
Die Deutsche Nationalbibliothek verzeichnet diese Publikation in
der Deutschen Nationalbibliografie; detaillierte bibliografische
Daten sind im Internet über http://dnb.dnb.de abrufbar.

Edition Historische Kulturwissenschaften, Bd. 1

ISSN 2509-8209
Print-ISBN 978-3-8309-3269-7
E-Book-ISBN 978-3-8309-8269-2

© Waxmann Verlag GmbH, 2016
Steinfurter Straße 555, 48159 Münster

www.waxmann.com
info@waxmann.com

Umschlaggestaltung: Matthias Grunert, Münster
Titelbild: Konsole an einem Tübinger Bürgerhaus, um 1480
            © Dirk Seidensticker
Umschlagrückseite: Archäotechnica 2014, © Georg Koch
Satz: Dirk Seidensticker

Gedruckt auf alterungsbeständigem Papier,
säurefrei gemäß ISO 9706

Vorwort des Reihenherausgebers

Das Vorwort des ersten Bandes einer neuen Reihe erscheint besonders geeignet, wesentliche Aspekte der ihr zugrunde liegenden Konzeption zu umreißen. Dies gilt auch für die neugegründete *Edition Historische Kulturwissenschaften* (EHK). Sie soll sich fachübergreifenden Fragen jener Kulturwissenschaften widmen, die historisch arbeiten beziehungsweise eine historische Ausrichtung aufweisen. Dabei ist an ein Forschungsspektrum gedacht, das sich vom Altertum bis in die Gegenwart erstreckt; die fachliche Zuordnung der gewählten Thematik wird dabei als nachrangig betrachtet. Somit sind weder die jeweiligen Wissenschaften, Wissensfelder und Phänomene entscheidend noch der von ihnen abgedeckte zeitliche Rahmen. Dreh- und Angelpunkt der Bände dieser Reihe – neben Monographien und Sammelwerken sind auch andere Formate denkbar – soll vielmehr die historisch-kulturwissenschaftliche Analyse und Interpretation der behandelten Themen sein. Erwünscht ist eine theoretische Durchdringung, die über den historischen ›Eigenwert‹ der gewählten Fragestellungen hinausgeht. Idealiter sollte jede Monographie beziehungsweise jeder Beitrag in einem Sammelband dieser Reihe in möglichst starkem Maße vergleichend und wo immer sinnvoll interdisziplinär angelegt sein.

Ihrer inhaltlichen Bestimmung nach ist die EHK also auf historisch-kulturwissenschaftliche Reflexion und Selbstreflexion ausgerichtet. Es wird nicht zuletzt angestrebt, darin auch Grundfragen der Historischen Kulturwissenschaften zu erörtern. Dies schließt erkenntniskritische Analysen – bezogen auf das epistemische Potential der Historischen Kulturwissenschaften – von Positionen ein, die in der gegenwärtigen (und sicherlich auch zukünftigen) Diskussion nur allzu oft recht schematisch vertreten werden.

Das Potential der EHK liegt gewiss in den historisch orientierten Feldern der genuinen Kulturwissenschaften sowie in den Grenzbereichen zwischen etablierten Fächern. Hier wäre zum Beispiel an die Berührungszone zwischen Ethnologie/Kulturanthropologie und Volkskunde/Europäischer Ethnologie auf der einen und Sozialgeschichte auf der anderen Seite zu denken. Ähnlich steht es mit dem Bereich zwischen Ethnologie/Kulturanthropologie und den Altertumswissenschaften, etwa den verschiedenen Archäologien. Darüber hinaus sind diachrone Analysen historisch-kultureller Phänomene ebenso willkommen wie solche der unterschiedlichen Modi ihrer Erforschung.

Die EHK ist zudem solchen Arbeiten gegenüber aufgeschlossen, die sich mit dem Verhältnis von Kultur- und Naturwissenschaften auseinandersetzen. In den letzten Jahren zeichnet sich in einigen Bereichen ein zunehmender Einfluss naturwissenschaftlicher Forschung im Rahmen kulturwissenschaftlicher Fragestellungen ab. Hier fehlt es bisher noch weitgehend an vergleichenden Analysen. Grundsätzlich ist die Reihe ferner darum bemüht, die kulturwissenschaftliche Anschlussfähigkeit neuer, von den Naturwissenschaften dominierter Forschungsfelder im Grenzbereich auszuloten und ihre Integration in den historisch-kulturwissenschaftlichen Kanon zu unterstützen. Ein Diskurs zwischen Natur- und Kulturwissenschaften erscheint heute notwendiger denn je.

Selbstverständlich gilt das Interesse der EHK nicht zuletzt neueren theoretisch-methodischen Strömungen in den Kulturwissenschaften. Dies betrifft auch Untersuchungen, die sich mit gegenwärtigen Entwicklungen im weiten Raum der ›Geschichtsmärkte‹, der ›Eventisierung‹ von Geschichte, des ›Histotainment‹, kurz der vielfältigen, dadurch erzeugten Geschichtsbilder beschäftigen. Hierbei geht es ebenfalls um eine vergleichend-kritische Perspektive, die über die eigentlichen Phänomene hinausführt und deren Stellenwert im historisch-kulturwissenschaftlichen Diskurs auslotet.

Abschließend ein Wort zur Umschlagsvignette. Ihr liegt ein Detail eines Erkers zugrunde, der sich an einem Tübinger Bürgerhaus befindet und von einer Art metaphorischer Substruktion getragen wird. Die aus Stein gefertigte Konsole dieser Substruktion wurde um 1480 gestaltet.[*] Das Haus und sein Erker sind eines der vielen kulturhistorisch bedeutsamen Baudenkmäler in Tübingen. In unserem Zusammenhang verkörpert die Vignette eine besondere Metaphorik. Die *Edition Historische Kulturwissenschaften* soll mit ihrer Konzentration auf historisch-kulturwissenschaftliche Reflexion und Selbstreflexion zur weiteren Grundlegung der Historischen Kulturwissenschaften beitragen. In diesem Sinne möge der in die Vignette gebannte spätmittelalterliche Handelsmann, ebenso wie er am Tübinger Bürgerhaus die Last des Erkers trägt, der Reihe als ›Erdung‹ für manch intellektuelles Flugrisiko dienen.

im Juni 2016   M.K.H.E.

---

[*] Meinem Tübinger Kollegen Wilfried Setzler danke ich sehr für hilfreiche Auskünfte.

Vorwort

Der vorliegende Band geht auf eine internationale Konferenz zurück, die vom
2. bis 5. Juli 2014 am Zentrum für Zeithistorische Forschung in Potsdam stattfand. Sie wurde vom Forschungsverbund »Living History: Reenacted Prehistory between Research and Popular Performance« ausgerichtet, der von 2011
bis 2016 von der VolkswagenStiftung gefördert wurde und an der Universität
Tübingen und am Zentrum für Zeithistorische Forschung Potsdam angegliedert
war. Fachvertreter unterschiedlicher Disziplinen wie z. B. der Archäologie, Geschichtswissenschaft, Europäischen Ethnologie, Amerikanistik, Mediendidaktik
und Psychologie waren im Sommer 2014 zu der Tagung »Geschichte als Erlebnis: Performative Praktiken in der Geschichtskultur« eingeladen, um über
zentrale Fragen des Erlebens von Geschichte zu diskutieren. Während der dreitägigen Veranstaltung hatten sich die Referentinnen und Referenten nicht nur auf
fachübergreifende Diskussionen eingelassen, sondern darüber hinaus auf eine
Videoaufzeichnung der Konferenz. Aus diesem Mitschnitt entstand ein 10-minü-
tiger Film, der die Themen, Fragen und Ergebnisse der Tagung zusammenzufas-
sen sucht. Er ist seit November 2014 online und auf Youtube abrufbar.[1]

Von den in Potsdam gehaltenen Vorträgen haben zwölf in überarbeiteter Form
Eingang in den vorliegenden Sammelband gefunden. Wir bedanken uns herzlich
bei den Teilnehmerinnen und Teilnehmern der Konferenz sowie bei allen Autorinnen und Autoren für die angenehme Zusammenarbeit.

Die Potsdamer Tagung wurde von der VolkswagenStiftung gefördert, wofür
wir der Stiftung zu großem Dank verpflichtet sind. Für ihre Hilfe bei der Vorbereitung sowie während der Tagung gilt unser Dank Ruzana Liburkina und Con-
stanze Seifert sowie Robert Graef und Stefan Zeppenfeld. Sie haben während der
dreitägigen Konferenz in vorzüglicher Manier für einen reibungslosen Ablauf
und das leibliche Wohl aller Teilnehmerinnen und Teilnehmer gesorgt.

Die Drucklegung der Vorträge war nur durch eine großzügige finanzielle
Unterstützung der Universität Zürich möglich; Bernhard Tschofen (Zürich) sei
hierfür herzlich gedankt.

---

1   Zu finden ist die Video-Zusammenfassung »Living History & Reenactment = ›Ge-
    schichte als Erlebnis‹? Ein Tagungsbericht« unter <https://www.youtube.com/
    watch?v=vZVWEdF4b-s> [17.06.2016].

Darüber hinaus freuen wir uns, dass unser Band den Auftakt der Reihe »Edition Historische Kulturwissenschaften« bestreitet; für die Aufnahme in die Reihe sind wir dem Herausgeber Manfred K. H. Eggert (Tübingen) sehr dankbar.

Dirk Seidensticker (Köln) hat freundlicherweise die Erstellung der Druckvorlage übernommen – ihm sind wir für sein großes Engagement sehr verbunden.

im Juni 2016   Die Herausgeber

Inhalt

Ding_Bedeutung

Stefanie Samida/Sarah Willner/Georg Koch

Doing History – Geschichte als Praxis

Programmatische Annäherungen

Abstract

History is not only construed and handed down in writing. In popular cultural practice, it has long been edited and can be experienced in many forms. Past debates have not treated these practices well, however, and concentrated primarily on representational forms shaped by historical politics, such as museums and schoolbooks, as well as by entertainment-oriented media, such as television documentaries, feature films and TV-series, video and computer games, as well as non-fiction and novels. In this context, *doing history*, understood as a discursive and performative visualisation of the past, has hardly been explored, although it has quite a long tradition.

In this introduction, we pursue an access that is both theoretical and practical, and draw closer to *doing history* on the basis of three central pairs of concepts that have strongly influenced the cultural and historiographical debate over the last several years: ›body_emotion‹, ›experience_space‹ as well as ›thing_meaning‹. History is created in the interplay between person, body, space and object. The physical and affective experience influences, in interaction with the evocative experience of presence, as well as the relationship and meaning of the object and the actions and interpretations of individuals, what is capable of leading to sensational, certainly culturally subjectively shaped imaginations from the past.

In der populärkulturellen Praxis ist Geschichte längst in vielfältigen Formen multisensorisch aufbereitet und erlebbar. Historische Reenactments, wie zuletzt die im Jahr 2015 inszenierte Schlacht bei Waterloo, ziehen unter großem Medienecho bisweilen mehrere tausend Zuschauerinnen und Zuschauer an.[1] Immer mehr Menschen besuchen als authentisch angesehene historische Orte, spielen historische Situationen nach oder nehmen an inszenierten Events teil, die versprechen, Geschichte erlebbar zu machen. Ob nun auf Mittelalter-Spektakeln, historischen Festumzügen, archäologischen Themenwanderungen, in Themen-

---

1 Um die Lesbarkeit zu erleichtern, werden wir im Folgenden das generische Maskulinum verwenden; es sind aber selbstverständlich stets alle Geschlechter gemeint.

parks und im Karneval, in diversen Fernsehformaten und in rekonstruierten Settings, die historische Bedingungen herstellen und erfahrbar machen sollen – überall hier handelt es sich um Modi, die von einer starken Gegenwärtigkeit geprägt sind, und bei denen emotionale Verbindungen zwischen Vergangenheit und Gegenwart geschaffen und letztlich ›Geschichte gemacht‹ wird.

Diese Art der »Geschichtsbenutzung«, wie es der Historiker Valentin Groebner (2011, 230) ausgedrückt hat, könne man besorgniserregend oder amüsant finden, aber sie finde schlicht statt – und das nicht erst seit heute, könnte man ergänzen. Denn die körperlichen Geschichtspraktiken haben durchaus eine lange Tradition. Erinnert sei hier lediglich an zirzensische Spektakel der Römischen Kaiserzeit, christliche Passionsspiele und sogenannte *pageants* des 19. und frühen 20. Jahrhunderts. Seit den 1980er Jahren nahm ihre Bedeutung im deutschsprachigen Raum, wie die eingangs erwähnten Beispiele verdeutlichen, stetig zu. Interessanterweise blieb eine Erforschung dieser Geschichtspraktiken, die nicht in der Vermittlung von Geschichte aufgehen und auch als ›lebendige Geschichte‹ nur bedingt zu fassen sind, bislang jedoch weitgehend aus. Die Forschung verharrte hinsichtlich der sinnlichen Zugänge zu Geschichte bisher zum einen in bildungsbürgerlich und geschichtspolitisch geprägten Praxisrahmen und betrachtete beispielsweise vornehmlich Museen und Schulbücher.[2] Zum anderen wurden vielfach unterhaltungsorientierte Medien wie Fernsehdokumentationen, Spielfilme und TV-Serien, Video- und Computerspiele sowie Sachbücher und Romane untersucht, wobei auch hier ein stark pädagogischer und didaktischer Unterton festzustellen ist.[3] Die rege und kritische wissenschaftliche Auseinandersetzung mit diesen geschichtskulturellen Manifestationen in den letzten Jahren ist ein erfreulicher Befund.[4] Die sinnlichen Vergegenwärtigungen von Vergangenheit, das »past presencing« (Macdonald 2013, 16 f.), sind dabei jedoch kaum beachtet worden. Dieser Zugang verweist auf eine Sehnsucht nach Unmittelbarkeit, Intensität und Greifbarkeit – kurz: nach Präsenz – in unserer *breiten Gegenwart*, wie es der deutsch-amerikanische Literaturwissenschaftler Hans Ulrich Gumbrecht

---

2   Für Museen beispielsweise: Hartung 2006; Padberg/Schmidt 2010; zum Schulbuch etwa: Sénécheau 2008; Handro/Schönemann 2011.

3   Die Forschungsliteratur für die einzelnen Themen ist immens, so dass unsere Auswahl aus den letzten zehn Jahren nolens volens einer gewissen Beliebigkeit folgt. Für Fernsehdokumentationen beispielsweise Brockmann 2008; Fischer/Wirtz 2008; für den Spielfilm und Fernsehserien etwa Bösch 2007; Meier/Slanička 2007; Späth 2012; zu Video- und Computerspielen siehe z. B. Schwarz 2012; Kerschbaumer/Winnerling 2014; für das Sachbuch unter anderem Hardtwig/Schütz 2005; Hahnemann/Oels 2008; für den Roman beispielsweise Saupe 2009.

4   Siehe z. B. auch Hardtwig/Schug 2009; Korte/Paletschek 2009; Hardtwig 2010; Kühberger/Pudlat 2012.

(2010, 143) formuliert hat, und sollte daher auch Gegenstand einer als Historische Kulturwissenschaft verstandenen Public History sein.

Public History

Im deutschsprachigen Raum versteht man unter ›Public History‹ – als Teil der (Geschichts-)Wissenschaft – heute üblicherweise jede Form von öffentlicher Geschichtsdarstellung, die fern der Wissenschaft praktiziert wird und Geschichtskenntnisse zu vermitteln sucht (Bösch/Goschler 2009b, 10). Beschäftigt man sich mit der einschlägigen deutschsprachigen Literatur zum Thema,[5] so fällt auf, dass Public History räumlich und zeitlich sehr eng gefasst wird. Dabei ist sie jedoch geographisch betrachtet ein ›grenzenloses‹ bzw. globales Forschungsgebiet. Auch ihre Fokussierung auf die Zeitgeschichte wird dem Gegenstand kaum gerecht. Die Einengung auf zeitgeschichtliche Phänomene mag damit zusammenhängen, dass die jüngste Vergangenheit (Nationalsozialismus, Kalter Krieg, Fall der Mauer) in Deutschland eine wichtige Rolle in der gegenwärtigen Erinnerungskultur spielt. Aus dem Blick geraten aber allzu oft die weiter zurückliegenden Epochen wie beispielsweise das Mittelalter, die griechisch-römische Antike und die ferne Ur- und Frühgeschichte. Auch sie sind in der öffentlichen Wahrnehmung nicht nur omnipräsent, sondern ihnen wird in der Gegenwart wortwörtlich eine ›Rolle‹ zugeschrieben; dies zeigt sich beispielsweise anhand der ›Steinzeit im Fellröckchen‹, wie sie die *Familie Feuerstein* repräsentiert, der auf Römer und Germanen fokussierten erlebnisorientierten Präsentation der Frühgeschichte, der man mitunter in sogenannten ›Sandalenfilmen‹ begegnet, und spektakulären – meist kommerziellen – Mittelalterdarstellungen.[6] Auch andere Kulturräume – etwa Nordafrika und der Nahe Osten und damit das Alte Ägypten und der Alte Orient – sind in der öffentlichen Wahrnehmung sehr präsent. Schon in den 1920er Jahren herrschte eine »Tut-mania« (Collins/McNamara 2014), die einer »Ägyptomanie« (Wildung 1981) der 1980er Jahre vorausging.

Public History meint also nicht nur jegliche Form öffentlicher Geschichtspraktiken – und damit die Beschäftigung mit den vielfältigen Formen der Geschichtskultur sowie der Beziehung zwischen akademischer und öffentlicher Geschichte –, sondern bezeichnet auch ein sich in der deutschsprachigen Ge-

---

5 Beispielsweise Nolte 2008; Bösch/Goschler 2009a; Zündorf 2010; Nießer/Tomann 2014; Hochmuth/Zündorf 2015.

6 Zum Mittelalter bzw. der Mittelalterrezeption siehe z. B. Groebner 2008; Buck/ Brauch 2011; Herweg/Keppler-Tasaki 2012; zur griechisch-römischen Antike etwa Baumbach 2000; Korenjak/Tilg 2007; Lindner 2013; zur Ur- und Frühgeschichte Sénécheau 2008, 2014 mit weiteren Literaturhinweisen; Samida 2013.

schichtswissenschaft zunehmend etablierendes akademisches Forschungsfeld. Allerdings mangelt es bis heute an konzeptionellen Auseinandersetzungen sowie Diskussionen um Arbeitsfelder, Methoden und Theorien. Das mag daran liegen, dass die deutschsprachige geschichts- und kulturwissenschaftliche Forschung seit Jahren von den Konzepten ›Erinnerung‹ und ›Gedächtnis‹ überlagert wird und kaum Raum für andere Theoriediskussionen gelassen bzw. diese nicht wahrgenommen hat. Das hat zu einer gewissen Einseitigkeit nicht nur im seit über zwei Jahrzehnten präsenten und viel beschworenen ›Erinnerungsdiskurs‹ geführt, sondern auch in der Wahl der Forschungsthemen und theoretischen Entwürfe.

Unser Verständnis von Public History weicht von dem oben skizzierten ab; es sieht zum einen keine epochenspezifische Begrenzung vor und bezieht alle geschichtskulturellen Äußerungen, Handlungen und Imaginationen mit ein. Zum anderen, und das zeigen auch die hier versammelten Beiträge, gibt es mittlerweile zahlreiche akademische Fächer mit je eigenen Forschungsfeldern, disziplinären Traditionen und Methoden, die individuelle Herangehensweisen und damit Formen einer Public History gebildet haben. Es gibt also, so könnte man sagen, ein multidisziplinäres Nebeneinander, das in Zukunft aufzubrechen sein wird, um von akademischer Seite aus einen interdisziplinären Zugang zum Forschungsgegenstand ›Public History‹ zu entwickeln. Denn Public History, so meinen wir, ist ein klassisch fächerübergreifendes Forschungsfeld, das aufgrund seines immanenten Vergangenheits- und Gegenwartsbezugs als historisch-empirische Kulturwissenschaft verstanden, praktiziert und mit Hilfe kulturwissenschaftlicher Begriffe wie Inszenierung, Erlebnis, Performativität oder Identität konzeptionalisiert werden sollte (dazu auch Samida 2014). Der vorliegende Band sieht sich dieser Aufgabe verpflichtet und möchte einen ersten, kleinen Schritt auf diesem Weg beschreiten.

Doing History

Aufgrund der weitgehenden Vernachlässigung sinnlich-emotionaler Geschichtspraktiken im geschichts- und kulturwissenschaftlichen Diskurs, der die Public History miteinschließt, möchten wir ganz bewusst einen praxistheoretischen Zugang in das Zentrum des Interesses rücken und den inhaltlichen Schwerpunkt auf die Akteure legen. Unser Titel lehnt sich dabei an das erstmals Mitte der 1980er Jahre vorgestellte Konzept des *doing gender* von Candace West und Don H. Zimmerman (1987) an. Sie hatten damals das *Herstellen* bzw. *Tun* von Geschlecht betont und es damit als soziale Konstruktion von Interaktionsprozessen erkannt. Das seitdem vielfach adaptierte, erweiterte und auf andere Kontexte übertragene

Konzept (z. B. *doing knowledge, doing identity, doing heritage, doing culture*) erweist sich für uns als praxistheoretische Perspektive, die vom Tun – dem *doing* – ausgeht und damit diskursive und performative Prozesse kenntlich zu machen vermag, die nach Pierre Bourdieu (1976) vom menschlichen Habitus bestimmt sind. In diesen sozialen Praktiken, so Bourdieu, seien die gesellschaftliche Verortung und Abgrenzung handelnder Subjekte sowie jene sozialen Determinanten zu finden, die historisch und biographisch gewachsen sind und die das gegenwärtige Denken, Fühlen und Handeln lenken.

Unserem Praxisbegriff liegt die Annahme zugrunde, dass Praktiken – hier mit dem von Andreas Reckwitz (2003, 290) erweiterten Konzept verstanden als distinktive »routinisierte Bewegungen und Aktivitäten des Körpers« – auf implizitem und explizitem Wissen beruhen. Der Vollzug, die Verkörperung und die Ausführung nehmen also eine prioritäre Stellung ein (Hörning/Reuter 2004, 12), während die Analyse vorgefertigter kognitiver Bedeutungs- und Sinnstrukturen in den Hintergrund tritt (ebd. 10). Dieser praxistheoretische Ansatz betont somit die Körperlichkeit der Praktiken, die Machtbeziehungen, das ›Performen‹ praktischen Wissens und des historischen Wandels, ohne sich auf die Frage nach Intentionalität zu beschränken.

In Anlehnung an *doing culture*, bei dem soziale und kulturelle Phänomene als interaktive Handlungsprozesse und damit »Kultur in ihrem praktischen Vollzug« (Hörning/Reuter 2004, 10) untersucht werden, geht es bei *doing history* um ›Geschichte in ihrem praktischen Vollzug‹.[7] Damit rücken die Praxiszusammenhänge in den Vordergrund, in die das Kulturelle in der Lebenswelt – und damit implizit auch das Historische – »unweigerlich verwickelt ist, in denen es zum Ausdruck kommt, seine Verfestigungen und seinen Wandel erfährt« (ebd.). Im Zentrum eines solchen Ansatzes stehen »Praxis, Handlung, Interaktion, Erfahrung, Performanz, Akteur, Körper, Artefakte, symbolische Kommunikation, Aneignung« (Reichardt 2007, 63) und deren Wechselbeziehung. Im Sinne von Performanzforschungen steht also die Herstellung von Bedeutung im Vollzug von Handlungen im Vordergrund, bei der alle Anwesenden, aber auch Dinge und Atmosphären, mitwirken. Damit rücken dann beispielsweise folgende Fragen in

---

7   Ähnlich Welzer (2001, 18), der *doing history* als »Suchbewegung« charakterisiert und mit »absichtslosen Praktiken des Verfertigens und Vergegenwärtigens von Vergangenheit« umschreibt, obschon unserer Ansicht nach diese Aneignungs- und Gestaltungsprozesse sich nicht sinnvoll von kulturellen, sozialen oder politischen Bedingungen lösen lassen. Ein dieser und unserer Konzeption völlig abweichendes Verständnis von *doing history* verfolgt hingegen das Buch von Donnelly/Norton (2011) mit dem gleichnamigen Titel. Es stellt eine ›klassische‹ Einführung in die Geschichtswissenschaft dar, in dessen Zentrum Bedeutungen und Funktionen historischen Wissens und der ihm zugrundeliegenden Quellen stehen.

den Vordergrund: Von wem und wie wird Geschichte in welchen gesellschaftlichen Kontexten ›gemacht‹? Welche Praktiken im Umgang mit Vergangenheit können wir festmachen und wie äußern sie sich? Welche Aushandlungsprozesse finden dabei statt? Wie wird Geschichte reproduziert, inszeniert und angeeignet? Welche Funktion besitzen dabei Körper, Raum und Dinge? Welches Wissen über die Vergangenheit wird im *doing history* produziert?

Der vorliegende Band dient als Anstoß, die hier mit leichter Feder skizzierten Konzepte aufzunehmen und zukünftig mehr zu beachten. Er sucht mit seinen Beiträgen das hier umrissene Panorama des *doing history* abzustecken und zu reflektieren und legt das Augenmerk ganz bewusst auf die Praktiken. Das Konzept des *doing history* bildet dabei den begrifflichen Rahmen für die mehrheitlich vom empirischen Material ausgehenden bzw. dicht am Material ausgerichteten Aufsätze und leistet damit einen Beitrag für die gegenwärtige und im besten Falle auch zukünftige Public History und die an populärer Geschichtskultur interessierte Europäische Ethnologie.

Die Autorinnen und Autoren untersuchen grosso modo die Motive der Beteiligten, die durchaus auch jenseits der historischen Sinnbildung liegen können. Es geht um das Zusammenspiel zwischen körperlichen Praktiken und medialen Repräsentationen und ihre Beziehung zur wissenschaftlichen Erkenntnisbildung. Wie gestalten sich in diesen Praktiken Alteritäts- und Identifikationserfahrungen, die eine zeitliche Distanz markieren? Wo lassen sich Kontinuitäten festmachen? Welche Rolle spielen Naturerfahrungen? Wie lassen sich das transformatorische Potential von historischen Präsenzerfahrungen und Gumbrechts (2004, 78–93) »Epiphanien«, verstanden als Momente intensiven Erlebens, beschreiben?

Die Aufsätze prüfen darüber hinaus, wie sich historische Themen in diesen Praxisrahmen verorten und materialisieren. Der Fokus liegt hierbei auf den Deutungen, die aufgebracht werden und darauf, inwiefern sich diese von anderen Geschichtsdarstellungen unterscheiden. Es gilt also, die ›Bewegungen‹ dieses Geschichtswissens im Sinne seiner Übertragbarkeit in andere Kontexte des Alltags nachzuzeichnen. Immer mitgedacht sind auch die Demarkationslinien zwischen populärer Geschichtsaneignung einerseits und akademischen Geschichts- und Kulturwissenschaften andererseits. Wie gestaltet sich die Wissenszirkulation in den verschiedenen geschichtskulturellen Praktiken und Räumen im Hinblick auf die zunehmende Durchlässigkeit von Wissensordnungen? Welche Spezifik besitzen kollaborative Prozesse, die einen eher niederschwelligen Zugang zu Geschichte im Sinne einer *smart history* beschreiben? Welche Abgrenzungsstrategien zwischen epistemischen Autoritäten sind in diesem Feld zu beobachten?

Darüber hinaus lassen sich die im Band skizzierten geschichtskulturellen Praktiken selbst historisieren. Dies gilt zum einen für Geschichtskonstruktionen, die selbst historisch und dennoch gegenwärtig wirksam sind, und zum anderen für die Historisierung von Orten und Landschaften. Was bedeutet das für die ontologische Unterscheidung zwischen materieller und immaterieller Kultur? Wie gestalten sich diese historischen Räume im Sinne kultureller *trading zones*?

Im Folgenden möchten wir uns dem *doing history* anhand von drei Begriffspaaren nähern; die beschriebenen Konzepte – wir beschränken uns bei der Darstellung weitgehend auf die deutschsprachige Diskussion – haben die kultur- und geschichtswissenschaftliche Debatte in den letzten Jahren stark geprägt. Das wird schon daran deutlich, dass sie gleich für verschiedene sogenannte ›Wenden‹ herhalten mussten: beispielsweise den *body turn, emotional turn, spatial turn* und *material turn*.[8] Man sollte sich diese ›Wenden‹ allerdings nicht im Sinne einer zeitlichen Abfolge vorstellen, in der ein *turn* sozusagen den anderen ablöst; vielmehr stehen diese Forschungsrichtungen häufig gleichzeitig und gleichberechtigt nebeneinander, wobei sie sich gegenseitig inspirieren.

Körper_Emotion

Ein wichtiger Begriff im Kontext des *doing history* bildet, das wurde schon angedeutet, der Körper. Denn gerade die Körperlichkeit besitze, so Andreas Reckwitz (2012, 34), konstitutive Relevanz in der Praxistheorie und führe zu einem Verständnis von Akteuren als sinnlich-perzeptive Wesen. Ein Konzept von *doing history* kommt somit nicht umhin auf Diskussionen und Erkenntnisse der Körpersoziologie und Körperanthropologie und dabei auch auf ›Klassiker‹ wie Helmuth Plessner und Thomas J. Csordas zurückzugreifen.

Plessner hat bereits in den 1920er Jahren den »unaufhebbaren Doppelaspekt« von ›Körperhaben‹ (»der Mensch als Körperding«) und ›Leibsein‹ (»der Mensch als Leib in der Mitte einer Sphäre«) beschrieben (Plessner 1975, 294). Damit hat er die »Gleichzeitigkeit des unmittelbaren Erlebens und des distanzierten Wahrnehmens und Reflektierens« (Müller/Soeffner/Sonnenmoser 2011, 8) hervorgehoben. Plessners ›Körperhaben‹ und ›Leibsein‹ waren in den letzten 100 Jahren durchaus immer wieder einmal Gegenstand von Diskussionen in der Soziolo-

---

8   Ausführlich zu verschiedenen *turns* in den Kulturwissenschaften Bachmann-Medick 2009; von den oben genannten wird dort allerdings nur der *spatial turn* besprochen. – Das Ausrufen von ›Wenden‹ mutet mittlerweile inflationär an und es bleibt kritisch zu hinterfragen, was damit überhaupt gewonnen ist. Man wird Reckwitz (2012, 25) folgen können, der die »allgemeine Rede von den ›turns‹« zu Recht als »strategische Dramatisierung und Vereinfachung« angesprochen hat.

gie. Doch erst seit den 1970er Jahren haben sich die Forschungen zum Thema ›Körper‹, besonders in der anglophonen Forschung, intensiviert (Gugutzer 2015, 9) und auch die deutschsprachige Diskussion sowie andere Fächer beeinflusst.[9] Große Bedeutung hatte dabei das Konzept der Verkörperung (*embodiment*) von Thomas J. Csordas (1990; 1994), das den phänomenalen Körper (Leib) als Ausgangspunkt für jegliche Art von kultureller Produktion herausstellt. Csordas (1994, 6) geht davon aus, »that culture is grounded in the human body«. Der Körper sei somit nicht nur als semiotischer Körper zu begreifen, sondern erst das leibliche In-der-Welt-Sein stelle die Bedingung der Möglichkeit dafür dar, »daß der Körper als Objekt, Thema, Quelle von Symbolhandlungen, Produkt kultureller Einschreibungen u. ä.« verstanden und analysiert werden könne, so die Theaterwissenschaftlerin Erika Fischer-Lichte (2001, 20).

Dass die Differenzierung von objektivier- und formbarem ›Außen‹ (Distanziertheit und Reflexion) und subjektiv-wahrnehmbarem ›Innen‹ (Unmittelbarkeit und Erleben) kaum mehr als eine analytische Trennung ist, greift auch Stefanie Samida in ihrem Beitrag auf. Anhand ihrer Beobachtungen eines im Jahr 2013 nachgestellten römischen Feldzugs stellt sie heraus, dass sich Körperhaben und Leibsein gegenseitig beeinflussen. Ihre exemplarische Auseinandersetzung verdeutlicht darüber hinaus, dass die Beschäftigung mit Aspekten ›historischen‹ Selbsterlebens nicht ohne eine Diskussion kulturwissenschaftlicher Konzepte auskommt. Sie kann zeigen, dass die mit dem Begriff ›Theatralität‹ eng verbundenen Termini ›Aufführung‹, ›Inszenierung‹, ›Körperlichkeit‹ und ›Wahrnehmung‹ nicht nur zentral für eine auf das Performative ausgerichtete kulturwissenschaftliche Forschung, sondern auch im Kontext geschichtskultureller Praktiken wie der Living History sind. Damit überwindet sie den überraschenden Umstand, dass sich bisher weder die Körpersoziologie und -anthropologie den sensorischen Aspekten von geschichtskulturellen Praktiken gewidmet noch die Geschichtswissenschaften oder gar die Public History diesen Ansatz für sich entdeckt haben.

›Körperlichkeit‹ bzw. sensorisch-emotionales Erleben müssen in diesem Rahmen nicht zwingend eine neue »Basiskategorie« bilden. Aber sie könnten, wie es Utz Jeggle (1980, 171 f.) für die Empirische Kulturwissenschaft bzw. Europäische Ethnologie formuliert hat, eine »zusätzliche Erfahrungsebene« ein-

---

9 Dazu gehören etwa die Geschichtswissenschaften (Lorenz 2000 und Ellerbrock 2004 geben einen prägnanten Überblick), die Empirische Kulturwissenschaft bzw. Europäische Ethnologie (z. B. Jeggle 1980; Hess. Vereinigung Volkskunde 1996), die archäologischen Fächer, in denen immer häufiger von einer ›Archäologie des Körpers‹ gesprochen wird (z. B. Joyce 2005; Gramsch 2013; Rebay-Salisbury 2013; Augstein 2015, alle mit weiterführender Literatur), und andere mehr.

bringen: »neben der Erfahrung von und in Raum, von und in Zeit, wäre parallel zu der Erfahrung von gemachten Dingen und Gegenständen (eben in Raum und Zeit) die Erfahrung von (und als) lebendigen Körpern zu setzen«. Das gilt auch für die Einbeziehung von »lebendigen Körpern« im Kontext geschichtskultureller Praktiken. Unseres Erachtens bieten sich gleich mehrere analytische Dimensionen, wie sie die Soziologie des Körpers formuliert, als Untersuchungsfelder im Kontext eines *doing history* an, die einer eingehenderen Analyse wert wären. Dazu gehören etwa die Körperrepräsentation, bei der der Körper als Zeichenträger fungiert, die Körperinszenierung, bei der der Körper als Medium der Selbstdarstellung dient sowie der Körper als Ort von Leiberfahrungen. Diese Dimension nimmt speziell Aspekte der Körperwahrnehmung und Körperlichkeit – Wie spüre ich meinen Körper? – in den Blick (ausführlich zu den verschiedenen Dimensionen Gugutzer 2006, 14–20).

Eine besondere Bedeutung erlangt der Körper für die Deutung der Vergangenheit beim Wandern als Praxis der Geschichtserfahrung, wie Sarah Willner in ihrem Beitrag zu zeigen vermag. Sie nimmt ein archäologisches Themenwegenetz zum Ausgangspunkt, um verschiedene Modi der leiblichen Erfahrungsdimensionen mit der steinzeitlichen Besiedlung der Alpen in *themed environments* abseits von didaktisch informierten Feldern zu bestimmen. Die empathische Beschäftigung mit der Vergangenheit – das »past presencing« (Macdonald 2013, 16 f.) – findet hier in Abstimmung der touristischen Praktiken mit den atmosphärischen Bedingungen und Wissensangeboten statt. Imaginationen von den Lebensbedingungen der Ur- und Frühgeschichte sind eng mit jenen intensivierten Körper- und Naturerfahrungen verknüpft, die im Rahmen eines erholsamen Bergurlaubs angestrebt und mittels elaborierten ›Siteseeing‹-Praktiken hergestellt werden. Sie können als *embodied knowledge*, als im *doing* verortetes Wissen, auch zum Anknüpfungspunkt für explizites Geschichtswissen werden. Willner stellt heraus, dass historische Präsenz dort erlebt wird, wo die geomorphologischen Bedingungen, die jeweiligen Informationsangebote und die emotionalen Wanderstile[10] miteinander korrespondieren.

Hier kommen zwangsläufig ›Emotionen‹ bzw. ›Affekte‹[11] ins Spiel. Die Historikerin Ute Frevert hat in den letzten Jahren das lange vernachlässige Thema

---

10 Benno Gammerl (2012) definiert *emotional styles* als »bundle of feelings«, das zu einem bestimmten Zeitabschnitt gehört und das situationsabhängig praktiziert wird. Sein Ansatz berücksichtigt Pluralitäten in der Performanz emotionaler Stile, die sich vom emotionalen Habitus insofern unterscheiden, als dass sie nicht millieuspezifisch determiniert sind.

11 Wir unterscheiden hier nicht zwischen ›Emotion‹ und ›Affekt‹, auch wenn das vielfach geschieht und ›Affekte‹ sozusagen als ›vorkulturell‹, ›vorbewusst‹ und ›prä-kognitiv‹ betrachtet werden. Das erscheint uns eine allzu biologistische bzw. naturalis-

›Gefühle‹ und ›Emotionen‹ in der Geschichtswissenschaft salonfähig gemacht (z. B. Frevert 2008; Frevert/Schmidt 2011; Frevert/Scheer/Schmidt u. a. 2011) und auf die Dualität in der Beziehung von Geschichte und Gefühlen hingewiesen: Gefühle machten einerseits Geschichte, seien also geschichtsmächtig; sie seien andererseits aber auch geschichtsträchtig, schließlich hätten auch sie eine Geschichte (Frevert 2009, 202). Während der zweite Aspekt in unserem Kontext eine untergeordnete Rolle einnimmt – wobei wir uns bewusst sind, dass Emotionen keine anthropologischen Konstanten sind, sondern sie selbstverständlich wandelbar sind, sie also erlernt und geformt werden – ist die Geschichtsmächtigkeit von Emotionen im *doing history* zentral. Denn zum einen ist die Erfahrung von Emotionen eng mit der Erfahrung des eigenen Körpers verknüpft (Eitler/Scheer 2009, 284) und zum anderen gibt es schlicht keine völlige »Affektneutralität« (Reckwitz 2012, 35). Damit ist ein zweiter, wichtiger Punkt angesprochen, der auf die Aufhebung der Trennung von Geist und Körper, Denken und Fühlen sowie Kognition und Emotion zielt. Emotionen beanspruchen sowohl Geist als auch Körper, »d. h. sie sind weniger etwas, das wir *haben*, sondern etwas das wir *tun*, eine Aktivität von Körper und Geist zugleich« (Scheer 2011, 68).

Für das *doing history* bedeutet das also, der verhaltenssteuernden Rolle von Gefühlen – als »zentrale Dimension von Erfahrung und Erkenntnis« (Brauer/Lücke 2013, 18) – mehr Aufmerksamkeit zu schenken (so auch schon Frevert 2009, 198). Schließlich vermögen Affekte den Zugang zur Vergangenheit nicht nur zu verschließen, sondern auch zu öffnen (Brauer/Lücke 2013, 11). Dass diese Chance jedoch mit Risiken insbesondere im Hinblick auf die in der Gedenkstättenpädagogik bereits diskutierte ›Überwältigung‹ verbunden ist, darauf macht Juliane Brauer in ihrem Beitrag zum Einsatz von Living History in der Erinnerung an die DDR aufmerksam. Die performativen Praktiken, so Brauer, zielten auf eine De-Distanzierung von Gegenwart und Vergangenheit und setzten vor allem auf persönliches Erleben, Spannung und Spaß. Es sei ein Trugschluss, dass Formen ›erlebter Geschichte‹ quasi zwangsläufig auch einen nachhaltigen Lernerfolg nach sich zögen. Allerdings, das macht dieser Beitrag deutlich, vermögen die performativen Praktiken durchaus eine Grundmotivation und Interesse an Geschichte hervorzurufen und können damit im besten Fall zu Irritationen führen: Dazu entwickelt Brauer Leitideen, anhand derer Emotionen und historisches Lernen durchaus produktiv zusammengeführt werden können.

---

tische Einschränkung dieses Begriffs. Wir folgen Reckwitz (2012, 36; 2015, 38), der ›Affekt‹ als umfassenderes Konzept begreift; es ist durch eine dynamische Dimension gekennzeichnet, da durch den Begriff ›Affekt‹ auch eine transitive Bedeutungsdimension – ›affizieren‹ und ›affiziert werden‹ – mitgeführt werde.

Erlebnis_Raum

Vergangenheit sinnlich zu erleben, folgt einem schon seit Jahrzehnten zu beobachtenden gesellschaftlichen Trend, der dadurch charakterisiert ist, dass immer mehr Bereiche unseres Lebens mit einer »bestimmten Art kultureller Erlebnisangebote durchzogen werden« (Hitzler 2011, 19 f.). Dies gilt, wie Frank Bösch in diesem Band herausgearbeitet hat, nicht nur für retrospektive Reenactments, die Vergangenes in die Gegenwart transferieren, sondern auch für *enactments* – Ereignisse, die das Versprechen bergen, in der Zukunft historische Bedeutung zu erlangen. Wobei im Sinne der Performanz, die Teilnahme ihrerseits dazu beiträgt, das Geschehen historisch relevant werden zu lassen. Diese kulturelle Praxis der performativen Beteiligung an zukünftiger Geschichte in der Gegenwart bezeichnet Bösch als *Geschichte in situ*, die er auf einen Wandel der Medien und der Erinnerungskultur zurückführt. Demnach verspricht die seit den späten 1960er Jahren zunehmend vernetzte Weltöffentlichkeit vorab historische Momente, die dann im Sinne einer *self-fullfilling prophecy* tatsächlich historische Relevanz und damit einen Erinnerungswert erlangen.

In eine ähnliche Richtung weist auch Georg Kochs Beitrag, der das medial vermittelte Erlebnis von Vergangenheit, dem man vermehrt seit den 1980er Jahren in Form von Reenactments in Fernsehdokumentationen begegnet, in das Zentrum seiner Betrachtung rückt. Ergänzend zur gängigen Lesart, den zunehmenden Einsatz von Schauspielszenen auf die Kommerzialisierung des Fernsehens zurückzuführen, stellt Koch in einem deutsch-britischen Vergleich heraus, dass nicht minder Entwicklungen der Wissenschaftskultur Einfluss auf die Darstellung der Vergangenheit im Fernsehen haben. Darüber hinaus zeichnet er den gesellschaftlichen Trend zur Erlebnisorientierung nach, der sich im Fernsehen in immer dramatischeren und personalisierten Darstellungen offenbart und auf eine steigende Nachfrage nach sinnlichen und gleichzeitig sinnstiftenden Erlebnissen zurückzuführen ist.

Eine fortschreitende Erlebnisorientierung des populären Geschichtsmarkts zeigt sich darüber hinaus in der engen Verflechtung von Tourismus und Geschichte (dazu zuletzt Groebner 2013). Antike Stätten, Denkmäler und andere ›geschichtsträchtige/-mächtige‹ Orte und Plätze bilden nicht erst in jüngster Zeit ein beliebtes touristisches Ausflugs- bzw. Reiseziel. Bereits seit dem 17. Jahrhundert gehört etwa der Besuch antiker Stätten zum Ziel vieler Reisender auf ihrer *Grand Tour*; und selbstverständlich könnte man noch weiter in die Vergangenheit zurückgehen, wenn man etwa mittelalterliche Pilgerreisen und den antiken Tourismus miteinbezieht. Damals wie heute übten solche Bedeutungsangebote eine hohe Anziehungskraft aus. Von Interesse wäre dabei, die touristische Nutzung und die »Zugangsweisen zum Gebrauch von Geschichte« (ebd. 425) in den Blick zu nehmen, also danach zu fragen, was die touristische Nutzung mit den Orten ›anstellt‹, wie sie diese verändert. Es geht darum, den touristischen Geschichtsgebrauch als »produktiv« bzw. als eine Form der »Postproduktion« (ebd. 410) zu begreifen. Dabei spielt auch das emotionale Erleben und damit die Frage, welchen »Affektbildern« und »Emotionalisierungsregimes« (ebd. 410) diese Postproduktion folgt, eine zentrale Rolle. Touristische Räume sind, so kann man weiter ausführen, immer auch mit Imaginationen besetzt und praktisch erfahrbar: Sie entstehen performativ im Auge und in den Erzählungen der Touristen (Rickly-Boyd 2010); sie sind Erlebnisräume, wie z. B. moderne Themenparks, deren Ziel es ist, durch Immersion Geschichte »›affektiv‹ am eigenen Körper erfahrbar und erlebbar« zu machen (Carlà/Freitag 2015, 138). Solche Räume kann man mit Dorothee Hemme (2009, 476) als »(hi-)storyscapes« bezeichnen, weil sich hier Geschichten über die Vergangenheit und nicht die Vergangenheit selbst abbildeten.

Das Geschichtserlebnis ist also eng mit dem Raum als »zentrale Dimension der Gesellschaft und des menschlichen Handelns« (Rau 2013,192) verknüpft. Mit diesem leiblichen Sich-Befinden im Raum sind darüber hinaus subjekthaft wahrgenommene Atmosphären eng verbunden. Diese begreifen wir mit Gernot Böhme (1995, 33) als etwas, das »von den Dingen, von den Menschen oder deren Konstellationen ausgeht und geschaffen wird«. Die Herstellung und Wahrnehmung von Atmosphären – verstanden als »ergreifende Gefühlsmächte, räumliche Träger von Stimmungen« (ebd. 29) – geschieht dabei durch die »Erfahrung der Präsenz von Menschen, Gegenständen und Umgebungen« (ebd. 25).[12] Im Zusammenspiel mit dem leiblich-affektiven Erleben wiederum vermögen sie als eine Form des »Dazwischen – weder dem Objekt noch dem Subjekt ganz zugehörig, aber von beiden gemeinsam produziert« (Lehnert 2011, 16) – zu »Epiphanien« (Gumbrecht 2004, 78–93) zu führen, also zu flüchtigen Momenten intensiven Erlebens (ebd. 77, 120).[13] Diese werden auch in verschiedenen

---

12 Atmosphären gehen also selbstverständlich nicht einseitig von essentialistischen Raumwirkungen aus, sondern sie werden erst durch die wechselseitige Beziehung von Mensch, Raum und Objekt geschaffen (ähnlich auch Reckwitz 2012, 41 f.).

13 Sowohl Böhmes Atmosphärenkonzept als auch Gumbrechts Epiphanien lassen sich – dessen sind wir uns bewusst – nur schwer operationalisieren; ähnlich Hahn (2012, 88 f.), wenn er feststellt: »Das Vorhandensein von Atmosphären im Raum der Gegenwart (im präsentischen Raum) lässt sich nicht ›methodisch‹ überprüfen, wir können unsere sinnliche Anschauung nicht vergewissern, wie wir nachsehen können, ob der Baum vorm Haus noch steht oder eben schon gefällt wurde.« Siehe auch Willner (i. Vorb.), die schreibt, Atmosphären seien dann für ethnographische Anliegen brauchbar, wenn man sie als Praktiken begreife.

geschichtskulturellen Praktiken angestrebt, da sie ein scheinbar unverstelltes Erfahren des Damals im Jetzt versprechen und so in der Vorstellung der Akteure die Zeitebenen miteinander verschmelzen lassen. Die zeitliche Dimension spielt auch in Wolfgang Hochbrucks Beitrag eine wichtige Rolle. Er nimmt die Veteranen des Amerikanischen Bürgerkriegs und ihre theatralen Aufführungsformen militärischer Szenarien in den Blick, die sich schon bald nach dem Krieg ausformten und über mehrere Generationen bis heute weitergetragen wurden. Das, was Hochbruck für den Amerikanischen Bürgerkrieg als *touch zone* herausgearbeitet hat, dass es also Berührungsflächen zwischen den Generationen gab – von Veteranentreffen zu theatralen Aufführungen und Bilderwelten –, in denen sowohl Objekte als auch Erinnerungen an die nachfolgende Generation weitergegeben werden, ist ein wichtiger Befund und verdeutlicht einmal mehr die Komplexität des Phänomens, die sich hinter dem scheinbar simplen Nachspielen und Erleben von Geschichte versteckt.

Um ›Begegnungen‹, allerdings anderer Art, geht es auch Bernhard Tschofen in seinen Ausführungen. Seine Überlegungen zu Konzepten des Erlebens und der Raumerfahrung in der Geschichtskultur, die er in einem genealogischen Abriss bis in die Zeit der Aufklärung zurückverfolgt, legen den Fokus auf die Akteure und das Verhältnis unterschiedlicher Wissensordnungen in einem vielstimmigen Feld. Dieses versteht Tschofen als *trading zone* – eine aus den *Science and Technology Studies* entlehnte Metapher – und damit als ›Ort‹ der Koproduktion von Wissen, in dem verschiedene und sich überlappende Akteursgruppen produktiv interagieren.

Ding_Bedeutung

Das letzte ›Doppel‹, dem unseres Erachtens eine wichtige Funktion im *doing history* zukommt, stellt die Materielle Kultur und der Umgang mit ihr dar. Die Wechselbeziehungen zwischen Dingen, Körper/Leib und Raum spielen in der Praxistheorie eine wichtige Rolle.

Unsere Beziehung zu Dingen hängt dabei nicht allein von ihnen selbst ab, also z. B. von ihrer Beschaffenheit, Handhabung und ihrem Aussehen, sondern ist auch durch unsere Wahrnehmung bestimmt. Unser Umgang mit Dingen ist somit nicht rein mechanischer Natur, sondern auch symbolisch-kommunikativ. Mit Dingen können z. B. Werthaltungen, Selbstbilder, soziale Positionen und Lebensstile sowohl erschlossen als auch ausgedrückt werden (Korff 2013, 267 f., 272). Sie vermitteln über ihre materielle Beschaffenheit und Funktion hinaus symbolische Inhalte. Der Volkskundler Karl-Sigismund Kramer (1962) prägte in diesem Kontext den Begriff »Dingbedeutsamkeit«, der heute besser durch den weniger essentialistisch anmutenden Terminus »Dingbedeutung« ersetzt werden sollte (siehe König 2012, 24).

Aus praxistheoretischer Perspektive sind Dinge jedoch weit mehr als »bloße Objekte einer Semantisierung oder Symbolisierung« (Hörning 2015, 170). In der sozial- und kulturwissenschaftlichen Diskussion zur Materiellen Kultur bilden besonders der französische Philosoph und Soziologe Bruno Latour und seine Akteur-Netzwerk-Theorie (ANT) einen wichtigen Referenzpunkt. Latour hat seine ANT im Kontext der Wissenschaftsforschung bzw. von Laborstudien Ende der 1970er Jahre entwickelt. Er weist den Dingen, die in Netzwerken zu anderen Dingen, Hybriden, Menschen etc. Verbindungen und Beziehungen eingehen, Handlungspotential zu und begreift sie als – wie er sie nennt – »Aktanten«[14]; damit hebt er sie gewissermaßen auf eine Stufe mit sozialen Akteuren. Die materiellen Objekte werden in einem gewissen Sinne ›vermenschlicht‹ und erhalten quasi Subjektstatus. Diese Sicht, also Dinge als Aktanten zu begreifen, wird zwar nicht überall geteilt und auch wir sind in dieser Hinsicht skeptisch. Was man aber sagen kann, ist, dass Dinge – schon allein durch ihre materiellen und morphologischen Besonderheiten – bestimmte Umgangsweisen erfordern, sie somit einen ›Eigensinn‹ besitzen, wie es der Ethnologe Hans Peter Hahn (2014, 46–49) ausdrückt. Dinge fordern uns bisweilen geradezu auf, sie auf bestimmte Weise zu benutzen (engl. *affordance*).

Wie unser Alltag hat auch das ›Geschichte machen‹ immer mit Dingen zu tun. Dies zeigt sich beispielsweise recht eindrücklich im Neopaganismus, wo der Rückgriff auf Artefakte zur Durchführung von Riten im Sinne symbolisch-kommunikativer Handlungen zentral ist. René Gründer beschäftigt sich in seinem Beitrag mit dem Verhältnis von spirituellen und säkularen Formen von Geschichtsdarstellungen, also der Beziehung zwischen Neuheidentum und Reenactment/Living History. Seine Ausführungen basieren dabei auf Interview- und Beobachtungsdaten aus einem religionsethnographischen Feldforschungsprojekt zum ›germanischen‹ Neuheidentum. Gründer geht davon aus, das sowohl das Neuheidentum als auch das Reenactment bzw. die Living History auf einer gemeinsamen, wie er es nennt, ›Ikonographie des Archaischen‹ (*Archa-Ikonik*) fußen. Neuheidnische Praktiken – verstanden als inszenierte Aufführungen unter Einbindung rekonstruierter Artefakte – wiesen zwar strukturelle Ähnlichkeiten mit Living History-Praktiken auf. Die Interpretation von Emergenzphänomenen, die sich im Kontext performativer Praxen zeigten, unterschieden sich aber erheblich von den säkularen Akteuren.

---

14 Bei Latour (1996, 369) heißt es: »But to do so it [the ANT] does not limit itself to human individual actors, but extends the word actor – or actant – to *non-human, non-individual* entities.«

Ebenso wie im neuheidnischen Kontext sind Dinge und performative Praktiken auch für die Aufführungen der »Kölner Stämme« als eine Spielart der populären Inszenierung historischer Lebenswelten zentral. Anlässlich einer ›hunnischen‹ Hochzeit geht Anja Dreschke der Frage nach der Wirksamkeit ihrer Rituale nach. Kennzeichnend ist der hybride Charakter der Vorstellungen, die eine Mischung aus Living History, improvisiertem Rollenspiel und schamanistischen Ritualen sind und die die Unterscheidung zwischen Handlung und Schauspiel unterlaufen. Dieselbe Aufführung kann von der einen Person als konstitutive Handlung und von anderen als Schauspiel aufgefasst werden. Diesen Aushandlungen nähert sich Dreschke mit dem ritualtheoretischen Konzept der *nested frames* und integriert hierbei Sinnhorizonte, die bisher eher dem Vorwurf der Beliebigkeit unterworfen waren und deshalb nicht analytisch beachtet worden sind.

Weniger religiös-rituelle als vielmehr legitimierende Bedeutung haben die Dinge, die an den praktischen Annäherungsversuchen von Reenactors des US-amerikanischen Bürgerkriegs beteiligt sind und im Fokus des Beitrags von Mads Daugbjerg stehen. Im »stellvertretenden Erleben« (*vicarious experience*) dienen handgenähte Kostüme, Waffen und andere Alltagsgegenstände nicht nur der Abgrenzung verschiedener Akteursgruppen voneinander; sie haben im Sinne der *material hermeneutic* nach Don Ihde eine große epistemische Autorität. Authentizität wird hier im Erleben hergestellt und als Konzept von den Akteuren sehr ernst genommen. Daran schließt eine qualitative Aufwertung von Praxis- gegenüber sogenanntem Buchwissen an, die auch auf die Landschaft übergreift. Eine in den historischen Zustand zurückversetzte Landschaft (»battlefield rehabilitation«) soll die historischen Erfahrungen noch realistischer machen.

Der Materiellen Kultur kommt, das zeigen die eben angeführten Beiträge, eine authentifizierende Funktion zu, denn »Geschichte zu wiederholen heißt vor allem auch, dass sich Dinge echt anfühlen müssen« (Otto 2011, 191). Es gilt, über die Objekte und über deren Herstellung und Pflege – völlig unabhängig davon, ob es sich um Originale oder selbst hergestellte Reproduktionen handelt – mit einer wie auch immer gearteten bzw. imaginierten Vergangenheit in Berührung zu kommen.[15] Hier greift ein Konzept, das Cornelius Holtorf (2010; 2013) als »pastness« beschrieben hat: »Pastness is the contemporary quality or condition of being past. This quality or condition comes with the perception of something being past and is thus little to do with actual age« (Holtorf 2010, 35).

---

15 Darüber hinaus geht es den Akteuren auch um das Selbermachen bzw. ›Basteln‹ an sich, die Natur- und Grenzerfahrung, das Gemeinschaftserlebnis und vieles andere mehr. Das *doing history* erschöpft sich in diesem Kontext also nicht allein in Geschichtsimaginationen.

Es komme nicht so sehr auf das Alter oder die Echtheit eines Objekts an sich an, sondern vielmehr auf Wahrnehmung und Erfahrung – es gehe um eine Art ›Emanation von Vergangenheit‹, um ein Heraufbeschwören von Vergangenheit bzw. Vergangenem. Das zeigen auch die Beiträge von Miriam Sénécheau und Sven Kommer. Sénécheau beschreibt einen 1933 durchgeführten ›Germanenzug‹, der anlässlich einer Sonnwendfeier im ausverkauften Berliner Grunewaldstadion gemeinsam von Wissenschaftlern und NS-Parteifunktionären inszeniert wurde. Sie skizziert nicht nur, auf welche Traditionen diese nationalsozialistische Living History-Darstellung zurückgeführt werden kann, die der Selbstdarstellung und Selbstvergewisserung diente. Vielmehr vermag sie anhand der zeitgenössischen Schilderungen des mitverantwortlichen Prähistorikers Albert Kiekebusch herauszustellen, wie die Ur- und Frühgeschichtsforschung durch die möglichst nah an Originalfunden orientierte Ausstattung der Akteure an dieser ideologisch geprägten, lebendigen Geschichtsvermittlung mitwirkte, die in ihren Augen ein besonders wirkmächtiges Bild der Vergangenheit hervorbrachte.

Sven Kommer wiederum widmet sich der sogenannten ›Mittelalterszene‹, die im Zentrum der zahlreichen ›mittelalterlichen‹ Spektakel und Märkte steht, zu denen Jahr für Jahr ein großes Publikum pilgert. Er macht deutlich, dass es sich bei der ›Szene‹ um alles andere als eine homogene Gruppe Geschichtsinteressierter handelt, sondern vielmehr um eine heterogene Wissenskultur, in der er vier unterschiedliche Typen ausmacht. Unter Rückgriff auf die Feldtheorie Pierre Bourdieus stellt er heraus, wie sich diese Typen nicht nur untereinander im Umgang und in der Aneignung von spezifischen Wissensbeständen – und damit auch Dingen – unterscheiden, sondern darüber hinaus von der akademischen Mediävistik abgrenzen und abgegrenzt werden.

Basiert das Konzept der *pastness* in erster Linie auf der Geschichtsträchtig- und Geschichtsmächtigkeit von Dingen (und auch Orten), so rückt das in Teilen der anglophonen Sozial- und Kulturanthropologie unter dem von der humangeographischen Forschung geprägte Schlagwort ›Non-Representational Theory‹ (NRT) (siehe z. B. Thrift 2008) bzw. ›More-Than-Representational Theory‹ (Lorimer 2008) das vielschichtige, auch emotionale, Verhältnis zwischen Mensch und Ding und damit die lebensweltliche Bedeutung in den Vordergrund.[16] Im Zentrum dieses gegenwärtig auch in den Heritage Studies viel diskutierten An-

---

16 Die Bezeichnung ›non‹ in der NRT ist nicht ganz glücklich, denn es handelt sich bei der NRT, wie Lorimer (2008, 554) deutlich macht, nicht um ein konträres, sondern eher komplementäres Konzept in der Geographie: »To do so is to conceive of representation (context) and non-representation (practice) held together [...] rather than effecting a complete reversal of the earlier disciplinary tradition when signifying (con)texts were privileged over social actions.«

satzes liegt der Fokus – weg von der Repräsentation – auf den Praktiken und der Beziehung von Körper, Performativität und Emotion/Affekt im Umgang mit Kulturellem Erbe (z. B. Waterton/Watson 2013; Waterton 2014). Dieser Ansatz ist grundsätzlich zu begrüßen. Problematisch ist allerdings, wie der Geograph Bendikt Korf (2012) in seiner Kritik an der NRT bzw. »Neuro-Kulturgeographie« betont, der Rückgriff auf neurobiologische Erkenntnisse; denn dieser *turn to affect* räume der vor-/unbewussten Körperlichkeit einen ontologischen Primat ein und verorte das Leiblich-Körperliche zeitlich vor dem Kognitiven (Bewusstsein) statt nach den Verknüpfungen zu suchen (ebd. 157). Zukünftige Arbeiten werden zeigen müssen, ob und inwieweit die NRT trägt. Auffällig ist jedoch die Parallele zur oben skizzierten deutschsprachigen Diskussion im Rahmen des *emotional turn*. Die hier geführten Überlegungen gehen durchaus – ohne die englischsprachige (Parallel-)Diskussionen aufzugreifen – in eine ähnliche Richtung. Ihr Verständnis von Affekt bzw. Emotion ist allerdings weniger naturalistisch geprägt und damit für kulturwissenschaftliche Interessen deutlich produktiver. Letztlich rührt die Frage nach einer Positionierung zwischen Leib und Emotion auch an der Frage nach der Unterscheidung zwischen ›materiell‹ und ›immateriell‹, Zuschreibungen, die offensichtlich performativ verhandelbar und keineswegs auf Stofflichkeit beschränkt sind (Scheer 2015).

***

Welche Konsequenzen sind aus den genannten Prämissen abzuleiten? Das sinnlich-körperliche Erleben, das stets an die »Räumlichkeit einer *spezifischen Gegenwärtigkeit*« (Hahn 2012, 85) gebunden ist, spielt im *doing history* eine zentrale Rolle. Geschichte wird, soviel wird man festhalten können, im Wechselspiel von Mensch, Körper, Raum und Ding geschaffen. Das leiblich-affektive Erleben beeinflusst im Zusammenspiel mit der atmosphärischen Präsenzerfahrung sowie der Dingbeziehung und Dingbedeutung sowohl Handlungen als auch Deutungen von Individuen, was wiederum zu eindrucksvollen, auf jeden Fall subjektiv-kulturell hergestellten Imaginationen von Vergangenheit zu führen vermag.

Gerade diese sind es, die über die unterschiedlichsten, medialen Manifestationen die Geschichtskulturen der Vergangenheit und der Gegenwart konstituieren. Sie stehen im Zentrum einer von uns als historisch-empirische Kulturwissenschaft verstandenen Public History, die gleichzeitig nach ihren Produzenten fragt, also den akademischen, anderweitig professionellen, nicht minder jedoch auch hobbyistischen Akteuren, die Vergangenheit aktiv gestaltend zu Geschichte machen.

Literatur

Augstein 2015: Melanie Augstein, ›Körperbiographien‹ – Aspekte einer ›Archäologie des Körpers‹ zwischen Kultur- und Naturwissenschaften. In: Raimund Karl/Jutta Leskovar (Hrsg.), Interpretierte Eisenzeiten – Fallstudien, Methoden, Theorie: Tagungsbeiträge der 6. Linzer Gespräche zur interpretativen Eisenzeitarchäologie. Studien zur Kulturgeschichte von Oberösterreich 42. Linz: Oberösterreichisches Landesmuseum 2015, 63–66.

Bachmann-Medick: Doris Bachmann-Medick, Cultural Turns: Neuorientierungen in den Kulturwissenschaften. Reinbek bei Hamburg: Rowohlt-Taschenbuch ³2009.

Baumbach 2000: Manuel Baumbach (Hrsg.), Tradita et inventa: Beiträge zur Rezeption der Antike. Heidelberg: Winter 2000.

Böhme 1995: Gernot Böhme, Atmosphäre: Essays zur neuen Ästhetik. Frankfurt a. M.: Suhrkamp 1995.

Bösch 2007: Frank Bösch, Film, NS-Vergangenheit und Geschichtswissenschaft: Von »Holocaust« zu »Der Untergang«. Vierteljahrshefte für Zeitgeschichte 55/1, 2007, 1–32.

Bösch/Goschler 2009a: Ders./Constantin Goschler (Hrsg.), Public History: Darstellungen des Nationalsozialismus jenseits der Geschichtswissenschaft. Frankfurt a. M./New York: Campus 2009.

Bösch/Goschler 2009b: Dies., Der Nationalsozialismus und die deutsche Public History. In: Bösch/Goschler 2009a, 7–13.

Bourdieu 1976: Pierre Bourdieu, Entwurf einer Theorie der Praxis auf der ethnologischen Grundlage der kabylischen Gesellschaft. Frankfurt a. M.: Suhrkamp 1976.

Brauer/Lücke 2013: Juliane Brauer/Martin Lücke, Emotionen, Geschichte und historisches Lernen: Einführende Überlegungen In: Dies. (Hrsg.), Emotionen, Geschichte und historisches Lernen: Geschichtsdidaktische und geschichtskulturelle Perspektiven. Studien des Georg-Eckert-Instituts zur internationalen Bildungsmedienforschung 133. Göttingen: V&R unipress 2013, 11–26.

Brockmann 2008: Andrea Brockmann, Historische Fernsehdokumentationen und Geschichtswissenschaft – eine Deutungskonkurrenz. BIOS 21/1, 2008, 70–78.

Buck/Brauch 2011: Thomas Martin Buck/Nicola Brauch (Hrsg.), Das Mittelalter zwischen Vorstellung und Wirklichkeit: Probleme, Perspektiven und Anstöße für die Unterrichtspraxis. Münster/New York u. a.: Waxmann 2011.

Carlà/Freitag 2015: Filippo Carlà/Florian Freitag, Strategien der Geschichtstransformationen in Themenparks. In: Sonja Georgi/Julia Ilgner/Isabell Lammel/Cathleen Sarti/Christine Waldschmidt (Hrsg.), Geschichtstransformationen: Medien, Verfahren und Funktionalisierungen historischer Rezeption. Mainzer Historische Kulturwissenschaften 24. Bielefeld: transcript 2015, 131–149.

Collins/McNamara 2014: Paul Collins/William McNamara (Hrsg.), Discovering Tutankhamun. Oxford: Ashmolean Museum 2014.

Csordas 1990: Thomas J. Csordas, Embodiment as a Paradigm for Anthropology. Ethos 18/1, 1990, 5–47.

Csordas 1994: Ders., Introduction: The Body as Representation and Being-in-the-World. In: Ders., (Hrsg.), Embodiment and Experience: The Existential Ground of Culture and Self. Cambridge Studies in Medical Anthropology 2. Cambridge: Cambridge University Press 1994, 1–24.

Donnelly/Norton 2011: Mark Donnelly/Claire Norton, Doing History. London/New York: Routledge 2011.

Eitler/Scheer 2009: Pascal Eitler/Monique Scheer, Emotionengeschichte als Körpergeschichte: Eine heuristische Perspektive auf religiöse Konversionen im 19. und 20. Jahrhundert. Geschichte und Gesellschaft 35/2, 2009, 282–313.

Ellerbrock 2004: Dagmar Ellerbrock, Körper-Moden – Körper-Grenzen. Neue Politische Literatur 49, 2004, 52–84.

Fischer/Wirtz 2008: Thomas Fischer/Rainer Wirtz (Hrsg.), Alles authentisch: Popularisierung der Geschichte im Fernsehen. Konstanz: UVK Verlagsgesellschaft 2008.

Fischer-Lichte 2001: Erika Fischer-Lichte, Verkörperung/Embodiment. Zum Wandel einer alten theaterwissenschaftlichen in eine neue kulturwissenschaftliche Kategorie. In: Dies./Christian Horn/Matthias Warstat (Hrsg.), Verkörperung. Theatralität 2. Tübingen/Basel: Francke 2001, 11–25.

Frevert 2009: Ute Frevert, Was haben Gefühle in der Geschichte zu suchen? Geschichte und Gesellschaft 35/2, 2009, 183–208.

Frevert/Scheer/Schmidt u. a. 2011: Dies./Monique Scheer/Anne Schmidt/Pascal Eitler/Bettina Hitzer/Nina Verheyen/Benno Gammerl/Christian Bailey/Margrit Pernau, Gefühlswissen: Eine lexikalische Spurensuche in der Moderne. Frankfurt a. M./New York: Campus 2011.

Frevert/Schmidt 2011: Dies./Anne Schmidt, Geschichte, Emotionen und die Macht der Bilder. Geschichte und Gesellschaft 37/1, 2011, 5–25.

Gammerl 2012: Benno Gammerl, Emotional Styles: Concepts and Challenges. Rethinking History 16/2, 2012, 161–175.

Gramsch 2013: Alexander Gramsch, Treating Bodies: Transformative and Communicative Practices. In: Sarah Tarlow/Liv Nilsson Stutz (Hrsg.), The Oxford Handbook of the Archaeology of Death and Burial. Oxford: Oxford University Press 2013, 459–474.

Groebner 2008: Valentin Groebner, Das Mittelalter hört nicht auf: Über historisches Erzählen. München: C. H. Beck 2008.

Groebner 2011: Ders., »Wissenschaft ist keine nette Angelegenheit«. In: Alexander Kraus/Birte Kohtz (Hrsg.), Geschichte als Passion: Über das Entdecken und Erzählen der Vergangenheit. Zehn Gespräche. Frankfurt a. M./New York: Campus 2011, 203–233.

Groebner 2013: Ders., Touristischer Geschichtsgebrauch: Über einige Merkmale neuer Vergangenheiten im 20. und 21. Jahrhundert. Historische Zeitschrift 296, 2013, 408–428.

Gugutzer 2006: Robert Gugutzer, Der body turn in der Soziologie: Eine programmatische Einführung. In: Ders. (Hrsg.), body turn: Perspektiven der Soziologie des Körpers und des Sports. Materialitäten 2. Bielefeld: transcript 2006, 9–53.

Gugutzer 2015: Ders., Soziologie des Körpers. Bielefeld: transcript ⁵2015.

Gumbrecht 2004: Hans Ulrich Gumbrecht, Diesseits der Hermeneutik: Die Produktion von Präsenz. Frankfurt a. M.: Suhrkamp 2004.

Gumbrecht 2010: Ders., Unsere breite Gegenwart. Berlin: Suhrkamp 2010.

Hahn 2012: Achim Hahn, Erlebnis Landschaft und das Erzeugen von Atmosphären. In: Ders. (Hrsg.), Erlebnislandschaft – Erlebnis Landschaft? Atmosphären im architektonischen Entwurf. Architekturen 12. Bielefeld: transcript 2012, 41–95.

Hahn 2014: Hans Peter Hahn, Materielle Kultur: Eine Einführung. Berlin: Reimer ²2014.

Hahnemann/Oels 2008: Andy Hahnemann/David Oels (Hrsg.), Sachbuch und populäres Wissen im 20. Jahrhundert. Frankfurt a. M./Berlin/Bern u. a.: Peter Lang 2008.

Handro/Schönemann 2011: Saskia Handro/Bernd Schönemann (Hrsg.), Geschichtsdidaktische Schulbuchforschung. Zeitgeschichte – Zeitverständnis 16. Lit: Berlin ²2011.

Hardtwig 2010: Wolfgang Hardtwig, Verlust der Geschichte – oder wie unterhaltsam ist die Vergangenheit? Reihe Pamphletliteratur 1. Berlin: Vergangenheitsverlag 2010.

Hardtwig/Schütz 2005: Ders./Erhard Schütz (Hrsg.), Geschichte für Leser: Populäre Geschichtsschreibung in Deutschland im 20. Jahrhundert. Stiftung Bundespräsident-Theodor-Heuss-Haus, Wissenschaftliche Reihe 7. Stuttgart: Franz Steiner 2005.

Hardtwig/Schug 2009: Ders./Alexander Schug (Hrsg.), History Sells! Angewandte Geschichte als Wissenschaft und Markt. Stuttgart: Franz Steiner 2009.

Hartung 2006: Olaf Hartung (Hrsg.), Museums und Geschichtskultur: Ästhetik – Politik – Wissenschaft. Sonderveröffentlichungen der Gesellschaft für Kieler Stadtgeschichte 52. Bielefeld: Verlag für Regionalgeschichte 2006.

Hemme 2009: Dorothee Hemme, Märchenstraßen – Lebenswelten: Zur kulturellen Konstruktion einer touristischen Themenstraße. Studien zur Kulturanthropologie/Europäischen Ethnologie 2. Berlin: Lit 2009.

Herweg/Keppler-Tasaki 2012: Mathias Herweg/Stefan Keppler-Tasaki (Hrsg.), Rezeptionskulturen: Fünfhundert Jahre literarischer Mittelalterrezeption zwischen Kanon und Populärkultur. Trends in Medieval Philology 27. Berlin/Boston: de Gruyter 2012.

Hess. Vereinigung Volkskunde 1996: Hessische Vereinigung Volkskunde (Hrsg.), Körper – Verständnis – Erfahrung. Hessische Blätter für Volks- und Kulturforschung N.F. 31. Marburg: Jonas Verlag 1996.

Hitzler 2011: Ronald Hitzler, Eventisierung: Drei Fallstudien zu marketingstrategischen Massenspaß. Wiesbaden: VS Verlag für Sozialwissenschaften 2011.

Hochmuth/Zündorf 2015: Hanno Hochmuth/Irmgard Zündorf, Public History als Zeitgeschichte, Version: 1.0. Docupedia-Zeitgeschichte, 21.5.2015. Abrufbar unter <http://docupedia.de/zg/Public_History_als_Zeitgeschichte?oldid=106147> [17.06.2016].

Holtorf 2010: Cornelius Holtorf, On the Possibility of Time Travel. Lund Archaeological Review 15&16, 2010, 31–41.

Holtorf 2013: Ders., On Pastness: A Reconsideration of Materiality in Archaeological Object Authenticity. Anthropological Quarterly 86/2, 2013, 427–444.

Hörning 2015: Karl H. Hörning, Was fremde Dinge tun: Sozialtheoretische Herausforderung. In: Hans Peter Hahn (Hrsg.), Vom Eigensinn der Dinge: Für eine neue Perspektive auf die Welt des Materiellen. Berlin: Neofelis 2015, 163–176.

Hörning/Reuter 2004: Ders./Julia Reuter, Doing Culture: Kultur als Praxis. In: Dies. (Hrsg.), Doing Culture: Neue Positionen zum Verhältnis von Kultur und sozialer Praxis. Bielefeld: transcript 2004, 9–15.

Jeggle 1980: Utz Jeggle, Im Schatten des Körpers: Vorüberlegungen zu einer Volkskunde der Körperlichkeit. Zeitschrift für Volkskunde 76, 1980, 169–188.

Joyce 2005: Rosemary A. Joyce, Archaeology of the Body. Annual Review of Anthropology 34, 2005, 139–158.

Kerschbaumer/Winnerling 2014: Florian Kerschbaumer/Tobias Winnerling (Hrsg.), Frühe Neuzeit im Videospiel: Geschichtswissenschaftliche Perspektiven. Histoire 50. Bielefeld: transcript 2014.

König 2012: Gudrun M. König, Das Veto der Dinge: Zur Analyse materieller Kultur. In: Karin Priem/Gudrun M. König/Rita Casale (Hrsg.), Die Materialität der Erziehung: Kulturelle und soziale Aspekte pädagogischer Objekte. Zeitschrift für Pädagogik, Beiheft 58. Weinheim u. a.: Beltz 2012, 14–31.

Korenjak/Tilg 2007: Martin Korenjak/Stefan Tilg (Hrsg.), Pontes IV: Die Antike in der Alltagskultur der Gegenwart. Comparanda – Literaturwissenschaftliche Studien zu Antike und Moderne 9. Innsbruck/Wien/Bozen: Studienverlag 2007.

Korf 2012: Benedikt Korf, Neuro-Kulturgeographie. Geographische Zeitschrift 100/3, 2012, 146–163.

Korff 2013: Gottfried Korff, Umgang mit Dingen. In: Ders., Simplizität und Sinnfälligkeit: Volkskundliche Studien zu Ritual und Symbol. Untersuchungen des Ludwig-Uhland-Instituts der Universität Tübingen 113. Tübingen: Tübinger Vereinigung für Volkskunde 2013, 262–275. [Original: 1991.]

Korte/Paletschek 2009: Barbara Korte/Sylvia Paletschek (Hrsg.), History goes Pop: Zur Repräsentation von Geschichte in populären Medien und Genres. Historische Lebenswelten in populären Wissenskulturen 1. Bielefeld: transcript 2009.

Kramer 1962: Karl-Sigismund Kramer, Zum Verhältnis zwischen Mensch und Ding: Probleme der volkskundlichen Terminologie. Schweizerisches Archiv für Volkskunde 58, 1962, 91–101.

Kühberger/Pudlat 2012: Christoph Kühberger/Andreas Pudlat (Hrsg.), Vergangenheitsbewirtschaftung: Public History zwischen Wirtschaft und Wissenschaft. Innsbruck/Wien/Bozen: Studienverlag 2012.

Latour 1996: Bruno Latour, On Actor-Network Theory: A Few Clarifications. Soziale Welt 47/4, 1996, 369–381.

Lehnert 2011: Gertrud Lehnert, Raum und Gefühl. In: Dies. (Hrsg.), Raum und Gefühl: Der Spatial Turn und die neue Emotionsforschung. Metabasis 5. Bielefeld: transcript 2011, 9–25.

Lindner 2013: Martin Lindner (Hrsg.), Antikenrezeption 2013 n. Chr. Rezeption der Antike 1. Heidelberg: Verlag Antike 2013.

Lorenz 2000: Maren Lorenz, Leibhaftige Vergangenheit: Einführung in die Körpergeschichte. Historische Einführungen 4. Tübingen: edition diskord 2000.

Lorimer 2008: Hayden Lorimer, Cultural Geography: Non-Representational Condition and Concerns. Progress in Human Geography 32/4, 2008, 551–559.

Macdonald 2013: Sharon Macdonald, Memorylands: Heritage and Identity in Europe Today. London/New York: Routledge 2013.

Meier/Slanička 2007: Mischa Meier/Simona Slanička (Hrsg.), Antike und Mittelalter im Film: Konstruktion – Dokumentation – Projektion. Beiträge zur Geschichtskultur 29. Köln/Weimar/Wien: Böhlau 2007.

Müller/Soeffner/Sonnenmoser 2011: Michael R. Müller/Hans-Georg Soeffner/Anne Sonnenmoser, Körper, Gesellschaft, Person: Zur Einleitung. In: Dies. (Hrsg.), Körper Haben: Die symbolische Formung der Person. Weilerswist: Velbrück Wissenschaft 2011, 7–19.

Nießer/Tomann 2014: Jacqueline Nießer/Juliane Tomann (Hrsg.), Angewandte Geschichte: Neue Perspektiven auf Geschichte in der Öffentlichkeit. Paderborn: Ferdinand Schöningh 2014.

Nolte 2008: Paul Nolte, Öffentliche Geschichte: Die neue Nähe von Fachwissenschaft, Massenmedien und Publikum. Ursachen, Chancen und Grenzen. In: Michele Barricelli/Julia Hornig (Hrsg.), Aufklärung, Bildung, »Histotainment«? Zeitgeschichte in Unterricht und Gesellschaft heute. Frankfurt a. M.: Peter Lang 2008, 131–146.

Otto 2011: Ulf Otto, Die Macht der Toten als das Leben der Bilder: Praktiken des Reenactments in Kunst und Kultur. In: Jens Roselt/Christel Weiler (Hrsg.), Schauspielen heute: Die Bildung des Menschen in den performativen Künsten. Theater 15. Bielefeld: transcript 2011, 185–201.

Padberg/Schmidt 2010: Martina Padberg/Martin Schmidt (Hrsg.), Die Magie der Geschichte: Geschichtskultur und Museum. Schriften des Bundesverbandes freiberuflicher Kulturwissenschaftler 3. Bielefeld: transcript 2010.

Plessner 1975: Helmuth Plessner, Die Stufen des Organischen und der Mensch: Einleitung in die philosophische Anthropologie. Berlin/New York: de Gruyter ³1975. [Erstauflage: 1928.]

Rau 2013: Susanne Rau, Räume. Historische Einführungen 14. Frankfurt a. M./New York: Campus 2013.

Rebay-Salisbury 2013: Katharina Rebay-Salisbury, Zur Archäologie des Körpers: Körper und Geschlecht in der Hallstattzeit des Nordostalpenraumes. In: Stefanie Wefers/Jana Esther Fries/Janine Fries-Knoblach/Christiana Later/Peter Trebsche/ Julian Wiethold (Hrsg.), Eisenzeit und Geschlechterforschung: Bilder – Räume – Rollen. Beiträge zur Ur- und Frühgeschichte Mitteleuropas 72. Langenweissbach: Beier und Beran 2013, 81–92.

Reckwitz 2003: Andreas Reckwitz, Grundelemente einer Theorie sozialer Praktiken: Eine sozialtheoretische Perspektive. Zeitschrift für Soziologie 32/4, 2003, 282–301.

Reckwitz 2012: Ders., Affektive Räume: Eine praxeologische Perspektive. In: Elisabeth Mixa/Patrick Vogl (Hrsg.), E-Motions: Transformationsprozesse in der Gegenwartskultur. Wien/Berlin: Turia + Kant 2012, 23–44.

Reckwitz 2015: Ders., Praktiken und ihre Affekte. Mittelweg 36, 24/1&2, 2015, 27–45.

Reichardt 2007: Sven Reichardt, Praxeologische Geschichtswissenschaft: Eine Diskussionsanregung. Sozial.Geschichte 22/3, 2007, 43–65.

Rickly-Boyd 2010: Jillian Rickly-Boyd, The Tourist Narrative. Tourist Studies 9/3, 2010, 259–280.

Samida 2013: Stefanie Samida, Archäologie und Öffentlichkeit: Zum Stand der Reflexion. In: Manfred K. H. Eggert/Ulrich Veit (Hrsg.), Theorie in der Archäologie: Zur deutschsprachigen Diskussion. Tübinger Archäologische Taschenbücher 10. Münster/New York u. a.: Waxmann 2013, 337–374.

Samida 2014: Dies., Public History als Historische Kulturwissenschaft: Ein Plädoyer, Version: 1.0. Docupedia-Zeitgeschichte, 17.6.2014. Abrufbar unter <http://docupedia.de/zg/Public_History_als_Historische_Kulturwissenschaft?oldid=92264> [17.06.2016].

Saupe 2009: Achim Saupe, Der Historiker als Detektiv – der Detektiv als Historiker: Historik, Kriminalistik und der Nationalsozialismus als Kriminalroman. Histoire 7. Bielefeld: transcript 2009.

Scheer 2011: Monique Scheer, Welchen Nutzen hat die Feldforschung für eine Geschichte religiöser Gefühle? Vokus 21/1&2, 2011, 65–77.

Scheer 2015: Dies., Das Unsichtbare wieder sichtbar machen: Für einen rematerialisierten Zugang zu Religion in der Empirischen Kulturwissenschaft. In: Karl Braun/Claus-Marco Dieterich/Angela Treiber (Hrsg.), Materialisierung von Kultur: Diskurse, Dinge, Praktiken. Würzburg: Königshausen & Neumann 2015, 88–103.

Schwarz 2012: Angela Schwarz (Hrsg.), »Wollten Sie auch immer schon einmal pestverseuchte Kühe auf Ihre Gegner werfen?«. Eine fachwissenschaftliche Annährung an Geschichte im Computerspiel. MedienWelten: Braunschweiger Schriften zur Medienkultur 13. Münster: Lit 22012.

Sénécheau 2008: Miriam Sénécheau, Archäologie im Schulbuch: Themen der Ur- und Frühgeschichte im Spannungsfeld zwischen Lehrplanforderungen, Fachdiskussion und populären Geschichtsvorstellungen (= Dissertationsschrift, Universität Freiburg 2006). Freiburg: FreiDok 2008. <http://www.freidok.uni-freiburg.de/volltexte/6142/> [17.06.2016].

Sénécheau 2014: Dies., Lebensbilder. In: Doreen Mölders/Sabine Wolfram (Hrsg.), Schlüsselbegriffe der Prähistorischen Archäologie. Tübinger Archäologische Taschenbücher 11. Münster/New York: Waxmann 2014, 167–172.

Späth 2012: Thomas Späth, Die TV-Serie *Rome* als Experimentelle Geschichtsschreibung. Saeculum 62/2, 2012, 267–302.

Thrift 2008: Nigel Thrift, Non-Representational Theory: Space, Politics, Affect. London/New York: Routledge 2008.

Waterton 2014: Emma Waterton, A More-Than-Representational Understanding of Heritage? The ›Past‹ and the Politics of Affect. Geography Compass 8/11, 2014, 823–833.

Waterton/Watson 2013: Dies./Steve Watson, Framing Theory: Towards a Critical Imagination in Heritage Studies. International Journal of Heritage Studies 19/6, 2013, 546–561.

Welzer 2001: Harald Welzer, Das soziale Gedächtnis. In: Ders. (Hrsg.), Das soziale Gedächtnis: Geschichte, Erinnerung, Tradierung. Hamburg: Hamburger Edition 2001, 9–21.

West/Zimmerman 1987: Candace West/Don H. Zimmerman, Doing Gender. Gender & Society 1/2, 1987, 125–151.

Wildung 1981: Dietrich Wildung, Gedanken zur Ägyptomanie. In: Bernard Andreae (Hrsg.), Archäologie und Gesellschaft: Forschung und öffentliches Interesse. Marburger Forum Philippinum 13. Stuttgart: Wissenschaftliche Verlagsgesellschaft/Frankfurt a. M.: Umwelt- und Medizin-Verlagsgesellschaft 1981, 77–82.

Willner i. Vorb.: Sarah Willner, Geschichte en passant: Archäologisches Themenwandern in den Alpen als wissenskulturelle Praxis. Edition Historische Kulturwissenschaften 2. Münster/New York: Waxmann, in Vorbereitung.

Zündorf 2010: Irmgard Zündorf, Zeitgeschichte und Public History, Version: 1.0. Docupedia-Zeitgeschichte, 11.2.2010. Abrufbar unter <https://docupedia.de/zg/Public_History?oldid=75534> [17.06.2016].

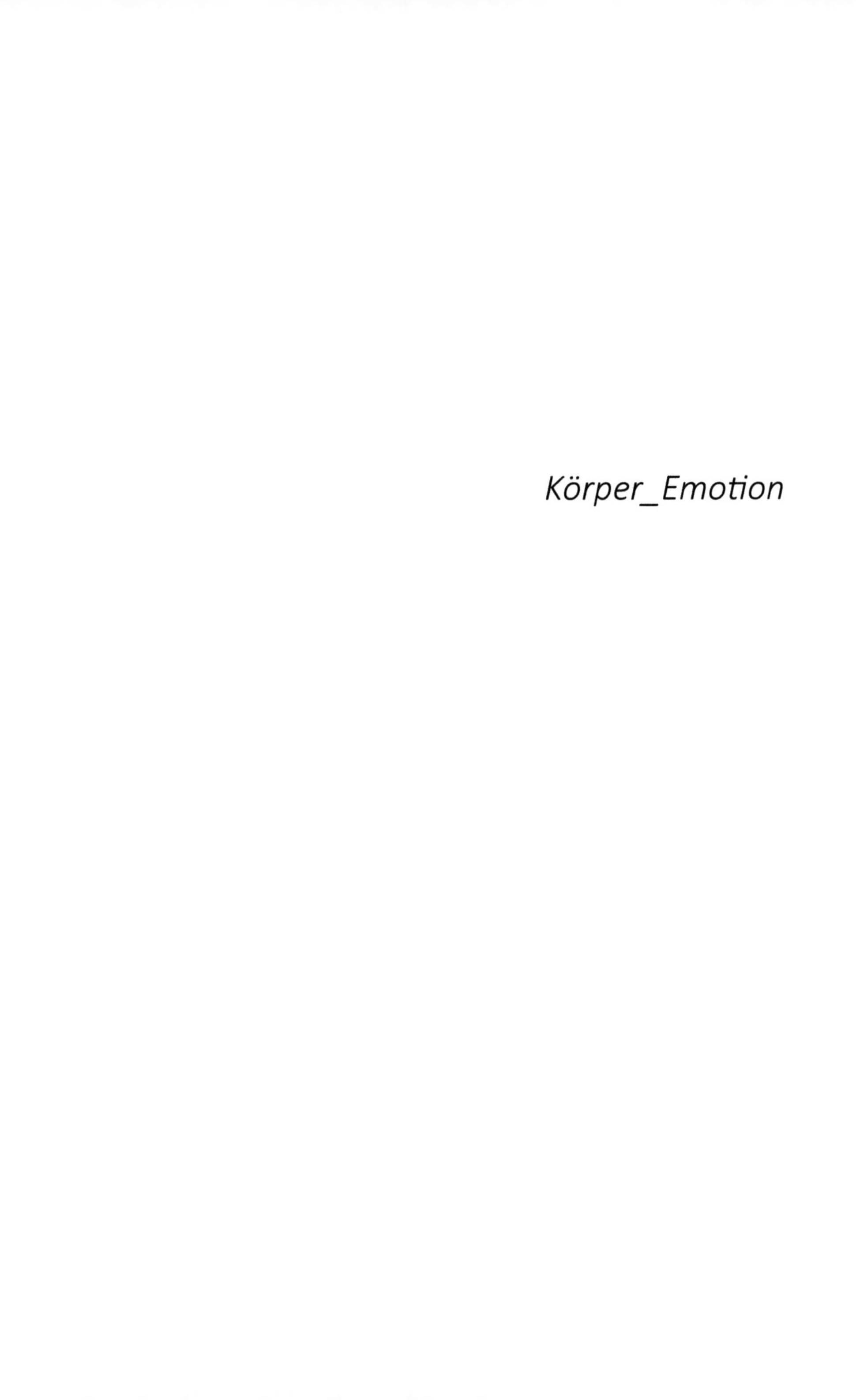

Körper_Emotion

Juliane Brauer

›Heiße Geschichte‹?

Emotionen und historisches Lernen in Museen und Gedenkstätten

ABSTRACT

There are two ways in which popular history of the present day offers up its point of view on emotions. Firstly, it promises the chance to relive, to refeel authentic emotions – at least those which historical figures are meant to have felt. Emotions are thus an object of historical learning, ones which convey semblances which bridge the gap between the past on the one hand, and the here and now on the other. Secondly, we see the evocation and intensification of emotional reactions as a result of encounters with history, with the aim of molding – in a sustainable way – how history is learned. This paper argues, in contrast, that emotions and their expression are culturally and temporally specific. They are learned, formed, managed and thus change with the passage of time. It is thus a mistake to believe that one can feel or relive the emotions felt by historical figures. To learn (from) history is to experience the temporal, cultural and geographical other, the alien: it is an experience of alterity. Offerings on living history, however, build upon an illusion of similarity, of the experience of sameness. Emotions in the learning of history are thus less of a catalyst, as many like to see them. It is rather that emotional scenarios offered by living history do not bring learners into a position from which they can experience their own emotionality: they rely instead on being emotionally overpowering. Identity strengthening and activity-based encounters with the past are, however, only possible when an individual's retrieval of the past is able to reach out over and grapple with time, rather than trying to recreate an apparently historical phenomenon. Thus, as a precondition for the acquisition of a sense of history, this paper calls for space in which it is possible to think and feel openly, and speaks out against the emotional choreographies of contemporary adventure histories.

›Zeitreise‹ – Zur Einführung

Muss Geschichte ein Erlebnis sein, um im überquellenden Repertoire medialer Erfahrungsangebote zu bestehen? Dieser Eindruck jedenfalls entsteht, wenn man sich Besucher/innenangebote zur jüngsten (ost-)deutschen Geschichte ansieht.[1] Das DDR-Museum in Berlin beispielsweise verspricht auf seiner Webseite eine »spannende Zeitreise in die sozialistische Vergangenheit«: »Tauchen Sie ein und erforschen Sie das reale Leben in der DDR« fordern die Macher/innen des privaten Museums zur DDR-Geschichte in Berlin die Interessierten auf. Sie garantieren »Geschichte zum Anfassen«.[2] Alle Sinne dürfen und müssen eingesetzt werden, um das Museum zu erkunden, das nach eigenen Angaben bereits zwei Mal als »European Museum of the Year« nominiert wurde. In diesem Sinne versteht sich die Installation zu Verhörmethoden der Stasi als besonderes Highlight. In einer nachgebauten Verhörzelle »mit Originalen aus Erfurt und Bautzen, erleben Sie […] ein Originalverhör: Die Fragen schallen Ihnen beim Betreten des Raumes schneidend entgegen«. Für die Antworten sind die Besucher/innen aufgefordert, sich auf die Sitzposition des Verhörten zu begeben: »Legen Sie Ihre Ellbogen auf die Kreise des Tisches und halten Sie Ihre Handflächen an die Ohren: Der Schall wird statt durch die Luft durch Ihre eigenen Knochen an die Ohren getragen!«.[3]

Das ebenfalls von privaten Initiativen finanzierte Alltagsmuseum zur DDR-Geschichte in Dresden/Radebeul (Wasaparkausstellungsgesellschaft mbH) gab sich gleich ganz den Namen »Zeitreise« und verspricht: »Erleben Sie hautnah eine Reise in die jüngste deutsche Vergangenheit! […] Mit kulturellen Veranstaltungen und historischer Atmosphäre entführen wir Sie in eine untergegangene Welt, wo Sie vergessenes und vergangenes Lebensgefühl erleben«.[4] Außerschulische Lernangebote zur DDR-Geschichte setzen auf das Erlebnis ›Geschichte‹. Das Schulmuseum in Leipzig beispielsweise begreift sich als »Mitmach- und Erlebnismuseum« mit eigenem »Lernlabor«. Ein »Alleinstellungsmerkmal«, wie es auf der Webseite heißt, ist ein Rollenspiel mit dem Titel: »Zivilcourage – Heimatkunde 1985«. In dem Themen- und Katalogheft des Schulmuseums lässt sich dazu nachlesen: »Die Teilnehmenden erleben in dieser nachgespielten Unterrichtsstunde Mechanismen, wie sie jeder Diktatur zugrunde liegen und erfahren, wie schnell man nur noch als Rädchen im Getriebe funktioniert« (Stadt Leipzig 2013, 11).[5] Mit diesem Angebot scheint das ansonsten kleine Schulmuseum sehr erfolgreich. Nach eigenen Angaben nehmen jährlich mehr als 10.000

---

1   Dieser Befund gilt auch und besonders für Lernangebote zur Alten Geschichte und dem Mittelalter. Aus Gründen der Übersichtlichkeit und Expertise beschränkt sich dieser Aufsatz auf Angebote zur deutschen Geschichte des 20. Jahrhunderts.

2   <http://www.ddr-museum.de/de> [14.04.2015].

3   Siehe Abschnitt »Ausstellung«, Link »Highlights« unter <http://www.ddr-museum. de/de> [14.04.2015].

4   <http://www.ddr-museum-dresden.de/cod/php/ddr-museum.php> [18.05.2015].

5   Auf diesem Prinzip des Nacherlebens einer autoritären Gemeinschaft beruht auch der Erfolgsroman *The Wave* von Morton Rhue (1981).

Jugendliche »aus allen Teilen Deutschlands und aus europäischen Nachbarländern« daran teil (Stadt Leipzig 2013, 11). (Nach-)Erleben, erfahren, nachfühlen, eintauchen, mit allen Sinnen entdecken, in die Zeit reisen – das scheinen zentrale Modi populärer Geschichtsvermittlung und Geschichtsaneignung zu sein. Die Museen setzen auf Spannung, Spaß und Unterhaltung und erhoffen sich Interesse, Neugierde und Begeisterung.

Was diese Erlebnisangebote zur jüngsten deutschen Geschichte vordergründig verbindet, ist die Überzeugung, dass historisches Lernen spannender, nachhaltiger und besser sei, wenn frei nach dem Prinzip der ganzheitlichen Pädagogik von Johann Heinrich Pestalozzi (1746–1827) Kopf, Herz und Hand gleichermaßen für das Lernen aktiviert werden.

Die Nacherlebbarkeit setzt auf Inszenierungen und damit auf Legitimität durch vermeintliche Authentizität. Da es sich bei diesen Orten ausnahmslos um Museen handelt, die nicht wie Gedenkstätten mit der Authentizität des Ortes und baulichen Relikten arbeiten können, nutzen sie eine vorgebliche Authentizität der Objekte. Im Berliner DDR-Museum lässt sich in einem Trabant, angeschlossen an einen Simulator, das »originale Fahrgefühl« nacherleben, so preist es die Webseite an. Die Verhörzelle ein Raum weiter ist aus »originalen Teilen« zusammengebaut. Im Leipziger Schulmuseum sitzen lernwillige Teenies des 21. Jahrhunderts eingeklemmt in den Schulbänken der 1980er Jahre. Sie spüren den ernsten Blick Erich Honeckers von der Wand auf sich ruhen, riechen den Geruch des PVC-Belages, den sie als typisch identifizieren. Vor ihnen steht eine in buntem Dederon-Kleid der 1980er Jahre gekleidete Frau, die Lehrerin in diesem Rollenspiel. Die Beispiele ließen sich beliebig fortsetzen allerdings mit der bemerkenswerten Ausnahme der Erinnerungs- und Lernorte zur Geschichte nationalsozialistischer Verfolgung und Vernichtung.[6] Performative Praktiken der Geschichtskultur, so kann man zusammenfassen, setzen auf »Authentizitätsfiktionen« (Pirker/Rüdiger 2010, 11). Im Mittelpunkt der museumspädagogischen und kuratorischen Bemühungen stehen ›authentische‹ Gefühle, das Bedürfnis, die Stimmungen der Vergangenheit unmittelbar erfahrbar zu machen. Geschichte wird als Erlebnis angepriesen und gilt damit grundsätzlich als nacherlebbar. Das Paradigma der Nacherlebbarkeit wird übersetzt in performativen Praktiken – so eine zweite Beobachtung. Mit Praktiken wird dem Nicht-Sprachlichen (also den Gefühlen und den sinnlichen Wahrnehmungen) eine höhere Authentizität zugeschrieben als den rein sprachlichen, narrativen Praktiken mit denen Geschichtsaneignung traditionell in Verbindung gebracht wird. Erinnert sei an die Aufforderung im DDR-Museum, die Antworten im Verhörraum über den eigenen Körper wahrzunehmen. Das bedeutet nicht einfach nur zu hören, sondern

---

6   Dieser Befund gilt grosso modo nur für den deutschsprachigen Gedenkraum.

auch zu spüren. Diese performative Praktiken gelten als ›heiß‹ im Gegensatz zur ›kalten‹ Aneignung von Geschichte: »The ›hot‹ strategies can be designated as those that primarily make an affective approach to the audience, or that have the bodily involvement of the viewer as an element in the shaping of the work or the event« (Knudsen 2006, 11).

Authentisch, emotional, heiß, wirksam: Angebote heutiger Geschichtskultur, so ließe sich vereinfacht zusammenfassen, setzen in zweierlei Hinsicht auf Emotionen. Zum einen geben sie das Versprechen auf das Nacherleben, Nachfühlen authentischer Emotionen – also jenen Emotionen, die die historischen Akteure/innen gefühlt haben sollen. Emotionen sind damit Objekte historischen Lernens, die den Anschein vermitteln, die Distanz zwischen dem Hier und Jetzt und der Vergangenheit zu überbrücken. Zum zweiten geht es in den performativen Praktiken im Unterschied zu narrativen Praktiken vor allem darum, emotionale Reaktionen in der Begegnung mit Geschichte hervorzurufen und zu intensivieren, um die Erfahrung nachhaltiger zu gestalten, so die Annahme. Diese Emotionen sind auf der Subjektebene anzusiedeln. Beide Bedeutungsebenen von Emotionen im Prozess historischen Lernens gehören zusammen, schließen sich jedoch in der Konsequenz aus. Die beispielhaft beschriebenen Erlebnissettings geben eine »emotionale Choreographie« (Heyl 2013, 245) vor, die es nachzufühlen gilt. Sie laden damit zu einer Überidentifikation ein, statt zu Empathie, die zur Distanzierung führen könnte (Brauer 2013, 86 f.), zur vermeintlichen Identitätserfahrung statt Fremderfahrung. Die vorgegebenen Choreographien – so die Kritik hier – nehmen das lernende Subjekt nicht ernst, sie behindern den Prozess der »eigensinnigen produktiven Aneignung« von Geschichte (Brauer/Lücke 2013, 22), der für ein gelungenes historisches Lernen steht.

Es ist ein Irrtum anzunehmen, dass Geschichte nacherlebbar oder nachfühlbar ist. So lautet der hauptsächliche Einwand aus der Perspektive der Emotionsgeschichte. Gefühle haben eine Geschichte (Frevert 2009, 202). Die Angst im Verhörzimmer der Stasi ist nicht nachfühlbar, genauso wenig wie der Stolz, in einem Trabant zu sitzen oder die Langeweile beziehungsweise Ehrfurcht von Drittklässlern im Heimatkundeunterricht 1985. Sicherlich ist eine Annährung im Sinne des analogen Fühlens denkbar, aber nicht die ›Zeitreise‹ in das Herz und in den Kopf der historischen Akteure/innen. Wir als Menschen der Jetztzeit teilen nicht den »Erfahrungsraum und den Erwartungshorizont« vergangener Menschen, um hier prägnante historische Kategorien von Reinhart Koselleck (1979, 349) aufzugreifen. Das führt zum zweiten, geschichtsdidaktischen Einwand. Historisches Lernen ist die Erfahrung des zeitlichen, kulturellen und geographischen Anderen, des Fremden, es ist eine Alteritätserfahrung. Die Angebote zur erlebten Geschichte jedoch bauen auf die Illusion des Gleichartigen, der Identitätserfahrung. Von einer »Domestizierung des Fremden« durch Geschichtskultur sprach der Geschichtsdidaktiker Rolf Schörken (1994, 14) bereits vor zwanzig Jahren. Die performativen Praktiken wie sie die heutige Geschichtskultur charakterisieren, zielen bewusst auf eine De-Distanzierung von Gegenwart und Vergangenheit. Dieser Trend scheint deswegen erfolgsversprechend, da er persönliches Erleben, Spannung, Spaß und Interesse verspricht und damit die Geschichte aus der Ecke der angestaubten Quellensammlungen herausholt. Der vorliegende Aufsatz wird das Paradigma von der besonderen Wirkmächtigkeit der ›erlebten‹ (= sinnlich und emotional erfahrbaren) Geschichte systematisch auf der Subjekt- und Objektebene hinterfragen. Die Vermutung ist, dass die diskursive Gleichsetzung von erlebter Geschichte mit besonders nachhaltigem Lernen ein Trugschluss ist. Dazu werden zunächst Gefühle und ihre Wandelbarkeit erläutert. Daran anknüpfend wird die Bedeutung von Gefühlen bei der Aneignung von Geschichte in den Blick genommen. Der letzte Teil fokussiert auf Gedenkstätten zur Geschichte des Nationalsozialismus und stellt an diesen Beispielen dar, wie Emotionen und historisches Lernen produktiv zusammen kommen können.

Gefühle in der Geschichte

Emotionen sind eine zentrale Dimension von Erfahrung und Erkenntnis (Frevert/ Schmidt 2011, 25) und damit für die Geschichtswissenschaft eine »produktive Herausforderung« (Hitzer 2011, 2). Die Emotionsgeschichte startete mit der Beobachtung, dass Gefühle nicht nur »geschichtsmächtig« sind, sondern eben auch »geschichtsträchtig«: »Sie machen nicht nur Geschichte, sie haben auch eine. Sie sind keine anthropologischen Konstanten, sondern verändern sich in Ausdruck, Objekt und Bewertung« (Frevert 2009, 202). Dieser entscheidende Einwand der Emotionsgeschichte offenbart unmittelbar die Probleme, die sich mit dem Anspruch auf Nachfühlen und Nacherleben als Modus des historischen Lernens ergeben. Emotionen und ihr Ausdruck sind wandelbar, sie werden erlernt, geformt, gemanagt (zum Beispiel: Hochschild 1979). Sie unterscheiden sich jedoch nicht nur in ihrer historischen Wandelbarkeit, sondern sie charakterisieren auch soziale Gruppen als »emotional communities« (Rosenwein 2002, 842). Diese Gemeinschaften lassen sich beschreiben über ein verbindliches Setting von emotionalen Normen und Regeln. Die Emotionshistoriker Peter und Carol Stearns bezeichneten das als »emotionology«: »The attitudes and standards that a society, or a definable group within a society, maintains toward basic emotions and their appropriate expression« (Stearns/Stearns 1985, 813). Emotionen, so ließe sich zusammenfassend definieren sind demzufolge dadurch gekennzeichnet, dass sie kulturell und strukturell erlernt und in sozialen Praktiken verinnerlicht, aber auch ausgehandelt werden. Daher sind emotionale Standards eben auch veränderlich. Emotionen sind darüber hinaus an Körper gebunden. Sie sind anzusiedeln auf der Schwelle zwischen Innen und Außen, zwischen Körper und Geist. Emotionen seien – so die Kulturwissenschaftlerin Sara Ahmed (2004, 28) – »intentional auf etwas gerichtet«. Sie prägen den Kontakt des Selbst mit dem Anderen und sie sind die »Markierungen« (im Sinne von »impress«) die der, die oder das Andere im Körper des Wahrnehmenden hinterlassen. Diese Impressionen verändern den Körper: »We need to remember the ›press‹in an impression. It allows us to associate the experience of having an emotion with the very ›mark‹ left by the press of one surface upon another« (Ahmed 2004, 30). Zentraler Akteur und Medium der Einschreibung von Emotionen, aber auch dem Ausagieren, der Kommunikation, des Ausdruckes ist daher der Körper, der entsprechend den Konzepten der Körperethnologie als ein Produkt biologischer und kultureller Faktoren, als konzeptionelle Vereinigung von Körper, Geist und Gesellschaft gesehen wird, als »mindful body« (Scheper-Hughes/Lock 1987, 6). Emotionen sind also etwas, was wir erlernen, erfahren und managen, aber auch etwas, das wir ›tun‹, wie es Monique Scheer (2012, 195) herausstellt: »We have emotions and we manifest emotions«. Scheer (ebd. 193) klassifiziert Emotionen daher auch als eine Praktik des Selbst: »emotions themselves can be viewed as a practical engagement with the world. Conceiving of emotions as practices means understanding them as emerging from bodily dispositions conditioned by a social context, which always has cultural and historical specificity«.

Emotionen können in ihren Eigenschaften als kulturell geprägt und körperlich gebunden nicht einfach nachgefühlt oder nacherlebt werden. Denn Deutungsmuster, Sinnstrukturen und kulturelle Formierungen der jeweiligen historischen und zeitgenössischen Gemeinschaften sind verschieden. Das lässt sich am Beispiel des Rollenspiels im Leipziger Schulmuseum zeigen.[7] Die Schüler/innen, die im Schulmuseum etwas über die Alltagsgeschichte der DDR lernen wollen, sitzen nach einer kurzen historischen Einführung und Kontextualisierung des Rollenspiels in einem nachgebauten Klassenzimmer, das mit Attributen geschmückt ist, die es als typisches DDR-Klassenzimmer erkennen lassen sollen. Die Jugendlichen des 21. Jahrhunderts sind aber viel zu groß für die engen Tische und Stühle für neunjährige Kinder. Mit den wenigen Informationen und mit dem selten systematischen Wissen über die DDR-Schulbildung sollen die heutigen Jugendlichen in diesem historischen Spiel eine Rolle spielen, von der sie kaum wissen, wie diese aussehen könnte. Sie sollen sich bewegen, sprechen, denken und fühlen wie neunjährige Kinder es 1985 getan hätten. Im Kopf haben

---

7 Zum *Schulmuseum – Werkstatt für Schulgeschichte Leipzig* siehe <http://schulmuseum.leipzig.de> [14.04.2015].

sie allerdings Vorstellungsbilder, die sich aus verschiedenen Medien, wie Kino-
filmen, Fernsehdokumentationen, eventuell Büchern oder den Erinnerungen der
Elterngeneration speisen.

Trotz der vermeintlichen Authentizität des Raumes und der geschauspieler-
ten Lehrerin können die heutigen Teenager nicht nachbilden, wie sich neunjährige Schülerinnen und Schüler im Heimatkundeunterricht der DDR gefühlt haben
mögen. Sie haben vielmehr eine Vorstellung und eine Idee aus ihren eigenen
Erfahrungen, wie sich Zusammengehörigkeit und Ausgrenzung gestaltet und
anfühlt. Was Zugehörigkeit zu einer gesellschaftspolitisch dominanten Kinder-
organisation, wie den Pionieren, angeht, können sie nicht aus Erfahrungswissen
schöpfen. Sie sind nicht in der Lage das Unbehagen der Widersprüche zwischen
den Narrationen im Elternhaus und der Schule nachzuempfinden, nicht den
durch Wettbewerbe, Leistungsschauen und Auszeichnungen immer wieder an-
gestachelten Ehrgeiz der »Jungen Pioniere«. Für die heutigen Teenies ist es ein
Spaß, ein Comicheft als ›Westpropaganda‹ vor der Lehrerin zu verstecken. Wie
sollen sie die Angst vor Entdeckung nachfühlen, vor dem Verlust dieses seltenen
›Schatzes‹? Die Lernenden wissen aus ihrer eigenen Schulzeit, wie sich Autori-
tätsverhältnisse im Klassenzimmer gestalten. Sie kennen ihre eigenen Gefühle
von Langeweile, Angst vor schlechten Noten, Desinteresse oder dem Wunsch,
alles richtig zu machen. Aber das Rollenspiel ist alles andere als langweilig und
schlechte Noten muss niemand befürchten. Die vorgegebene Authentizität ist ein
Trugschluss. Das Rollenspiel nivelliert historische Alterität, statt sie sichtbar zu
machen, setzt auf Identifikation und De-Distanzierung statt auf Fremdverstehen
und Perspektivwechsel. Eine aktive Auseinandersetzung mit dem Erziehungssys-
tem der DDR findet demzufolge gar nicht statt. Stattdessen sollen die Lernenden
einer Choreographie von Abläufen, Gedanken und Gefühlen folgen. Der Spaß an
diesem Rollenspiel ist ihnen anzumerken. Das ist zwar ein nicht zu unterschät-
zender Faktor, doch reicht das zur historischen Bewusstseinsbildung aus?

Die heutigen Schüler/innen stellen im Sinne der Performativitätstheorie
durch ihre Handlungen Bedeutung her (Fischer-Lichte 2012, 44). Doch verweist
das Element der Performativität auf den eigensinnigen Anteil der Geschichtsaneignung. Im Prozess der Aneignung wird erst eine Wirklichkeit hervorgebracht,
die zwar auf eine historische Lebenswelt verweist, jedoch mit der Gegenwart
heutiger Jugendlicher verflochten ist. Denn alle diese Schüler/innen im Rollenspiel deuten und nutzen das Rollenspiel mit dem je eigenen geistigen Gepäck,
unter dem Motto: Ich erkenne nur das, was ich weiß, ich sehe nur das, was ich
kenne. Dieses ›Gepäck‹ besteht aus individuellen Vorstellungsbildern. Es geht
auf subjektives Erleben zurück, auf mediale Repräsentationen, kulturelle, fami-
liäre Prägungen und Narrative sowie erlernte historische Deutungen. Geschichte

wird daher nicht nacherlebt oder nachgefühlt. Geschichte wird in performativen Praktiken vergegenwärtigt, vorgestellt und imaginiert. Damit wird Bedeutung hergestellt und es erfolgt historisches Lernen im besten Sinne als »Sinnbildung über Zeiterfahrung« (Rüsen 2008, 71).

Vergegenwärtigung und historische Imagination

»Die großartige Fähigkeit des Menschen besteht in der Vergegenwärtigung des zeitlich Abwesenden im Erinnern und Erwarten« (Assmann 2013, 273). Damit unterstreicht Aleida Assmann zu Recht, dass es ohne die Imagination keine Geschichte gäbe und Geschichtsbewusstsein nicht denkbar sei. Die Aneignung von Geschichte, beziehungsweise die »historische Sinnbildungsleistung des Geschichtsbewußtseins« (Rüsen 1994, 4) findet im Modus der Imagination statt. Obwohl ›historische Imagination‹ ein konzeptioneller Begriff der Geschichtsdidaktik des 20. Jahrhunderts ist, lassen sich Überlegungen darüber, wie Geschichte zum Teil des individuellen Bewusstseins wird, bis in die Zeit des Historismus zurückverfolgen. In seiner Hermeneutik ist historisches Verstehen für Wilhelm Dilthey (1961, 317) ein »Nachfühlen fremder Seelenzustände«. Damit wies er in seiner geisteswissenschaftlichen Methodologie den Gefühlen im Verstehensprozess eine erkenntnistheoretische Bedeutung zu. Daniel Morat (2008, 103) bezeichnete diesen Zugang als eine »Gefühlsmethode«. Dilthey arbeitet mit der Vorstellung einer grundsätzlichen Gleichartigkeit zwischen Verstehendem und Verstandenem, die erst ein »Hineinversetzen« in und »Nachbilden« von fremden Gefühlen ermöglicht und damit ein Nacherleben fremder Erfahrungen. Er beschreibt Verstehen als einen Prozess in welchem »aus sinnlich gegebenen Äußerungen seelisches Leben [...] zur Erkenntnis kommt« (Dilthey 1961, 332). Jedoch erst im »Vorgang der Nachbildung« der sinnlichen Wahrnehmungen »ergänzen wir dies Innere [...] aus der eigenen Lebendigkeit« (ebd. 318). Das Fremde wird angeglichen, ihm wird die Andersartigkeit genommen, um es zu erkennen und eine Brücke des Verstehens in die Vergangenheit zu bauen. Dieser Befund könnte zu der Vermutung Anlass geben, dass gegenwärtige populäre Geschichtskulturen auf Vorstellungen des Historismus aufbauen, zumindest aber teilen sie die Auffassung von historischem Lernen als Identitätslernen. Doch Dilthey, auch wenn er an diesem Punkt nicht sonderlich ausführlich ist, spricht davon, dass es der »eigenen Lebendigkeit«, den Willen und das Vermögen des Verstehenden braucht, um die Brücke zur Vergangenheit herzustellen.

An diesem Punkt lässt sich anknüpfen. Was man sich unter dieser »eigenen Lebendigkeit« vorstellen kann, ist bei Schörken nachzulesen, der historische

Imagination als zentrale Erkenntnistheorie in der Geschichtsdidaktik der 1990er Jahre neu implementierte (Schörken 1994, 1995, 1998).

Schörken versteht die Imagination als »geistiges Vermögen« (Schörken 1998, 207), das bei allen kognitiven Akten der Deutung, der Rezeption und der Rekonstruktion von Vergangenheit immer schon beteiligt ist. Damit rückt er sie nicht nur an den Anfang, sondern sogar in den »geheiligten Kern strenger geschichtswissenschaftlicher Verfahren« (Schörken 1998, 204). Im Prozess der historischen Imagination wird »eine vorgestellte Welt mit Leben erfüllt, also mit Figuren bevölkert, mit Lokalitäten versehen, mit Ereignissen und Handlungen, mit Zusammenhängen, Bedeutungen, mit Problemen und deren Lösung bestückt« (Schörken 1995, 12). Das Vergegenwärtigen bedeutet ein »Vorstellbarmachen« (ebd.).

Doch um der Vergangenheit auf dieser Art habhaft zu werden, bedarf es deren Repräsentanten, also ›Spuren‹, die auf das verweisen, was vorbei ist und dennoch den Ort prägen, an dem es war. Der Begriff ›Spur‹ ist in diesem Zusammenhang zentral. Schörken orientiert sich dabei an der historischen Hermeneutik von Paul Ricoeur (1991, 191–200). Die Spur sei »hier und jetzt sichtbar, als Fährte oder Markierung«, sie verweise auf etwas Vergangenes, denn sie sei nur deshalb sichtbar, weil »früher ein Mensch oder ein Tier dort vorüber ging, bzw. ein Etwas gewirkt hat«. Die Spur »erfüllt ihr [der Vergangenheit] gegenüber eine Vertretungs- und Repräsentationsfunktion« (ebd. 223).

Aber erst die Sichtbarkeit einer Spur oder Markierung von Vergangenem lädt dazu ein, diese zu verfolgen, Rückschlüsse zu bilden, sich einen Lebenszusammenhang vorzustellen, den diese Spur repräsentiert. Diese Überlegungen verweisen zum einen auf das Intime einer jeden Rezeption und Rekonstruktion des Vergangenen, zum anderen auf gesellschaftliche Deutungsmuster des Vergangenen, die erst den Blick des Betrachters auf die Spur lenken. Schörkens Beschreibungen vermitteln die Idee einer Einverleibung der Vergangenheit in der Gegenwart, sowie umgekehrt auch eine Annäherung der Gegenwart an das Vergangene. Die Frage ist nur, unter welchen Vorzeichen diese stattfinden, der Alteritäts- oder der Identitätserfahrung?

Was von Ricoeur und Schörken wenig beachtet wurde, jedoch für eine Deutung von Aneignungsmechanismen von Geschichte wesentlich ist, sind die Vermittlungsinstanzen, die auf die Spuren weisen, sie lesbar machen, sie erläutern und einen Zusammenhang bringen oder eben gleich ganz Geschichte(n) repräsentieren. Das kann die Gestaltung des Raumes an Gedenkorten sein sowie Texte, Bilder, Videos oder auch Zeitzeugen selbst, die den »vorgestellten Lebenszusammenhang« vorstrukturieren. Die Stärke der Vermittler liegt in ihrem Vermögen, Vorstellungsbilder entstehen zu lassen und sie mit einer besonderen

Glaubwürdigkeit, einer Autorität der Authentizität zu versehen, an der entlang konsistente Vergangenheitsbilder entwickelt werden können. In diesem Sinne sind historische Sinngebungen gesellschaftlich und kulturell vorstrukturiert.

Die Aneignung von Geschichte als Vergegenwärtigung der Vergangenheit basiert somit auf dem Vermögen und dem Willen des Betrachters, sich mit Vermittlungsinstanzen auseinanderzusetzen, um Spuren mit einem vorgestellten Lebenszusammenhang zu füllen. Während mit den Vermittlungsinstanzen das regelhafte Element der Geschichtskultur beschrieben werden kann, verweist der Hinweis auf das Vermögen und den Willen, oder um mit Dilthey zu sprechen, die »eigene Lebendigkeit« des Betrachters auf die eigensinnige Aneignung, auf die Einstellungen, Haltungen, Erwartungen, Prägungen. Im Falle der beschriebenen Museen müssen diese Spuren mit Exponaten gelegt werden. Dabei belassen es diese Orte eben nicht allein bei den Spuren, sondern sie lassen gleich ganz die Vergangenheit auferstehen, so authentisch wie möglich. Grundsätzlich benötigt die Spur, um als solche verstanden zu werden, die Vorstellungskraft des Betrachters, seinen Willen und sein Vermögen, an der Spur entlang eine historische Welt auferstehen zu lassen. Genau diese Imaginationsleistung wird dem Besucher in den genannten Museen durch erlebnisorientierte Inszenierungen weitgehend abgenommen. Die zahlreichen Möglichkeiten der historischen Imagination werden damit auf eine einzige intendierte Lesart eingeschränkt. Zugespitzt ließe sich sagen, dass die Lernenden in ihrer Begegnung mit Geschichte unmündig gemacht werden.

Doch zurück zu den eingangs genannten Beispielen. Welche vorgestellten Lebenswelten können durch den Innenraum eines Trabants, seinen Geruch, durch den glatten und störrischen Schalthebel oder den Kunstlederbezug der Sitze entstehen? Auf ihrer Webseite berichteten Neuntklässler der Werner-von-Siemens Schule (Gransee) von ihrem Besuch des DDR-Museums 2012:

> Man sah sich versetzt in den Alltag eines vergangenen Staates, des Sozialismus. [...] Die Schüler durften Schubladen aufziehen und hineingreifen, Schränke öffnen oder alte Kinositze ausprobieren. [...] Die eine oder andere Kleinigkeit wurde sogar wiederentdeckt, die man, z.B. von der Oma her kennt. [...] Highlight war dennoch, einmal in einem Trabi Platz zu nehmen, den Zündschlüssel zu drehen oder das Gaspedal zu bedienen [...] Auf jeden Fall wurde diese Geschichte zum Anfassen und Erleben für die Schüler zu einem sehr informativen Erlebnis.[8]

---

8   Siehe <http://www.siemensschule-gransee.de/index.php?option=com_content&view =article&id=426:ddr-museum-2012&catid=34&Itemid=216> [21.04.2015].

Das Interesse und die Neugier der Schüler/innen scheinen geweckt, doch wie wirkte sich die Erfahrung ›Trabant‹ auf das Geschichtsbewusstsein der Jugendlichen aus? Was für Informationen nehmen sie mit nach Hause?

Jeder/Jede bringt in diese Begegnung mit dem Trabant, die strukturell gleich ist, unterschiedlich Voraussetzungen mit; bei einem Jeden/einer Jeden löst diese Begegnung jedoch andere Emotionen und Vorstellungsbilder aus. Dies liegt an den unterschiedlichen Erfahrungen und Erinnerungen. Wissen die Schüler/innen beispielsweise aus den Erzählungen ihrer Eltern, was ihnen der Trabant bedeutete, dann können sie ihr Erlebnis mit diesen Narrativen emotional aufwerten. Doch was machen Lernende, die mit ihren Familien aus dem Kosovo nach Deutschland geflüchtet sind, oder diejenigen, deren Eltern mit dem VW Golf aufgewachsen sind? Keiner/Keine von ihnen wird jedoch den Stolz des DDR-Bürgers nachempfinden können, wenn er nach 15 Jahren durchschnittlicher Wartezeit endlich das erste Mal in seinem eigenen Auto saß oder die Ängstlichkeit verstehen, einen Unfall zu bauen, da es an Fahrpraxis fehlte. Deutlich ist, dass das Erlebnisangebot ›Geschichte‹ kein Nachfühlen vergangener Emotionen garantieren kann, sondern lediglich einen gesteigerten Unterhaltungswert im Umgang mit vergangenen Lebenswelten. Dessen Erkenntniswert sollte im Einzelfall genauer überprüft werden.

Emotionen, so das Fazit dieser Überlegungen, sind nicht automatisch ein Katalysator im Prozess des historischen Lernens. Man sollte kritisch über die Dynamik von augenscheinlichem Angebot und der Nachfrage von Emotionen in den performativen Praktiken heutiger Erinnerungskultur nachdenken und alternativ danach fragen, ob Emotionen nicht eher die Aneignung von Geschichte behindern, oder an welchem Punkt des historischen Lernens Emotionen produktiv und gewinnbringend eine Rolle spielen können.

Überwältigungsverbot und Kontroversität: Ein Vorschlag für Leitkategorien historischen Lernens

Auffallend ist, dass die geschichtskulturellen Angebote im Bereich des Lernens über den Nationalsozialismus und des Holocausts im deutschen Sprachraum — anders als beispielsweise im anglo-amerikanischen Raum oder in europäischen Nachbarländern — weitgehend auf emotionalisierende Inszenierungen verzichten. Dennoch lässt sich behaupten, dass didaktische und kuratorische Konzepte an den Gedenkstätten zur NS-Geschichte in der großen Mehrheit gelungen, ansprechend und sensibel sind. Die deutenden Inszenierungen an den überwiegend neu gestalteten NS-Gedenkstätten zeichnen sich durch Zurückhaltung aus. Die Spuren an diesen Orten werden zwar sichtbar gemacht und kommentiert, doch setzten die Verantwortlichen mehr auf die eigene Vorstellungskraft der Besucher/innen, statt auf eine Vorgabe von Gefühlen, wie es zum Beispiel an der »Station Z«, dem zentralen Gedenkort der Gedenkstätte Sachsenhausen zu beobachten ist (Assmann/Brauer 2011, 83–85). Diese gedenkstättenpädagogischen Angebote in Deutschland haben sich grosso modo von den Strategien emotionaler Überwältigung der sogenannten ›Betroffenheitspädagogik‹ der frühen 1980er Jahre distanziert. Mit dem Lernziel der Empathie scheint sich jedoch ein neuer Modus emotionaler Überforderung in der Gedenkstättenpädagogik zu etablieren. Das Unbehagen daran wurde bereits an anderer Stelle formuliert und soll hier nicht erneut aufgegriffen werden (Brauer 2013, 77 f.; Heyl 2013, 247–254). Bedeutend ist, dass sich die NS-Gedenkstätten samt ihrer pädagogischen Angebote und das schulische Lernen über die Geschichte von Verfolgung und Vernichtung im Nationalsozialismus nach dem Beutelsbacher Konsens von 1976 an den damit formulierten Grundsätzen des Überwältigungsverbotes und der Kontroversität orientieren. Dieser mittlerweile fast 40-jährige Konsens ist der Referenzpunkt der Arbeit in den NS-Gedenkstätten (beispielsweise Lernen aus der Geschichte 2013). Die Grundsätze des Konsenses wurden zunächst für die politische Bildung formuliert. Auch wenn er als Minimalkonsens galt, sollte mit diesen Prinzipien eine politische Indoktrination der Lernenden wirkungsvoll verhindert werden. Spätestens mit der Diskussion um eine angemessene Vermittlung von DDR-Geschichte und der Frage nach der Funktion und Bedeutung von Zeitzeugen/innen kamen diese Leitideen des Beutelsbacher Konsenses in die Diskussion der historisch-politischen Bildung zurück. Interessanterweise erhielt dabei das Überwältigungsverbot im Kontext der Diskussion um Gedenkstättenarbeit eine zusätzliche Bedeutungsebene. Ursprünglich war es in dem Sinne gedacht, zu verhindern, »den Schüler – mit welchen Mitteln auch immer – im Sinne erwünschter Meinungen zu überrumpeln und damit an der ›Gewinnung eines selbständigen Urteils‹ zu hindern« (Wehling 1977, 179). Mittlerweile geht es nicht mehr vorrangig um ein argumentatives Überwältigen, sondern vor allem um eine emotionale Überwältigung (Lernen aus der Geschichte 2013, 13).

Nimmt man nun die Prinzipien von Kontroversität und Überwältigungsverbot als Leitkategorien historischen Lernens und überträgt sie auf Erlebnisangebote zur Geschichte, sollten folgende Prinzipien gelten:

1. »Mehrfache Subjektorientierung« (Heyl 2013, 254);
2. Multiperspektivität und Kontroversität;
3. Historisches Lernen als eigensinnige produktive Aneignung.

Matthias Heyl (2013, 254) forderte zu Recht die »mehrfache Subjektorientierung in der historisch politischen Bildungsarbeit als unabdingbaren und unhintergehbaren Standard gedenkstättenpädagogischer Praxis«. Das bedeutet, nicht nur den historischen Akteuren/innen als Subjekten verpflichtet zu sein, sondern eben auch die Subjektivität der Jugendlichen, aber auch der Pädagogen in den Lehr-/Lernprozess einzukalkulieren. Dieser Standard sollte auf die Erlebnisangebote heutiger Geschichtskultur, wie beispielsweise in den beschriebenen Museen zur DDR-Geschichte übertragen werden. Das bedeutet genauer und multiperspektivisch Handlungsspielräume historischer Akteure zu betrachten und diese in den Fokus historischen Lernens zu setzen und eben nicht vermeintliche authentische Objekte, wie beispielsweise das Verhörzimmer. Stattdessen sollte aus verschiedenen Perspektiven beleuchtet werden, wie die strukturellen Bedingungen von Überwachung und Kontrolle in der DDR waren, wie dieses Moment auf der Ebene des Ministeriums für Staatssicherheit umgesetzt wurde, welche konkreten Menschen mit welchen Motivationen dahinter standen. Ebenso kontrovers lässt sich der historische Gegenspieler im Verhörzimmer darstellen, mit einer ganzen Bandbreite von Handlungsspielräumen zwischen Kollaboration und Widerstand. Eine solche Darstellung erfordert eben nicht nur ein Erlebnisangebot, das auf Nachfühlen und Nacherleben setzt, sondern ein Nebeneinander verschiedener Deutungen und Geschichten, die Brüche als solche benennen. Damit könnte einerseits eine Annäherung an Ansprüche und »Grenzen der Durchherrschung des Alltages« (Kocka 1994, 552) in der DDR gelingen. Dieses Setting lässt andererseits den Lernenden Raum, verschiedene Perspektiven zu erfahren und in Alternativen zu denken. Heyl (2013, 254) forderte zudem die »Offenheit ein, sich nicht nur dem Risiko der Kontroverse auszusetzen, sondern Kontroversität sichtbar und verhandelbar zu machen«. Das bedeutet die Begegnung mit Geschichte ergebnisoffen zu halten, den Jugendlichen von heute im Schulmuseum die Chance zu geben, auf der Grundlage verschiedener Quellen und Perspektiven zur DDR-Schulgeschichte eigene Rollenspiele zu entwickeln und diese zu diskutieren. Das bedeutet aber auch für Museumspädagogen/innen und Lehrende an Schulen und Hochschulen, gerade in Hinblick auf die Geschichte der DDR – die für viele dieser Lehrenden auch ein Stück eigene Geschichte ist – die eigene Perspektive selbstreflexiv und transparent in den Lehr-/Lernprozess einzuspeisen und damit Raum für Kontroversität zuzulassen.

Geschichtsdidaktisch gewendet kann die Begegnung mit der Vergangenheit identitätsbildend und handlungsorientiert sein, wenn das individuelle Erinnern eigene Erfahrungen mit und über die Zeit aufgreift, mit Sinnstrukturen und kulturellen Normierungen der jeweiligen Gemeinschaft verknüpft und nicht schlichtweg versucht nachzubilden. Historisches Lernen kann daher nur dann erfolgreich sein, wenn es eigensinnig produktiv sein darf, wenn der Umgang mit der eigenen Emotionalität Bestandteil von Erfahrung, Wissen, und Kommunikation ist und diese nicht ignoriert.

Zusammenfassend plädiere ich für einen offen gestalteten Denk- und Fühlraum als Voraussetzung der Aneignung von Geschichte. Auch und gerade erlebnisorientierte Angebote zur Geschichte dürfen diesen Raum nicht a priori eingrenzen und eingleisig ausgestalten. Das Erlebnis ›Geschichte‹, die performativen Praktiken sind durchaus in der Lage eine Grundmotivation und Interesse zu etablieren und bestenfalls zu Irritationen zu führen. Das bietet die Chance die Begegnung mit der Geschichte zwar angeleitet, aber dennoch eigenverantwortlich und eigensinnig zu gestalten.

Literatur

Ahmed 2004: Sara Ahmed, Collective Feelings: Or, the Impression Left By Others. Theory, Culture & Society 21/2, 2004, 25–42.

Assmann 2013: Aleida Assmann, Ist die Zeit aus den Fugen? Aufstieg und Fall der Moderne. München: Karl Hanser 2013.

Assmann/Brauer 2011: Dies./Juliane Brauer, Bilder, Gefühle, Erwartungen: Über die emotionale Dimension von Gedenkstätten und den Umgang von Jugendlichen mit dem Holocaust. Geschichte und Gesellschaft 37/1, 2011, 72–103.

Brauer 2013: Juliane Brauer, Empathie und historische Alteritätserfahrung. In: Dies./ Martin Lücke (Hrsg.), Emotionen, Geschichte und historisches Lernen: Geschichtsdidaktische und geschichtskulturelle Perspektiven. Studien des Georg-Eckert-Instituts zur internationalen Bildungsmedienforschung 133. Göttingen: V&R unipress 2013, 75–92.

Brauer/Lücke 2013: Dies./Martin Lücke, Emotionen, Geschichte und historisches Lernen: Einführende Überlegungen. In: Dies. (Hrsg.), Emotionen, Geschichte und historisches Lernen: Geschichtsdidaktische und geschichtskulturelle Perspektiven. Studien des Georg-Eckert-Instituts zur internationalen Bildungsmedienforschung 133. Göttingen: V&R unipress 2013, 11–26.

Dilthey 1961: Wilhelm Dilthey, Die Entstehung der Hermeneutik. In: Ders., Die geistige Welt: Einleitung in die Philosophie des Lebens. Erste Hälfte: Abhandlung zur Grundlegung der Geisteswissenschaften. Gesammelte Schriften 5. Göttingen: Vandenhoeck & Ruprecht 1961, 317–338.

Fischer-Lichte 2012: Erika Fischer-Lichte, Performativität: Eine Einführung. Edition Kulturwissenschaft 10. Bielefeld: transcript 2012.

Frevert 2009: Ute Frevert, Was haben Gefühle in der Geschichte zu suchen? Geschichte und Gesellschaft 35/2, 2009, 183–209.

Frevert/Schmidt 2011: Dies./Anne Schmidt, Geschichte, Emotionen und die Macht der Bilder. Geschichte und Gesellschaft 37/1, 2011, 5–25.

Heyl 2013: Matthias Heyl, Mit Überwältigendem überwältigen: Emotionen in KZ-Gedenkstätten. In: Juliane Brauer/Martin Lücke (Hrsg.), Emotionen, Geschichte und historisches Lernen. Geschichtsdidaktische und geschichtskulturelle Perspektiven. Studien des Georg-Eckert-Instituts zur internationalen Bildungsmedienforschung 133. Göttingen: V&R unipress 2013, 239–260.

Hitzer 2011: Bettina Hitzer, Emotionsgeschichte – ein Anfang mit Folgen. H-Soz-Kult 23.11.2011. <http://hsozkult.geschichte.hu-berlin.de/forum/2011-11-001> [30.04.2015].

Hochschild 1979: Arlie Russel Hochschild, Emotion Work: Feeling Rules and Social Structure. American Journal of Sociology 85/3, 1979, 551–575.

Knudsen 2006: Britta Timm Knudsen, Emotional Geography: Authenticity, Embodiment and Cultural Heritage. Ethnologia Europaea 36/2, 2006, 5–15.

Kocka 1994: Jürgen Kocka, Eine durchherrschte Gesellschaft. In: Hartmut Kaelble/Jürgen Kocka/Hartmut Zwahr (Hrsg.), Sozialgeschichte der DDR. Stuttgart: Klett-Cotta 1994, 547–553.

Koselleck 1979: Reinhart Koselleck, Vergangene Zukunft: Zur Semantik geschichtlicher Zeiten. Frankfurt a.M.: Suhrkamp 1979.

Lernen aus der Geschichte 2013: Lernen aus der Geschichte (Hrsg.), LaG-Magazin: Der Beutelsbacher Konsens in der historisch politischen Bildung. Sonderausgabe, Oktober 2013. Berlin: Agentur für Bildung – Geschichte, Politik und Medien e.V. [Online unter <http://lernen-aus-der-geschichte.de/sites/default/files/attach/lagmagazin_sonderausgabe_beutelsbacherkonsens.pdf>; 14.05.2015.]

Morat 2008: Daniel Morat, Verstehen als Gefühlsmethode: Zu Wilhelm Diltheys hermeneutischer Grundlegung der Geisteswissenschaften. In: Ders./Uffa Jensen (Hrsg.), Rationalisierungen des Gefühls: Zum Verhältnis von Wissenschaft und Emotionen 1880–1930. Paderborn: W. Fink 2008, 101–117.

Pirker/Rüdiger 2010: Eva Ulrike Pirker/Mark Rüdiger, Authentizitätsfiktionen in populären Geschichtskulturen: Annäherungen. In: Eva Ulrike Pirker/Mark Rüdiger/Christa Klein/Thorsten Leiendecker/Carolyn Oesterle/Miriam Sénécheau/Michiko Uike-Bormann (Hrsg.), Echte Geschichte: Authentizitätsfiktionen in populären Geschichtskulturen. Historische Lebenswelten in populären Wissenskulturen 3. Bielefeld: transcript 2010, 11–30.

Ricoeur 1991: Paul Ricoeur, Zeit und Erzählung, 3: Die erzählte Zeit. Übergänge 18, 3. München: Fink 1991.

Rosenwein 2002: Barbara Rosenwein, Worrying about Emotions in History. American Historical Review 107/3, 2002, 821–845.

Rüsen 1994: Jörn Rüsen, Was ist Geschichtskultur? Überlegungen zu einer neuen Art, über Geschichte nachzudenken. In: Klaus Füßmann/Heinrich Theodor Grütter/Jörn Rüsen (Hrsg.), Historische Faszination: Geschichtskultur heute. Köln/Weimar/Wien: Böhlau 1994, 3–26.

Rüsen 2008: Ders., Historisches Lernen: Grundlagen und Paradigmen. Schwalbach, Ts.: Wochenschau Verlag ²2008.

Scheer 2012: Monique Scheer, Are Emotions a Kind of Practice (and Is That What Makes Them Have a History)? A Bourdieuan Approach to Understanding Emotion. History and Theory 51, 2012, 193–220.

Scheper-Hughes/Lock 1987: Nancy Scheper-Hughes/Magret M. Lock, The Mindful Body: A Prolegomenon to Future Work in Medical Anthropology. Medical Anthropology Quarterly N.S. 1/1, 1987, 6–41.

Schörken 1994: Rolf Schörken, Historische Imagination und Geschichtsdidaktik. Paderborn/Zürich u. a.: Ferdinand Schöningh 1994.

Schörken 1995: Ders., Begegnungen mit Geschichte: Vom außerwissenschaftlichen Umgang mit der Historie in Literatur und Medien. Stuttgart: Klett-Cotta 1995.

Schörken 1998: Ders., Imagination und geschichtliches Verstehen. Neue Sammlung: Vierteljahres-Zeitschrift für Erziehung und Gesellschaft 38/2, 1998, 203–212.

Stadt Leipzig 2013: Stadt Leipzig, Amt für Jugend, Familie und Bildung (Hrsg.), Schulmuseum. Werkstatt für Schulgeschichte Leipzig: Themen und Katalogheft. Leipzig: Stadt Leipzig 2013. [Auch online unter: <http://schulmuseum.leipzig.de/angebote/>; 14.05.2015.]

Stearns/Stearns 1985: Peter N. Stearns/Carol Z. Stearns, Emotionology: Clarifying the History of Emotions and Emotional Standards. American Historical Review 90, 1985, 813–836.

Wehling 1977: Hans-Georg Wehling, Konsens à la Beutelsbach? In: Siegfried Schiele/Herbert Schneider (Hrsg.), Das Konsensproblem in der politischen Bildung. Stuttgart: Klett 1977, 179–180.

STEFANIE SAMIDA

Per Pedes in die *Germania magna* oder Zurück in die Vergangenheit?

Kulturwissenschaftliche Annäherungen an eine performative Praktik

ABSTRACT

The experience-oriented presentation of historical topics has increased steadily since 1990. Among them are popular representations of history such as ›living history‹. While taking workaday clothes and putting on costumes and carrying arms, the time travelers try not only to change their look, but also want to experience the past in an affective way. These historical performances and affective adaptations – bodily and sensual experiences that serve as a medium to the past – attract large audiences.

In the summer of 2013, exactly 1,800 years after the so-called Germanic march (213 AD) by the Roman emperor Caracalla, a reenactment of this well-documented past event took place. At that time, the Roman emperor had decided to cross the limes for a pre-emptive attack against Germanic tribes – a strike that lasted no more than two weeks. The modern nine-day march was organised by the reenactment group *Numerus Brittonum*. Together with other interested reenactors, 25 men and women made their way along the scientifically reconstructed route between the Roman forts Aalen and Osterburken in Southwest Germany, nearly 140 kilometres, all wearing authentic arms and clothing of the 3rd century.

The main focus of this paper is the march and its participants, and thereby the reenactors' performative acts and bodily experiences. The exemplary discussion is intended to illustrate that research on aspects of ›historic‹ self-experience needs to include critical debates on research fields such as performance studies, cultural phenomenology and embodiment.

Im Sommer 2013 fand anlässlich des 1800-jährigen ›Jubiläums‹ des 213 von Kaiser Caracalla durchgeführten Germanienfeldzugs eine ›Wiederholung‹ dieses uns in historischen Quellen überlieferten Ereignisses statt. Der römische Kaiser hatte sich damals mit seinen Truppen ›über‹ den Limes zu einem militärischen Präventivschlag gegen germanische Stämme aufgemacht – diese Aktion dauerte kaum mehr als etwa zwei Wochen (dazu Hensen 1994; 2010). Bei dem modernen neuntägigen ›Feldzug‹ des Jahres 2013 machte sich nun eine aus rund 25 Männern und Frauen bestehende Gruppe auf den Weg, die etwa 140 Kilometer lange, wissenschaftlich rekonstruierte Feldzugsstrecke zwischen den Limesorten Aalen und Osterburken in authentischer Ausrüstung des dritten nachchristlichen Jahrhunderts nachzuvollziehen.

Diese Art der erlebnisorientierten Aneignung von Vergangenheit hat in Deutschland in den letzten rund 30 Jahren stetig zugenommen und erfährt momentan einen Höhepunkt. Die Beliebtheit dieser Form der Geschichtsaneignung zeigt sich besonders in den Frühlings- und Sommermonaten – kaum ein Wochenende vergeht ohne historisches Stadtfest, Mittelalterspektakel oder die ›Belebung‹ von Freilichtmuseen durch Darsteller in historischen Kostümen, die z. B. römisches Lagerleben nachstellen, mittelalterlichen Schwerttanz vorführen oder historische Schlachten inszenieren. Die Akteure ›erwecken‹ die Vergangenheit ›zum Leben‹, wobei nicht selten auch der historische Ort selbst in die Vorführung miteinbezogen wird, etwa wenn nachgestellte Gladiatorenkämpfe im Amphitheater von Trier stattfinden oder, wie eingangs beschrieben, ein römischer Feldzug ins ›freie Germanien‹ stattfindet. Auffällig ist dabei der Hang zum Militärischen bzw. Kriegerischen, der verschiedene Ursachen hat. Die enge Verbindung von Krieg und Living History ist zum einen in der Genese der Living History zu suchen. Hier ist als erstes das klassische Reenactment anzuführen, bei dem das Nachspielen bzw. Wiederholen konkreter geschichtlicher Ereignisse an Originalschauplätzen – in der Regel von Schlachten wie z. B. die Schlacht bei Waterloo (1815) –, in möglichst historisch exakten Gefechtsformationen und originalgetreu nachgebildeten Ausrüstungen im Vordergrund steht. Die Living History hat in diesen theaterartigen Schlachten-Inszenierungen eine ihrer Wurzeln.[1] Eine weitere Ursache ist außerdem in dem von Anfang an und bis heute stark männlich geprägten Hobby zu suchen. Das Militärische, so ein Akteur in einem Interview, bilde für viele männliche Darsteller den Einstiegsgrund in die ›Szene‹ (Interview mit MT am 13.09.2012).[2]

---

1   Dazu auch der Beitrag von Wolfgang Hochbruck in diesem Band.
2   Um das Gender-Ungleichgewicht im vorwiegend männlich dominierten Feld abzubilden und die Lesbarkeit des Beitrags zu erleichtern, wird im Folgenden das generische Maskulinum benutzt. – Die hier wiedergegebenen Interviewausschnitte sind Teil ei-

Man kann solche geschichtskulturellen Ausprägungen wie die Living History auf der einen Seite mit einer gewissen Skepsis betrachten. So ist etwa der 550 Kilometer lange Obergermanisch-Raetische Limes seit seiner Ernennung im Jahr 2005 zum UNESCO-Weltkulturerbe einer wachsenden Touristifizierung und Vermarktung ausgesetzt (Obmann 2013, 27). Die konservierten Überreste und Nachbauten, so ein Kritiker, dienten nur noch als »Kulissen zum Ausleben gegenwartsflüchtiger Surrogatidentitäten« (ebd. 55). Auf der anderen Seite gehen solche Formen der Geschichtsaneignung mit einem sich schon seit Jahrzehnten ankündigenden Trend der allgegenwärtigen »epidemischen Lust zur Teilnahme an Events« (Hitzler 2011, 93) im Sinne »performativ-interaktiver Ereignisse« (ebd. 13) einher.[3] Als karnevalesk anmutendes Phänomen markiert die Living History darüber hinaus eine zeitgenössische Modeerscheinung (dazu Dreschke 2013; Samida 2014), die uns auch von anderen Formen unserer »Erlebnisgesellschaft« (Schulze 2005) bzw. »Erlebnis- und Spektakelkultur« (Fischer-Lichte 2006, 7) bekannt ist. Die Lust am Event lässt sich in erster Linie aus den für die Akteure neu eröffnenden Handlungsräumen erklären – Räume, in denen besonders das sinnliche Erleben in den Vordergrund rückt. Dies trifft auch für die Living History und ihre Spielarten zu, die Alfons Kannemann (2013, 270) treffend als »emotionale Aneignungsräume« charakterisiert hat.

Im Zentrum dieses Beitrags steht die exemplarische Auseinandersetzung mit Aspekten ›historischen‹ Selbsterlebens, wobei der schon angesprochene Marsch der ›Freizeitrömer‹ als Fallbeispiel dient. Die Analyse möchte zeigen, dass Living History als performative Vergegenwärtigung von Geschichte zu verstehen ist. Der kulturwissenschaftliche Zugang auf das Phänomen soll überdies den Blick öffnen für Aspekte, die in der Forschung bislang ein eher stiefmütterliches Dasein fristeten. Denn allzu oft verdecken museumspädagogische und geschichtsdidaktische Fragen – etwa solche hinsichtlich der Qualität der Darstellung – die »transformative Kraft« der Living History (Fischer-Lichte 2012a, 71; 2012b, 48–50).

---

nes größeren Vorhabens, das innerhalb des von der VolkswagenStiftung geförderten Forschungsprojekts »Living History: Reenacted Prehistory between Research and Popular Performance« bearbeitet wird, siehe <http://www.livinghistory.uni-tuebingen.de> [09.06.2015]. Aus Gründen der besseren Lesbarkeit werden die Transkriptausschnitte nicht wortgetreu zitiert; Pausen, Stotterer, Wortwiederholungen, Einwürfe der Interviewerin, unverständliche Passagen, Satzabbrüche etc. wurden eliminiert. Ruzana Liburkina (Berlin) danke ich sehr für die Transkription der Interviews.

3   Ganz ähnlich argumentiert auch Korff (2005, 142), der das Erleben als die derzeit beherrschende Wahrnehmungs- und auch Erfahrungsform kultureller Überlieferungen bezeichnet.

›Performativität‹ und ›Theatralität‹ als kulturwissenschaftliche Schlüsselbegriffe: Theoretischer Zugang

Bevor auf das konkrete Fallbeispiel näher eingegangen wird, soll zunächst der theoretische Rahmen abgesteckt werden. Die im Folgenden skizzierten Begriffe bilden nicht nur in den Performance Studies/Theaterwissenschaften das grundlegende Vokabular, sondern lassen sich – das möchte dieser Beitrag zeigen – auch auf die populären Geschichtsdarstellungen wie beispielsweise die Living History übertragen. Es wird deutlich werden, dass die Beschäftigung mit Aspekten ›historischen‹ Selbsterlebens nicht ohne eine Diskussion kulturwissenschaftlicher Konzepte auskommt. Dies zeigt sich darin, dass seit einigen Jahren zunehmend Handlungen und Austauschprozesse und somit soziale, gesellschaftliche und mediale Praktiken wie z. B. Feste und Rituale in den Fokus kulturwissenschaftlicher Forschung treten. Darstellungs-, Aufführungs- und Inszenierungspraktiken – kurz: das Performative – sind in den Vordergrund gerückt und mit ihnen der Theatersprache entlehnte Begriffe wie ›Spiel‹, ›Inszenierung‹ und ›Spektakel‹ (Fischer-Lichte 2001, 111; Kolesch 2004, 277). Diese begegnen uns – zumeist beiläufig – auch in Diskussionen über populäre geschichtskulturelle Praktiken, wobei sie jedoch nur selten eingehend reflektiert und konzeptualisiert werden.

Der Terminus ›Theatralität‹ und die mit ihm eng verbundenen Begriffe ›Aufführung‹, ›Inszenierung‹, ›Körperlichkeit‹ und ›Wahrnehmung‹ sind zentral für eine auf das Performative ausgerichtete kulturwissenschaftliche Forschung (Fischer-Lichte 2006, 10). Im Folgenden werden diese vorgestellt und für eine Betrachtung geschichtskultureller Fragestellungen nutzbar gemacht. Diesem Ansatz liegt die Diagnose der Theaterwissenschaftlerin Erika Fischer-Lichte (ebd. 7) zugrunde, dass unsere heutige Gesellschaft, eine Abfolge inszenierter Ereignisse sei, ja eine »Kultur der Inszenierung«. Deshalb schlägt sie vor, den »spezifischen Aufführungscharakter von Kultur« in den Blick zu nehmen.

Unter ›Aufführung‹ versteht sie dabei die »leibliche Ko-Präsenz von Akteuren und Zuschauern«, die sich zu einer bestimmten Zeit und an einem bestimmten Ort treffen, um dort eine Situation gemeinsam miteinander zu erleben (Fischer-Lichte 2006, 11). Die Aufführung wird dabei besonders von den Konfrontationen und Interaktionen zwischen den Beteiligten bestimmt, denn was immer ein Akteur tut, hat Auswirkungen auf den Zuschauer und umgekehrt. Die Aufführung entsteht also erst in ihrem Verlauf, ist deshalb nicht planbar und daher »einmalig und unwiederholbar« (ebd. 12) – sie entspricht damit dem Phänomen des Ereignisses. Infolgedessen sticht ihr prozessualer Charakter hervor – erst im Prozess der Aufführung entsteht Bedeutung (ebd. 13).

Von der Aufführung ist der Begriff der Inszenierung zu unterscheiden. Unter dem aus dem Französischen kommenden Terminus versteht man das ›In-Szene-Setzen‹ im Sinne von ›Vorbereiten‹, ›Bearbeiten‹, ›Einstudieren‹ oder auch ›Künstlerisch gestalten‹.[4] Als ästhetischer Terminus lässt er sich jedoch durchaus etwas weiter fassen, nämlich als Begriff zur Bezeichnung medialer Praktiken (Karpenstein-Eßbach 2004, 204). In diesem Verständnis meint er also »Kulturtechniken und Praktiken, mit denen etwas zur Erscheinung gebracht wird« (Fischer-Lichte 2007, 19).

Neben die ästhetische tritt die anthropologische Komponente. ›Inszenierung‹ ist schließlich immer auch ein schöpferischer Prozess, der Imaginäres, Fiktives und Reales zueinander in Beziehung setzt (Fischer-Lichte 2007, 21). Wir haben es mit einem Phänomen zu tun, das auf den Aspekt eines »kreativen und transformierenden Umgangs des Menschen mit sich selbst und seiner Umwelt« zielt (ebd.). Die Inszenierung unterstellt darüber hinaus intendiertes Handeln, das in einem abgegrenzten Raum für ein Publikum bestimmt und auf Auffälligkeit und Wirkung bedacht ist (Früchtl/Zimmermann 2001, 21); sie geschieht sozusagen in Hinblick auf die Wahrnehmung durch das Publikum (Fischer-Lichte 2012a, 56). Inszenierungen sind somit »absichtsvoll eingeleitete oder ausgeführte sinnliche Prozesse« (Kolesch 2004, 281) und damit – anders als die Aufführung – wiederholbar. Die Inszenierung liefert Vorgaben für die Aufführung, sie kann jedoch ihren Verlauf nicht festlegen oder den Aufführungsprozess kontrollieren (Fischer-Lichte 2006, 16).

Die Aufführung ist ohne die Körper der Beteiligten nicht denkbar. Die leiblichen Bewegungen der einen drücken Emotionen aus, die wiederum bei anderen Teilnehmern emotionale und motorische Reaktionen und Zustände provozieren (Fischer-Lichte 2006, 20). Von besonderem Interesse ist hier das Konzept des *embodiment*, das den phänomenalen Körper (Leib) als Ausgangspunkt für jegliche Art von kultureller Produktion herausstellt. Der Körper drückt also nicht Bedeutungen aus, sondern erst durch das gemeinsame Erleben und dem damit verbundenen Prozess der Verkörperung werden Bedeutungen hervorgebracht (ebd. 21). Somit ist er als ein möglicher Ausgangspunkt kulturellen Verstehens zu betrachten (Kastner 2014, 223) und muss damit auch als Medium der Erkenntnis ernstgenommen werden (dazu Böhle/Porschen 2011).

In der ›Wahrnehmung‹ wiederum vereinen sich gleich mehrere Prozesse wie etwa solche körperlicher, kognitiver, emotionaler, imaginativer und memorativer Art (Fischer-Lichte 2006, 23). Im performativen Rahmen wird auch danach gefragt, auf welche Weise und als was etwas wahrgenommen wird sowie nach der Wirkung der Wahrnehmung auf den Wahrnehmenden (Fischer-Lichte 2012a, 65). Wahrnehmungsprozess und Bedeutungszuweisung sind also eng miteinander verbunden.

---

4 Mehr zum Inszenierungsbegriff bei Kolesch 2004, 277–282; Fischer-Lichte 2007.

Living History als performative Praktik

Die eben skizzierten Begriffe ›Aufführung‹, ›Inszenierung‹, ›Körper‹ und ›Wahrnehmung‹ werden im Folgenden mit der Living History, verstanden als performative Praktik, verknüpft. Als Beispiel dient der bereits angesprochene, im Sommer 2013 durchgeführte ›Caracallafeldzug‹ unter Federführung der Living History-Gruppe *Numerus Brittonum*;[5] sie gehört zu den sogenannten ›Römergruppen‹, die überwiegend die soldatische Lebenswelt präsentieren.[6] Die teilnehmenden Männer und (wenigen) Frauen wollten einerseits die rekonstruierte Feldzugsstrecke per pedes nachvollziehen, andererseits sollte auch »eine überregionale breite Öffentlichkeit auf dieses besondere Ereignis« durch eine Reihe von Inszenierungen und Mitmachaktionen (z. B. Exerzierübungen, Vorführung von Handwerkstechniken) aufmerksam gemacht werden.[7]

Die weiteren Ausführungen und Analysen zum Caracallamarsch beruhen auf einer Kurzzeit-Feldforschung: Neben Beobachtungen, die während der ersten beiden Tage des Feldzugs gesammelt und in Feldnotizen festgehalten werden konnten, wurden einige Monate nach dem Marsch leitfadengestützte Interviews mit mehreren Teilnehmern geführt. Darüber hinaus werden Aussagen eines weiteren Weggefährten, der als Hauptprotagonist in der vom Bayerischen Rundfunk produzierten Fernsehdokumentation »Lebendige Geschichte: Antike und zurück« (BR 2014) mitwirkte, berücksichtigt.

Aufführung und Inszenierung

Grundsätzlich gilt, dass Living History-Aktionen in dem oben beschriebenen Sinne als ›Aufführungen‹ angesehen werden können. Die zumeist zu Gruppen zusammengeschlossenen Akteure treten in aller Regel vor einem Publikum auf – sei es im Freilichtmuseen, auf Events, Märkten, Festen etc. Die von Erika Fi-

---

5   Die Gruppe hat es einer Mitarbeiterin und mir ermöglicht, für knapp zwei Tage mitzumarschieren und Erfahrungen und Eindrücke auf diesem Feld zu sammeln; dafür möchte ich ihr herzlich danken. Zum ›Caracallafeldzug‹ des Jahres 2013 siehe die Website unter <http://www.caracallafeldzug.de> [09.06.2015]. – Die Aktion des Jahres 2013 ähnelt einer Operation, die der Militärhistoriker Marcus Junkelmann zusammen mit Gleichgesinnten fast dreißig Jahre früher durchgeführt hat. Seine Truppe überquerte 1985 in originalgetreu hergestellter früh-augusteischer Legionärsmontur die Alpen und legte dabei vom italienischen Verona bis nach Augsburg/*Augusta Vindelicum* rund 500 Kilometer zurück (ausführlich dazu Junkelmann 1986).

6   Einen guten Überblick über die ›Römergruppen‹ bieten vor allem Junkelmann (2002) und Schrader (2009).

7   Siehe <http://www.caracallafeldzug.de> [09.06.2015].

Abb. 1 Caracallamarsch 2013: ›Römer‹ und ihre zivilen Begleiter (Foto: Stefanie Samida).

scher-Lichte (2006, 11) beschriebene »leibliche Ko-Präsenz« von Akteuren und Zuschauern, die sich zu einer bestimmten Zeit und an einem bestimmten Ort treffen, um etwas gemeinsam miteinander zu erleben, gehört somit zu den zentralen Elementen der Living History. Die Geschichtsdidaktikerin Berit Pleitner (2010, 41) hat hervorgehoben, dass gerade die Zuschauernähe – vor allem aus Sicht der Akteure – als konstituierend gilt. Living History entfalte sich erst dann, wenn sie auch vor Publikum stattfinde und es zur Interaktion komme.[8]

Für den Caracallafeldzug war die Einbindung des Publikums ein zentrales Element. Der neuntägige Marsch wurde von ›zivilen‹ Begleitern aus der Jetztzeit eskortiert, war von zahlreichen Inszenierungen durchzogen und kann somit als eine einzige ›Aufführung‹ bezeichnet werden (Abb. 1). Begonnen hat der Marsch auf dem Freilichtgelände des Limesmuseums Aalen mit einer Motivationsrede des Kaisers an seine Truppe und einer Opferzeremonie, bei der einer der ›römischen Priester‹ – Wein und Weihrauch als Opfergaben in der Hand haltend – einen Steinaltar umrundete und bei den Göttern den Sieg erflehte. Ein Flötist begleitete die Zeremonie; dadurch, dass sich die Priester zu Beginn die Tunika

---

8 Selbstverständlich gibt es auch Treffen und Aktionen ganz ohne Publikum; sie sind hier aber nicht gemeint. Darüber hinaus gilt die Zuschauernähe einigen Akteuren als Kriterium für die Unterscheidung von klassischem Schlachten-Reenactment (= kommt ohne Zuschauer aus) und Living History (= nicht ohne Zuschauer denkbar), siehe Pleitner (2010, 41).

über den Kopf gezogen hatten, bekamen sie etwas Mystisch-Mythisches und zugleich Ehrenhaftes, die Flötenmusik im Hintergrund lud die Szenerie zusätzlich atmosphärisch auf – im Publikum wurde es merklich leiser bis es schließlich ganz still war; andächtig wurde die Zeremonie beobachtet und dem Tun und den Worten der Priester gelauscht – die Zuschauer spürten, dass dies ein bedeutender und in gewisser Weise auch erhebender Moment ist und etwas ›Großes‹ passiert (Feldtagebuch ›Caracallamarsch‹, 17.8.2013): Der Aufbruch der Truppe in Feindesland, in die *Germania magna*.

An diesem Beispiel sind zwei Punkte hervorzuheben:

1. In der hier beschriebenen Szene verbindet sich Imaginäres (so könnte es gewesen sein – die Weihezeremonie), Fiktives (frei erfundene Narrative – die Kaiserrede) und Reales (originalgetreue Ausrüstung) auf performative Weise. Es handelt sich also um eine Inszenierung, umschrieben als schöpferischer Prozess.

2. Die Bedeutung des Geschehens, auch das zeigt diese Szene recht gut, entsteht erst im Zuge der Aufführung, verstanden als »leibliche Ko-Präsenz« von Darstellern und Zuschauern. Das, was die Akteure machen und wie sie es tun, hat Auswirkungen auf das Publikum und umgekehrt; ohne das wechselseitige Reagieren aller an der Aufführung beteiligten Akteure hätte sich dieses Erlebnis nicht ereignet und wäre die Bedeutung des Geschehens, hier einen entscheidenden Moment vor einem Kriegszug miterleben zu dürfen, wohl nicht entstanden.

Körperlichkeit und Wahrnehmung

Performative Akte sind aber nicht nur von Aufführung und Inszenierung geprägt. Ohne den Einbezug von leiblich-affektiven Erfahrungen und damit von Körper und Wahrnehmung der beteiligten Akteure sind sie gar nicht vorstellbar. Wie drücken sich diese Erfahrungen aus? Wie haben etwa die Teilnehmer des Marsches ihre Erfahrungen gedeutet? Gibt es so etwas wie Erkenntnis durch körperliches und leibliches Erleben?

Bevor ich darauf eingehe, möchte ich wenigstens kurz auf den von Helmuth Plessner (1975, 294) bereits in den 1920er Jahren beschriebenen »unaufhebbaren Doppelaspekt« von ›Körperhaben‹ (»der Mensch als Körperding«) und ›Leibsein‹ (»der Mensch als Leib in der Mitte einer Sphäre«) hinweisen. Mit ›Körperhaben‹ ist der Körper als Objekt (z. B. als Werkzeug) und mit ›Leibsein‹ das unmittelbare Spüren bzw. Erleben gemeint – der Körper bezeichnet also das ›Außen‹ (Distanziertheit und Reflexion), während der Leib auf das ›Innen‹ (Unmittelbarkeit und Erleben) verweist.[9] Diese Differenzierung ist nicht mehr als eine analytische Trennung, schließlich ist beides stets miteinander verschränkt und bildet ein »nicht trennbares Ganzes« (Kastner 2014, 225).[10]

Ein völlig banales Beispiel des Körper-Habens bzw. der körperlichen Erfahrung während des Marsches hängt mit dem Wetter sowie der Kleidung und den Ausrüstungsgegenständen zusammen. Hatten die modernen römischen Legionäre zu Beginn des Feldzugs noch unter der Sommerhitze zu leiden, kämpften sie am Ende mit dem nasskalten Wetter auf der Ostalb. Die Folge war ein knapp vor dem Kollaps stehender *optio*, der bereits am ersten Tag nach etwa zwei Drittel der Strecke, völlig erschöpft zurückblieb und erst nach einer längeren Pause – und dann auch ohne sein ca. 20 bis 25 kg schweres Marschgepäck – weitergehen konnte. Auch das Schuhwerk führte an den ersten Tagen zu Ausfällen; mehrere Teilnehmer mussten den Marsch wegen Blasen an den Füßen bereits nach wenigen Stunden abbrechen bzw. aussetzen. Die modernen geteerten Straßen und die ›antiken‹ Militärschuhe mit ihrer genagelten Sohle (*caligae*) sind schlicht nicht kompatibel.[11] Im Gelände, so einer der Teilnehmer, sei der Schuh »super«, aber wenn man auf Teer laufe, drückten sich die »Nägel langsam durch die Sohlen durch« (Stefan Lorenz, in: »Lebendige Geschichte: Antike und zurück«, Teil 4; BR 2014).[12]

Ist dieses körperliche und emotionale Erleben auch für Außenstehende sichtbar – der Körper fungiert hier als Zeichen –, so gibt es Erlebnisse, bei denen sich die emotionale Unmittelbarkeit bzw. das ›Sich-Spüren‹ und ›Wahrnehmen‹ nur individuell einstellt.[13] Ein Beispiel mag verdeutlichen, was gemeint ist. Einer meiner Interviewpartner beschrieb folgende Situation:

Am nächsten Tag ging der Regen los, wir sind wirklich im strömenden Regen [los]. Es war schon eine mystische Sache irgendwie. Wir standen da unter

---

9 Anders gesagt: »Der Körper ist das, was ich von mir selbst sehen oder tasten kann. Der Leib hingegen ist das, was ich von mir selbst spüre, ohne von den fünf Sinnen Gebrauch zu machen« (Jäger 2006, 217).

10 Siehe auch Gugutzer (2015, 20–23) sowie Jäger (2006, 227–232), die von einer Verschränkung von Körperwissen und Leiberfahrung sprechen.

11 Ähnliche Erfahrungen machten auch schon Junkelmann und seine Männer (siehe z. B. Junkelmann 1986, 28, 44, 52).

12 An anderer Stelle wird dieses Statement mit folgenden Worten wiederholt: »Ja, wir sind heute relativ viel auf Teer gelaufen und das ist nicht so schön. Die Füße bohren sich, also die Nägel bohren sich immer weiter durch« (Stefan Lorenz, in: »Lebendige Geschichte: Antike und zurück«, Teil 4; BR 2014).

13 Körperliche Praktiken sowie leibliche Erfahrungen über Interviews zu erfassen, birgt ein gewisses methodologisches Problem (dazu Honer 2011), da letztlich ›nur‹ Reprä-

einem großen Baum und haben uns gegenseitig angefeuert. Und hier ›Donar und die germanischen Götter wollen uns dran hindern‹ und so. [...] Also wir haben das Gefühl gehabt, wir sind wirklich mittendrin. Mitten in Germanien. [...] Und dann haben wir uns wirklich – wir haben uns angeguckt, und es wurde morgens dunkel und dunkel und dunkel – und dann kam ein Platzregen. Und dann haben wir gesagt ›Okay, jetzt sind wir mittendrin, jetzt hilft nix mehr‹. Dann sind wir eben durch den Wald und dann kamen die Nebelschwaden. Ja, es hätte wahrscheinlich authentischer nicht sein können. (Interview mit NW am 11.11.2013)

Die Unmittelbarkeit und Intensität der Situation ist auch im Nachhinein, wie diese Schilderung zeigt, noch greifbar: Der phänomenale Leib vermag im Prozess der Verkörperung Bedeutung, ja ein »magisches Präsenzerlebnis der Vergangenheit« (Otto 2012, 240) hervorzubringen, das liminalen Ereignissen, wie wir sie aus der Ritualforschung kennen, nicht unähnlich ist. Rebecca Schneider (2011, 50 f.) hat solche Erlebnisse, die sie bei Darstellern des Amerikanischen Bürgerkriegs beobachtete, folgendermaßen beschrieben: »The *feel* – the affective engagement – is key. As stated earlier, reenactors who claim to experience a physical collapse of time, or at least a profound confusion of time – call their experience a ›period rush‹, a ›time warp‹, a ›wargasm‹ (deeply troubling word), or they borrow a phrase from the Civil War itself to say they are ›seeing the elephant‹.« Mit dem Literaturwissenschaftler Hans Ulrich Gumbrecht (2010, 78–93) könnte man diese Erlebnisse auch als »Epiphanien« bezeichnen.

Zu fragen bleibt selbstverständlich, welchen Effekt die transformative Kraft hinsichtlich der Aneignung von Geschichte bewirkt und welche Konsequenzen daraus abzuleiten sind. Ganz sicher ist, dass über das leiblich-affektive Erleben und das Präsenzerlebnis sowohl Handlungen als auch Deutungen beeinflusst werden. Dem Einzelnen begegnet »Unerwartetes, Ungeplantes, Inkommensurables«, wobei sich Bilder und Gefühle einstellen, »mit denen im Vorfeld nicht zu rechnen war« (Warstat 2012, 225). In dem geschilderten Fall wird das Erlebte des Jahres 2013 – die düstere Stimmung im dunklen, vermeintlich ›germanischen‹ Wald – auf das Jahr 213 projiziert und gefolgert, dass die Römer vor 1800 Jahren Entsprechendes erlebt haben dürften. Ähnlichkeiten zu den Schilderungen des römischen Schriftsteller Cassius Dio, der den Verlauf der für Rom katastrophalen Varusschlacht im Jahr 9 n. Chr. recht eindrücklich beschrieben hat, sind dabei offensichtlich. Er liefert eine außerordentlich ›dichte Beschreibung‹

---

sentationen erfasst werden; dessen bin ich mir bewusst. Spülbeck (2001) sieht daher die »verbal-kognitive« Vorgehensweise kritisch und schlägt vor, in der Feldforschung die Körpersprache mehr einzubeziehen.

des Geschehens, das schließlich in die vernichtende Niederlage mündete. Dio (*Römische Geschichte* 56, 20,1–4) gibt die Situation vor dem Angriff der Germanen folgendermaßen wieder:

> 20. (1) Die Berge, ohne Ebenen, waren nämlich von Schluchten durchzogen, außerdem standen Baumriesen dicht nebeneinander, so daß die Römer bereits vor dem feindlichen Überfall mit dem Fällen der Bäume, der Anlage von Wegen und der Überbrückung von Geländeabschnitten, wo solches nötig war, Mühe genug hatten. [...] (3) Inzwischen kam auch ein starker Regen und Sturm auf, was die Marschierenden weiterhin voneinander trennte, und der Boden, um die Wurzeln und Stämme her schlüpfrig geworden, machte jeden Schritt höchst unsicher; Bruch und Sturz der Baumwipfel sorgten für weitere Verwirrung. (4) Mit solchen Schwierigkeiten hatten damals die Römer zu ringen, als die Barbaren, wegekundig wie sie waren, gerade durch die ärgsten Dickichte drangen und sie plötzlich gleichzeitig von allen Seiten her umzingelten.

Die Vergangenheit wird also anhand der leiblich-emotionalen Erfahrungen gedeutet und mit den aus anderen Quellen gewonnenen Vorstellungen von Vergangenheit (z. B. aus Schule, Museumsbesuchen, historischen Romanen) zu einem neuen Bild zusammengesetzt.[14] In der ›Wahrnehmung‹ vereinen sich damit, wie Fischer-Lichte (2006, 23) hervorgehoben hat und worauf ich schon hingewiesen hatte, gleich mehrere Prozesse: körperliche, kognitive, emotionale, imaginative und memorative. Living History wiederholt also keine Geschichte, sondern sie schafft vielmehr neue Erinnerungen (Otto 2010, 108).

Liminales Erleben und Living History

Über eine Analyse von ›Aufführung‹, ›Inszenierung‹, ›Körper‹ und ›Wahrnehmung‹ wird nicht nur die Bedeutung des Performativen in der Living History deutlich; es wird auch verständlich, wie durch die transformative Kraft des Performativen eine soziale Wirklichkeit geschaffen wird, die vorher so nicht vorhanden war; diese ›Kraft‹ vermag wiederum Wirkungen auszulösen, die die Beteiligten in unterschiedlicher Hinsicht zu verändern vermögen (Fischer-Lichte 2012a, 71). Hier tun sich Ähnlichkeiten auf, die wir auch in Ritualen wiederfinden. Darauf hat kürzlich auch Erika Fischer-Lichte (2012b, 50) hingewiesen;

---

14 In der Living History werden also – wie in anderen Bereichen der Geschichtskultur auch – historische Deutungen konstruiert, d. h. es werden Geschichtsbilder als gegenwartsbezogene Sinnangebote im gesellschaftlichen Diskurs geschaffen (Sénécheau/ Samida 2015).

in ihrem Parcours-Ritt durch die Geschichte des Reenactments – von mittelalterlichen Passionsspielen über die englischen und amerikanischen *pageants* des 19. und frühen 20. Jahrhunderts bis hin zu künstlerischen Reenactments der serbischen Performance-Künstlerin Marina Abramović – führt sie die transformative Kraft und damit die kulturelle und soziale Dimension dieser Form der Aneignung von Vergangenheit eindrücklich vor Augen.[15] Es werden liminale Situationen hergestellt – mit dem Ethnologen Victor Turner (2009, 82–94) sollte man wohl besser von ›liminoid‹ sprechen –, die Gemeinschaften bestärken und Zugehörigkeit festigen oder stiften (Fischer-Lichte 2012b, 50). Dies trifft in einem deutlich kleinerem Rahmen auch für den Caracallafeldzug zu; darauf deuten weitere Äußerungen von Teilnehmern hin, beispielsweise:

> Dann natürlich der letzte Tag, wo es dann so heftig geregnet hat (morgens?). Das war natürlich auch nicht unbedingt gut, das Gefühl, aber man hat dann einfach nur noch gesagt ›Jetzt müssen wir's durchziehen‹. Manche wollten ausscheren und dann mit'm Taxi dann noch die letzten Meter noch glorreich dann über die Bühne bringen. Aber dass wir dann zum Großteil uns dann entschlossen haben, dann doch zu laufen, das war dann schon wieder so, dass es an dem Tag richtig beschwingt zur Sache ging. Und das dann zu überstehen, war auch schon, finde ich, so die Feuertaufe oder die Regentaufe. Das hat dann gezeigt, wir sind nicht nur Schön-Wetter-Römer, sondern wir können auch, wenn's drauf angeht, dann richtig in die Vollen treten. (Interview mit AS am 27.12.2013)

Ein anderer Teilnehmer äußert sich so:

> Es geht heim – war ja Sonntag. Dann haben wir das durchgezogen und das war [...] – also mir lief's eiskalt den Rücken runter, als wir da in dem Hof standen [...] Und da war schon so ein Gänsehautfeeling. [...] Und als wir dann nochmal geschrien haben und wirklich zum Schluss so die Waffen nochmal in die Höhe gereckt und so – ah, das war dann zum Schluss schon ein gewisses – es war schon toll. (Interview mit NW am 11.11.2013)

Wollte man also den Faden weiter spannen, so könnte es sich in Zukunft lohnen, Living History und Reenactment aus der Perspektive der Ritualforschung genauer zu betrachten. Die Living History, besonders das Reenactment, weißt zentrale Punkte von Ritualen auf, wie sie etwa Christine Brosius, Axel Michaels und Paula Schrode (2013, 13 f.) sowie Barbara Stollberg-Rilinger (2013, 9) hervor-

---

15 Zu verschiedenen Dimensionen der kulturellen Aneignung von Vergangenheit im Kontext der Living History siehe auch Samida 2013.

heben: So steht in der Living History wie im Ritual der Körper im Mittelpunkt; darüber hinaus ist die Living History ähnlich wie das Ritual gerahmt (zeitlich und räumlich), es werden bewusste Handlungen ausgeführt sowie Ereignisse inszeniert und aufgeführt bzw. wiederholt – wenn auch nicht zwingend formalisiert bzw. streng standardisiert wie im Ritual. Als »liminoides Phänomen« im Sinne Turners (2009, 83–87), das auf Freiwilligkeit beruht, mehr das Individuum in den Vordergrund stellt und eher Warencharakter hat, bietet die Living History jedenfalls zahlreiche Anknüpfungspunkte – der Aspekt der Performativität ist dabei nur einer.[16]

Quo vadis Living History-Forschung?

Die hier skizzierten Aspekte des Performativen sind für ›theatrale‹ Geschichtsdarstellungen und -aneignungen wie etwa der Living konstituierend. Eine stetig wachsende Zahl unserer Zeitgenossen strebt mittlerweile danach, Vergangenheit – jedenfalls zeitweise – aufzuführen und zu inszenieren, in sie ›einzutauchen‹, ja sie zu inkorporieren, um sie so ›leibhaftig‹ zu erfahren. Die kulturwissenschaftliche Performanzforschung, die von der Entstehung von Bedeutungen durch Zusammenspiel aller Beteiligten im Rahmen von Aufführungen ausgeht, vermag

Abb. 2 Living History im Kontext kulturwissenschaftlicher Fächer und Konzepte.

---

16 Einen guten Überblick zum Verhältnis von Ritual und Performanz liefert Rao 2007; Fischer-Lichte (2009) schildert eingängig den »Übergang vom Ritual zum Theater«.

Impulse zu liefern, die für Analysen des Phänomens ›Living History‹ – verstanden als »Erleben in leiblicher Teilhabe« (Fischer-Lichte 2006, 25) – fruchtbar gemacht und herangezogen werden können. Dazu zählen nicht nur Fragen hinsichtlich der Performativität, sondern auch nach dem Zusammenspiel etwa von Emotionalität, Materialität, Authentizität, Raum und Wissen.

Vieles ist in diesem Beitrag nur angerissen worden; dennoch dürfte deutlich geworden sein, dass der Forschungsgegenstand ›Living History‹ ein klassisch fachübergreifendes Forschungsfeld darstellt. Neben der Geschichtswissenschaft/ -didaktik und den archäologischen Fächern widmen sich auch die Theaterwissenschaft, Anglistik/Amerikanistik, Museumspädagogik, die kulturwissenschaftliche (Tourismus-)Forschung und die erfahrungs- und wissensorientierte Raumforschung diesem Phänomen (Abb. 2). Man sollte sich dem Forschungsgegenstand ›Living History‹ zukünftig daher weniger disziplinär, sondern offen und mit einem breiten kulturwissenschaftlichen Ansatz nähern, um den vielfältigen Facetten dieser populären geschichtskulturellen Praktik gerecht zu werden.

Literatur

Quellen

Cassius Dio, Römische Geschichte, Bd. 4: Bücher 51–60. Übers. von Otto Veh, eingeleitet von Gerhard Wirth. Zürich/München: Artemis 1986.

Sekundärliteratur

Böhle/Porschen 2011: Fritz Böhle/Stephanie Porschen, Körperwissen und leibliche Erkenntnis. In: Reiner Keller/Michael Meuser (Hrsg.), Körperwissen. Wiesbaden VS Verlag für Sozialwissenschaften 2011, 53–67.

Brosius/Michaels/Schrode 2013: Christiane Brosius/Axel Michaels/Paula Schrode, Ritualforschung heute – ein Überblick. In: Dies. (Hrsg.), Ritual und Ritualdynamik. Göttingen: Vandenhoeck & Ruprecht 2013, 9–24.

Dreschke 2013: Anja Dreschke, »Die Bibel der Schamanen«: Zur Aneignung und Transformation »fremder« spiritueller Praktiken bei den Kölner Stämmen. Paideuma 59, 2013, 127–148.

Fischer-Lichte 2001: Erika Fischer-Lichte, Vom »Text« zur »Performance«: Der »Performative Turn« in den Kulturwissenschaften. In: Georg Stanitzek/Wilhelm Voßkamp (Hrsg.), Schnittstelle: Medien und Kulturwissenschaften. Mediologie 1. Köln: DuMont 2001, 111–115.

Fischer-Lichte 2006: Dies., Einleitung: Theatralität als kulturelles Modell. In: Dies./ Christian Horn/Sandra Umathum/Matthias Warstat (Hrsg.), Theatralität als Modell in den Kulturwissenschaften. Theatralität 6. Tübingen/Basel: Francke 2006, 7–26.

Fischer-Lichte 2007: Dies., Theatralität und Inszenierung. In: Dies./Christian Horn/ Isabel Pflug/Matthias Warstat (Hrsg.), Inszenierung von Authentizität. Theatralität 1. Tübingen/Basel: Francke ²2007, 9–28.

Fischer-Lichte 2009: Dies., Einleitung: Zur Aktualität von Turners Studien zum Übergang vom Ritual zum Theater. In: Turner 2009, I–XXIII.

Fischer-Lichte 2012a: Dies., Performativität: Eine Einführung. Edition Kulturwissenschaft 10. Bielefeld: transcript 2012.

Fischer-Lichte 2012b: Dies., Die Wiederholung als Ereignis: Reenactment als Aneignung von Geschichte. In: Jens Roselt/Ulf Otto (Hrsg.), Theater als Zeitmaschine: Zur performativen Praxis des Reenactments. Theater- und kulturwissenschaftliche Perspektiven. Theater 45. Bielefeld: transcript 2012, 13–52.

Früchtl/Zimmermann 2001: Josef Früchtl/Jörg Zimmermann, Ästhetik der Inszenierung: Dimensionen eines gesellschaftlichen, individuellen und kulturellen Phänomens. In: Dies. (Hrsg.), Ästhetik der Inszenierung: Dimensionen eines künstlerischen und gesellschaftlichen Phänomens. Frankfurt a. M.: Suhrkamp 2001, 9–47.

Gugutzer 2015: Robert Gugutzer, Soziologie des Körpers. Bielefeld: transcript ⁵2015.

Gumbrecht 2010: Hans Ulrich Gumbrecht, Unsere breite Gegenwart. Berlin: Suhrkamp 2010.

Hensen 1994: Andreas Hensen, Zu Caracallas *Germanica Expeditio*: Archäologisch-topographische Untersuchungen. Fundberichte aus Baden-Württemberg 19/1, 1994, 219–254.

Hensen 2010: Ders., Der inszenierte Krieg. Epoc 2010, 2, 52–61.

Hitzler 2011: Ronald Hitzler, Eventisierung: Drei Fallstudien zum marketingstrategischen Massenspaß. Wiesbaden: VS Verlag für Sozialwissenschaften 2011.

Honer 2011: Anne Honer, Der Körper im Interview: Bemerkungen zu Erfahrungen aus Projekten. In: Dies., Kleine Leiblichkeiten: Erkundungen in Lebenswelten. Wiesbaden: VS Verlag für Sozialwissenschaften 2011, 59–72.

Jäger 2006: Ulle Jäger, Plessner, Körper und Geschlecht: Exzentrische Positionalität im Kontext konstruktivistischer Ansätze. In: Hans-Peter Krüger/Gesa Lindemann (Hrsg.), Philosophische Anthropologie im 21. Jahrhundert. Berlin: Akademie 2006, 215–234.

Junkelmann 1986: Marcus Junkelmann, Die Legionen des Augustus: Der römische Soldat im archäologischen Experiment. Antike Welt 33. Mainz: Zabern 1986.

Junkelmann 2002: Ders., Das Phänomen der zeitgenössischen ›Römergruppen‹. In: Inken Jensen/Alfried Wieczorek (Hrsg.), Dino, Zeus und Asterix: Zeitzeuge Archäologie in Werbung, Kunst und Alltag heute. Publikationen der Reiss-Engelhorn-Museen 4 = Beiträge zur Ur- und Frühgeschichtlichen Archäologie Mitteleuropas 35. Mannheim: Reiss-Engelhorn-Museen/Weißbach: Beier & Beran 2002, 73–90.

Kannemann 2013: Alfons Kannemann, Schriftzeugnis – Bildquelle – Re-enactment: Emotionen und Medien im Prozess historischen Lernens. In: Juliane Brauer/Martin Lücke (Hrsg.), Emotionen, Geschichte und historisches Lernen: Geschichtsdidaktische und geschichtskulturelle Perspektiven. Studien des Georg-Eckert-Instituts zur internationalen Bildungsmedienforschung 133. Göttingen: V&R unipress 2013, 261–275.

Karpenstein-Eßbach 2004: Christa Karpenstein-Eßbach, Einführung in die Kulturwissenschaft der Medien. Paderborn: W. Fink 2004.

Kastner 2014: Kristin Kastner, Körper. In: Stefanie Samida/Manfred K. H. Eggert/Hans Peter Hahn (Hrsg.), Handbuch Materielle Kultur: Bedeutungen, Konzepte, Disziplinen. Stuttgart/Weimar: J. B. Metzler 2014, 222–225.

Kolesch 2004: Doris Kolesch, Rollen, Rituale und Inszenierungen. In: Friedrich Jaeger/Jürgen Straub (Hrsg.), Handbuch der Kulturwissenschaften, Bd. 2: Paradigmen und Disziplinen. Stuttgart/Weimar: J. B. Metzler 2004, 277–292.

Korff 2005: Gottfried Korff, Denkmalisierung: Zum »Europäischen Denkmalschutzjahr« 1975 und seinen Folgen. Die Denkmalpflege 83/2, 2005, 133–144.

Obmann 2013: Jürgen Obmann, Vom Welterbe zur touristischen Kunstwelt: Das archäologische Denkmal Obergermanisch-Raetischer Limes wird besichtigt. In: Edgar Weinlich (Hrsg.), Welterbe Limes und Tourismus. Geschichte und Kultur in Mittelfranken 2. Würzburg: Ergon 2013, 15–58.

Otto 2010: Ulf Otto, Gegen Vergegenwärtigung: Zur Geste und Genese des Reenactments. In: Mathias Mertens (Hrsg.), Vergegenwärtigung (= Jahrbuch für Kulturwissenschaft und ästhetische Praxis 4, 2009). Tübingen u. a.: Francke 2010, 95–110.

Otto 2012: Ders., Re: Enactment: Geschichtstheater in Zeiten der Geschichtslosigkeit. In: Jens Roselt/Ulf Otto (Hrsg.), Theater als Zeitmaschine: Zur performativen Praxis des Reenactments. Theater- und kulturwissenschaftliche Perspektiven. Theater 45. Bielefeld: transcript 2012, 228–254.

Pleitner 2010: Berit Pleitner, Erlebnis- und erfahrungsorientierte Zugänge zur Geschichte: Living History und Reenactment. In: Sabine Horn/Michael Sauer (Hrsg.), Geschichte und Öffentlichkeit: Orte – Medien – Institutionen. Göttingen: Vandenhoeck & Ruprecht 2010, 40–47.

Plessner 1975: Helmuth Plessner, Die Stufen des Organischen und der Mensch: Einleitung in die philosophische Anthropologie. Berlin/New York: de Gruyter ³1975. [Erstauflage 1928.]

Rao 2007: Ursula Rao, Ritual und Performanz: Zur Charakterisierung eines Paradigmenwechsels. Zeitschrift für Religions- und Geistesgeschichte 59/4, 2007, 351–370.

Samida 2013: Stefanie Samida, Aneignung von Vergangenheit durch körperliches Erleben? Literatur in Wissenschaft und Unterricht 46/2&3, 2013 [2015], 105–121. [= Themenheft »Kulturelle Aneignung von Vergangenheit«, hrsg. von Sabine Moller und Matthias Bauer.]

Samida 2014: Dies., Moderne Zeitreisen oder Die performative Aneignung vergangener Lebenswelten. Forum Kritische Archäologie 3, 2014, 136–150. Abrufbar unter DOI <10.6105/journal.fka.2015.4.2> [09.06.2015]. [= Themenheft »Zeichen der Zeit: Archäologische Perspektiven auf Zeiterfahrung, Zeitpraktiken und Zeitkonzepte«, hrsg. von Sabine Reinhold und Kerstin P. Hofmann.]

Schneider 2011: Rebecca Schneider, Performing Remains: Art and War in Times of Theatrical Reenactment. London/New York: Routledge 2011.

Schrader 2009: Mark Schrader, Rekonstruiertes römisches Militär: Zur Wirkung archäologischer Forschung in der gegenwärtigen Öffentlichkeit. In: Alexandra W. Busch/Hans-Joachim Schalles (Hrsg.), Waffen in Aktion: Akten des 16. Internationalen Roman Military Equipment Conference (ROMEC), Xanten, 13.–16. Juni 2007. Xantener Berichte: Grabung – Forschung – Präsentation 16. Mainz: Zabern 2009, 353–368.

Schulze 2005: Gerhard Schulze, Die Erlebnisgesellschaft: Kultursoziologie der Gegenwart. Frankfurt a. M./New York: Campus ²2005. [Erstauflage 1992.]

Sénécheau/Samida 2015: Miriam Sénécheau/Stefanie Samida, Living History als Gegenstand Historischen Lernens: Begriffe – Problemfelder – Materialien. Stuttgart: Kohlhammer 2015.

Spülbeck 2001: Susanne Spülbeck, Begegnung statt Dialog: Die Einbeziehung der Körpersprache in die Methodik der Feldforschung. In: Katharina Eisch/Marion Hamm (Hrsg.), Die Poesie des Feldes: Beiträge zur ethnographischen Kulturanalyse. Untersuchungen des Ludwig-Uhland-Instituts der Universität Tübingen 93. Tübingen: Tübinger Vereinigung für Volkskunde e.V. 2001, 124–139.

Stollberg-Rilinger 2013: Barbara Stollberg-Rilinger, Rituale. Frankfurt a. M./New York: Campus 2013.

Turner 2009: Victor Turner, Vom Ritual zum Theater: Der Ernst des menschlichen Spiels. Frankfurt a. M./New York: Campus 2009. [Dt. Erstausgabe 1989; engl. Originalausgabe unter dem Titel »From Ritual to Theatre: The Human Seriousness of Play«. New York: Performing Arts Journal 1982.]

Warstat 2012: Matthias Warstat, Reenactment und Ritualisierung: Formen der Wiederholung in politischen Bewegungen. In: Jens Roselt/Ulf Otto (Hrsg.), Theater als Zeitmaschine: Zur performativen Praxis des Reenactments. Theater- und kulturwissenschaftliche Perspektiven. Theater 45. Bielefeld: transcript 2012, 213–228.

Filmographie

»Lebendige Geschichte: Antike und zurück«. Teil 4. Regie: Robert Grantner. BR 2014.

SARAH WILLNER

Atmosphären und Hierarchien der Geschichtserfahrung

Zum Verhältnis emotionaler Stile des Alpinismus und Konstruktionen prähistorischer Lebensrealitäten

ABSTRACT

Until now, research on the phenomenon of living history has paid scant attention to experience-oriented involvements with the past that put aside the focus of historical politics and the politics of memory. As a consequence, the epistemic potential of hiking and mountain climbing as a historical performance has not yet been examined. My paper is based on an ethnographic field study around archaeologically-themed hiking trails in the Ötztal Alps that were installed in the 1990s after the discovery of the popular mummy from the Copper Age – known as the Iceman – in that area. I am interested in atmospheres on the way to and at selected historic sites that stimulate impressions of historical presence, and I suggest that not only do those visitor gestures produce historical knowledge that explicitly aims at learning, but that non-directed perception has an enormous impact on historical experience and knowing as well. Within the placemaking of the hikers, cultural motives of alpinism correlate with the constructions of past realities. This paper will describe three different modes of practice in which these connections are located: nature, alterity, and continuity. Nature appears in this regard as scenery and at the same time as a product of movement. Alterity arises out of opposing qualities of place and emotional hiking styles and disturbs historical presence. Continuity builds on different sightseeing practices, e.g. reenactments that enforce an identification with prehistoric living conditions via an experience of order across time. I classify these hiking experiences with the concept of embodied knowledge as the basis of explicit knowledge and scrutinize their low status next to explicit expertise, which seems to be due to hierarchies within the different types of mountain vacations and to cultural criticism within the cultural repertoire of alpinism.

Ausgangspunkt

Folgt man aktuellen Publikationen zu touristischen Praktiken im geschichtskulturellen Kontext, so könnte man den Eindruck gewinnen, dass Geschichtserfahrungen nur in didaktisch informierten Genres möglich sind (Korte/Paletschek 2009; Hardtwig 2010; Pirker/Rüdiger/Klein u. a. 2010; Hochbruck 2013). Auch Stadtzentren und (Freilicht-)Museen sind als Baustellen des Historischen im Hinblick auf emotionale und sensorische Aspekte ihrer Erfahrungsdimensionen gut bearbeitete Untersuchungsfelder (Brock 1981; Rickly-Boyd 2010). Obwohl der Alpinismus die Geologie, wie wir sie heute kennen und letztlich das Vorgehen moderner Wissenschaft begründet hat (Tschofen 2005), traut man ihm im touristischen Bezugsrahmen kaum epistemisches Potential zu, weil er nicht auf einen quantifizierbaren Wissenstransfer ausgerichtet ist und nicht als Bildung im klassischen Sinn zählen kann. Dennoch kreisen in diesem Feld Vorstellungen von historischen Lebensrealitäten, die mit den individuellen Wandererfahrungen im Austausch stehen und über die Glaubwürdigkeit von Geschichtswissen entscheiden. So reflektiert im folgenden Zitat ein Wanderer seine Eindrücke von der Wanderung zur Fundstelle der kupferzeitlichen Gletschermumie am Tisenjoch und schildert die möglichen Beweggründe seines prähistorischen Vorgängers:

> Auf 3200 Meter zu steigen, das haben wir ja auch heute noch einmal körperlich gesehen, was das bedeutet. Und da oben an dem Hauslabjoch, das ist nun wirklich nicht der wirtlichste Ort dieser Erde. Ich mein, da gab's ja auch keine Similaunhütte. Also keine Herberge, das ist schon äußerst verwegen. Was will der Mann [Ötzi, Anm. d. Verf.] da oben? Und der ist ja offensichtlich sogar da oben noch umgebracht worden, also erschossen worden. Also hat es da schon hohe Interessen gegeben, die ihn dahin gebracht haben müssen. Und ich würde immer auch sagen, wer weiß, ob nicht auch religiöse Interessen dahinter stehen, in irgendeiner Weise. (Interview mit Bodo Hermann am 20.07.2012)

Eine rapide wachsende Zahl historisch eingebetteter Themenwege verspricht Wanderern besondere Erlebnisse im Bereich des Geschichtstourismus: Zeitreise, Entdeckung oder Spurensuche sind die gängigen Reizwörter. Veranstalter an Tourismusdestinationen haben das Potential der Verbindung von körperlicher Bewegung und Geschichtsträchtigkeit erkannt, das Erleben ihrer Besucher zu multiplizieren oder zumindest ihre Attraktivität zu erhöhen. Auch auf dem Alpenhauptkamm, im Grenzgebiet zwischen Österreich und Italien, haben lokale Akteure ein Wegenetz um den Fundort der nach ihrer Entdeckung recht schnell als Ötzi bezeichneten kupferzeitlichen Feuchtmumie eingerichtet, um aus dem populären Fund Werte zu schöpfen. Die Hauptattraktion – also die Mumie selbst

– konnte aus unterschiedlichen Gründen nicht direkt vor Ort verbleiben, aber mit Hilfe mehrerer EU-Förderungen blieb der Topos ›Ötzi‹ und sein Lebensraum in Form von archäologischen Wanderwegen »Auf den Spuren des Mannes aus dem Eis« (Kulturverein Schnals 1998) und zwei Themenparks hier verortet und für das touristische Angebot nutzbar.

»Auf den Spuren des Mannes aus dem Eis«: Eine Wegbeschreibung

Die archäologischen Themenwege im Ötz- und Schnalstal sind beinahe so alt wie der Mumienfund von 1991. Noch bevor der juristische Streit um die Eigentumsrechte entschieden, das Objekt der Begierde nach Bozen verbracht und einige archäologische Grabungen an Wanderwegen in den angrenzenden Tälern durchgeführt worden waren, entwickelten lokale Akteure bereits Strategien, um einen wirtschaftlichen Nutzen aus der Sensation zu ziehen. Mit Unterstützung durch die Förderprogramme LEADER und INTERREG der Europäischen Union wurden jene Strecken aus dem bestehenden Wegenetz ausgewählt, die an archäologisch oder kulturgeschichtlich relevanten Orten entlangführten. Dazu gehörten vor allem die Routen des saisonalen Schafübertriebs vom Südtiroler Vinschgau ins österreichische Ötztal und vice versa. Sie wurden in einer Blattsammlung beschrieben, mit einem stilisierten Kupferbeil markiert und an einigen Stellen mit kupfernen Informationsstelen ausgestattet. Hinsichtlich ihrer Anforderungen sind die Wanderwege sehr verschieden und sie sind auch unterschiedlich stark frequentiert. Manche ähneln eher Spazierwegen, bleiben in der Nähe des Talbodens und führen durch Wälder und Wiesen. Andere steigen hinauf bis etwa an die Baumgrenze und leiten die Wanderer an Almen vorbei. Die meisten aber führen ins hochalpine Gelände und beinhalten oft Überschreitungen von einem Tal ins nächste.

Oberflächlich sind Spuren prähistorischer Menschen in diesem Gebiet eigentlich unsichtbar. Es gibt keine Zeugnisse, Dinge oder Fundamente, die etwas über Mentalitäten und Lebensrealitäten verraten könnten. Allenfalls archäologische Grabungen bringen Artefakte oder architektonische Überreste ans Licht. Selbst die Markierung der Themenwanderwege als solche ist sehr dezent. Die meisten Studienteilnehmer wussten nicht einmal, dass sie sich auf einem archäologischen Themenweg befanden.

Um erlebnisorientierte Anknüpfungspunkte zum Thema zu schaffen, sind die Wanderwege letztlich auf den Fortbewegungsmodus angewiesen, der als kleinster gemeinsamer Nenner menschlicher Erfahrung in diesem Gebiet gelten kann. Nun ist die Frage, was hier fußläufig erfahren wird und unter welchen Voraussetzungen Ur- und Frühgeschichte in diesem Rahmen imaginierbar wird. Es ist anzunehmen, dass sich die Begegnung mit historischem Wissen auf diesen Themenwegen mit den landschaftlichen und körperlichen Erfahrungen der Wanderer verdichtet und sich die räumlichen Eigenschaften der Wege in den Geschichtskonstruktionen der Wanderer wiederfinden.

Vorgehen

Dieser Beitrag basiert auf meiner Dissertation *Geschichte en passant: Archäologisches Themenwandern in den Alpen als wissenskulturelle Praxis* (Willner i. Vorb.).[1] Dem Fokus des Forschungsprojektes entsprechend, galt das Interesse der Sensorik der Themenwanderungen und dem touristischen Umgang mit ausgewiesenen *Heritage Sites.*

Landschaft wird hierbei als Speichermedium historischer Überlieferung verstanden, die subjektiv erfahrbar ist (Tilley 2004; Krebs/Fackler 2012). Sogenannte *Themed Environments* sind diskursiv, performativ oder materiell auf ein bestimmtes historisches Thema ausgerichtet (Schlehe/Uike-Bormann/Oesterle u. a. 2010). Sharon Macdonald (2013, 15–17) nennt diese Form des raumbezogenen Erinnerns »past presencing«. An »touching places« werde durch am Ort sedimentierte Bewegungen Vergangenheit erfahrbar (ebd. 94). Wenn die Erfahrung des Historischen an konkrete Räume und räumliche Praktiken gebunden ist, dann ist auch nach den Qualitäten dieser Räume zu fragen. Der Begriff Atmosphäre bietet sich dafür an, da er sich an die sensorische Erfahrung richtet und dabei konkrete materielle Eigenschaften sowie deren subjektive Einordnung berücksichtigt (Böhme 2001, 42–73). Atmosphären sind zwar ›ansteckend‹, da sie von kulturellen Referenzen unterfüttert und kollektiv praktiziert werden, aber sie sind nicht immer erfolgreich (Löfgren 2010, 68–75). Auch auf den archäologischen Themenwanderwegen hat sich gezeigt, dass Geschichtserfahrungen im Sinne des »past presencing« (Macdonald) nur unter bestimmten Bedingungen und an jenen Orten möglich sind, die das geeignete Material hierfür mitbringen. Im Hinblick auf die Frage wo und wie neolithische Lebensrealität erfahrbar wer-

---

1 Die Arbeit ist als ethnographische Feldstudie im fachübergreifenden Forschungsprojekt »Living History: Reenacted Prehistory between Research and Popular Performance« entstanden, an dem neben Empirischen Kulturwissenschaftlern auch Historiker und Archäologen beteiligt sind und die sich seit 2012 den vielfältigen performativen Praktiken der Präsentation, Vermittlung und Aneignung von Vergangenheit widmen. Der von der VolkswagenStiftung geförderte Verbund verfolgt ein weit gefasstes Verständnis von Living History als Formen der körperlichen Annäherung an die Vergangenheit und fokussiert archäologische Freilichtmuseen, historische Events, Geschichtsfernsehsendungen und das Wandern auf archäologischen Themenwegen.

den kann, werde ich im Folgenden drei Erfahrungsmodi und hiermit verknüpfte touristische Praktiken und Geschichtskonstruktionen vorstellen.

Erfahrungsmodi

Natur

Es sind vor allem die materiellen Eigenschaften der Wege und die damit assoziierten Erfahrungsqualitäten, welche die Glaubwürdigkeit von Geschichtserzählungen und Interpretamenten stützen oder stören. Eine Grundbedingung für Imaginationen von steinzeitlichen Lebensrealitäten ist das, was hier unter ›Natur‹ verstanden wird. Die Bezeichnung ›Urweg‹ (Abb.1), mit dem eine Route im untersuchten Gebiet in Anlehnung an ›Urgeschichte‹ ausgezeichnet wurde, versteht dieser Wanderer so:

> Urweg bedeutet natürlich erstmal komplett in der Natur. Selbstgemachte Pfade. […] Urweg bedeutet ja für mich, dass der Mensch so wenig Einfluss wie möglich auf die Natur nimmt. Das ist eigentlich so, was man sich so unter Steinzeit und Ähnliches vorstellt. Irgendwann muss der Mensch hier rüber gekommen sein und war noch der Natur so Untertan. Das ist ja heutzutage nicht mehr der Fall. Wenn man jetzt hier ganz speziell das Gebiet betrachtet, kann man ja überall auf fast jeden Gipfel gehen, auch mit irgendwelchen Maschinen. Das ist so das der krasseste Gegensatz zu dem, was man normalerweise als Urweg bezeichnet. (Interview mit Jochen Argus am 17.07.2012)

Damit benötigt die Prähistorie ein ähnliches Setting wie das Alpenimage und der Alpinismus, dessen Motive Erholung, Stärkung für die Zumutungen des Alltags oder die Flucht aus der ›Zivilisation‹ sind und der angesichts fortschreitenden Ausstaffierung der Berge mit technischem Gerät immer wieder für tot erklärt wurde und wird. Sein Erfahrungsrepertoire besteht aber trotz aller Erschließung nach wie vor und wird in einer Umgebung verwirklicht, die dem Wanderer bestimmte Eingangsrituale abverlangt: die Auswahl der passenden Ausrüstung, Sicherheitsvorkehrungen, Selbstüberwindung und Entbehrung: »Da macht man nur einen Schritt nach dem anderen und schaut auf die Füße und soll funktionieren. Wo ist die nächste Markierung. Wo muss ich hin. […] Wie hoch muss ich überhaupt noch. Also das ist schon so ein Muss-Gefühl. Kein Wollen mehr. Das eigene Innere überwinden« (Interview mit Lydia Moorberg am 19.07.2012). ›Natur‹ meint in diesem Zusammenhang nicht allein die Abwesenheit von als störend empfundenen Hinweisen auf menschliche Existenz in einer als ursprünglich wahrgenommenen Kulisse, sondern eine bestimmte Art der Bewegungs- und

Abb. 1 Motiv des »Urwegs«. Das Urlaubsfoto von Jochen Argus zeigt ein Setting, in dem er sich prähistorisches Leben vorstellen konnte.

Erfahrungsanleitung. Im unwegsamen Gelände erleben die Wanderer ihre Abhängigkeit von ihrer eigenen Körperkraft und der Witterung; sie sind praktisch ›in der Natur‹.

An der Ötzifundstelle gehen die Geschichtskonstruktionen der Wanderer eine Allianz mit ihren Konzepten von einem erholsamen Bergurlaub ein. Um Interpretationen über die Todesumstände der historischen Person anzustellen, der hier an den Folgen einer Schussverletzung verblutet sein soll, verweisen sie regelmäßig auf ihr Erleben des anstrengenden Aufstiegs, der ihre Aufmerksamkeit radikal von der Umgebung abgezogen und in den unmittelbaren Zusammenhang ihres Leibes gezwungen hat. Kennzeichnend für diese Erfahrung ist ein »intensiver Modus von Gegenwärtigkeit« (Fischer-Lichte 2004, 166), der das Ergebnis bergsteigerischer Praktiken ist und immersive Qualitäten hat, weil er die Stimmung für einen empathischen Zugang zu Vorstellungen von Ötzis Lebensrealität schafft. Auch historische Reenactments zielen auf die Erfahrung von Immersion und legen hierfür bei Setting und Ausstattung Qualitätskriterien an, nach denen Authentizität eine ästhetische und damit subjektive Kategorie ist.

Hinzu kommt in diesem Feld die Vorstellung von einem ›naturnahen Leben‹, die während des Bergurlaubs ›performt‹ wird und in der sich Topoi des Alpinismus mit Konstruktionen von prähistorischen Lebensrealitäten vermischen. Gering erschlossenes Gelände und die damit verbundenen Entbehrungen liefert eine Art Kontrastfolie zum Alltag, für den sich die Wanderer mit körperlicher

Anstrengung und Erfahrungen von Selbstwirksamkeit unter widrigen Bedingungen rüsten.

> Margret: Fünf Tage haben wir jetzt Urlaub. Und da hätten wir es auch ruhiger haben können und was machen wir? Wir quälen uns wie Tiere. Von einem Berg zum anderen. Es ist super. Wir hätten auch die Füße hochlegen können, aber nein, wir mussten ja in die Berge gehen und einen Berg besteigen. Mann: Aber die Erfahrung, was wir jetzt über die fünf Tage gewonnen haben. Margret: Die kann uns niemand nehmen. Im Job ist es genauso. Du bist widerstandsfähiger. Bist nicht gleich durcheinander, wenn einer dich blöd anmacht. (Interview mit Margret Eberswald am 20.07.2012)

Ein Phänomen, das unter dem Stichwort ›Paläodiät‹[2] bekannt geworden ist, bedient sich ähnlicher Motive: Am Abendbrottisch unterhält sich eine Berghüttenrunde bei Wein, Knödeln, Eiernudeln, Fleisch und brauner Soße über moderne und steinzeitliche Ernährungspraktiken. Ein Gesprächsteilnehmer beschäftigt sich beruflich mit diesem Thema und referiert seine Kenntnisse. Durch die Aufnahme von intensiv bearbeiteten Lebensmitteln, vor allem entspelztem und zermahlenem Getreide, sei der Körper des modernen Menschen degeneriert. Deshalb könnten manche keine Vollkornprodukte verdauen und bekämen gesundheitliche Probleme. Auch die Entstehung von als Zivilisationskrankheiten bezeichneten Leiden wie Krebs, Diabetes und Herzkreislaufproblemen sei auf die veränderte Qualität der Nahrung zurückzuführen. Die Energiedichte sei im Verhältnis zum Volumen der Nahrung viel zu hoch. Der Erzähler vertritt ein evolutionistisches Modell, wonach die genetische Ausstattung moderner Menschen mit neolithischen Sets identisch ist, dafür aber die falschen Lebensbedingungen trifft (Tischgespräch am 19. Juli 2012). Abgeleitet wurden hieraus Empfehlungen »für eine Ernährungs- und Bewegungsweise, die der ›natürlichen genetischen Ausstattung‹ des Menschen angemessen sei« (Beck 2008, 176). Der Erzähler selbst habe früher vielen Süchten gefrönt und versuche inzwischen, frei davon zu leben. Am besten sei es, man ernähre sich karg und bewege sich viel. Die Gesprächsteilnehmer sind sich darüber einig, dass seine Interpretationen wahr sind. Im Alpinismus trifft nun dieses Modell auf optimalen Nährboden, weil hier eine moralisch geleitete Auffassung vom Bergsteigen als kathartische Entbehrung vorherrscht (Tschofen 1993, 215). Der Rekurs auf steinzeitliche Ernährung knüpft an diesen Topos an. So unterfüttern ernährungswissenschaftliche Thesen

---

2 Diese ›Diät‹ sieht u. a. vor, auf Getreide (Gluten) und Milchprodukte zu verzichten. Sie liegt seit einiger Zeit im Trend und wird immer häufiger in den Medien thematisiert, siehe z. B. *Zeit-Online* (16.02.2015) unter <http://www.zeit.de/2015/05/palaeodiaet-steinzeit-ernaehrung-umstellung> [21.04.2015].

am Hüttentisch die kulturellen Skripte des Bergsteigens. Das kulturpessimistische Referat beeinträchtigt den Genuss der energiedichten Speisen nur deshalb nicht, weil der absolvierte Aufstieg den Schmaus legitimiert. So sagt eine Wanderin, das Schöne am Wandern sei doch, dass man essen dürfe, was man wolle. Die Motive der Wanderer für ihr Tun und in den von ihnen generierten und erzählten Geschichtskonstruktionen ähneln sich also.

Ein weiteres Beispiel für Kohärenzen in den Motiven der bergsteigerischen Praktiken und Geschichtskonstruktionen ist das Konkurrenzprinzip. Überwundene Höhenmeter, Schmerzen und Ängste messen sich an den Leistungen der anderen. Aber auch die jeweiligen Rezeptionsstile des Alpinen werden beäugt und bewertet:

> Ein ganz fürchterlicher Mensch mit 'ner ganz maskenhaften, schaufensterpuppenartigen Begleiterin [...] und dann sagte dieser Mensch also: ›Joa‹, mit seinem, Luxemburger oder was er war oder Lichtensteiner, Schweizer: ›Joa, wir fahren heute mit dem Cabrio nach Bozen.‹ Es war Samstagvormittag. Da mussten wir direkt lachen [...] Samstag vormittags ist die Stadt verkehrstechnisch der absolute Horror. [...] Und wenn ich also so ein 550 PS-Auto hätte, dann wäre ich auf das Penser Joch gefahren, das ist eine fast unbefahrene Passstraße in einer traumhaften Landschaft. [...] Oh, da fährt der nach Bozen. Ja, warum? Wahrscheinlich, weil er gesehen werden will in seiner schicken Karre, in seinem 250.000 Euro-Auto. (Interview mit Karl-Georg Borne am 24.10.2013)

Hier drückt sich die Ordnung unterschiedlicher Rezeptionsstile aus, die Karl-Georg vornimmt und die zur Performanz seiner eigenen Expertise gehören. Sinngemäß weiß er am besten, wie er das Erlebnispotential des Urlaubsgebiet optimal ausschöpft. Der Abgleich mit anderen Stilen und Praktiken gehört fest dazu. Wettbewerb wird wie selbstverständlich auch in den Lebensrealitäten der Vergangenheit gesehen. In den Interpretamenten der Bergwanderer sind einzelne Siedlergruppen starker Rivalität ausgesetzt und kämpfen fortwährend um ihr Überleben. Dennoch erscheint bei einigen die Steinzeit oder mit einem unbestimmten ›Früher‹ assoziierte Lebensstile als Sehnsuchtsort(e), wo Abläufe und Beziehungen weniger komplex und ›natürlicher‹ gewesen sein sollen:

> Die Art und Weise wie die Menschen hier teilweise im Hochgebirge leben und auch eben noch, wo sie vielleicht nicht unbedingt mit einem riesen Geländewagen aus EU Mitteln einfach nur Bergwiesen pflegen [...] Also das fand ich schon mal faszinierend unter welchen Bedingungen die da oben leben also auch in der Neuzeit [...] Unter welchen Verschwendungsreichtum

wir zu Hause leben, mit unseren Fahrzeugen, dem ganzen Freizeitgebaren und der ganzen Unterhaltungselektronik. Kostet doch alles nichts mehr. Und dann dieses basisnahe Leben von den Menschen, das fange ich jetzt in zunehmendem Alter, fang ich an mehr und mehr zu gutheißen, weil ich also sehe, an wie vielen Rädern man zuhause so beruflich dreht, also das ist eigentlich alles nur noch Stress, der krank macht. (Interview mit Karl-Georg Borne am 16.07.2012)

Alterität

Geschichtserfahrungen sind durch das Erleben von Glaubwürdigkeit und übergreifender Zeitlichkeit geprägt und gelingen beim Themenwandern nur dann, wenn die räumlichen Bedingungen und die emotionalen Stile der Wanderer so zueinander passen, dass eine geschichtsträchtige Atmosphäre entsteht. Der emotionale Stil bezeichnet eine Präfiguration für Wertesysteme und Handlungen, ein Konglomerat von Gefühlen, das sozial und kulturell geprägt ist und kontextabhängig wirksam werden kann. Emotionale Stile sind räumlich und sozial definiert. Sie variieren mit unterschiedlichen Performanzen emotionaler Praktiken, mit dem, was Menschen tun, um Erfahrungen zu haben, zu regulieren oder zu kommunizieren. Emotionale Stile können nicht beliebig geplant und aufgeführt werden, ein Teil bleibt dem Zufall beziehungsweise den materiellen Eigenschaften der Umgebung überlassen (Gammerl 2012). Die emotionalen Stile haben großen Einfluss auf das Zustandekommen von Geschichtserfahrungen, denn Raumqualitäten können die Glaubwürdigkeit von Geschichtskonstruktionen oder die Anmutung eines historischen Ortes als solchen stören, wenn sich seine Eigenschaften nicht für die gesuchte Urlaubserfahrung eignen.

Ein Beispiel: Der Wanderer Karl-Georg Borne fährt immer wieder in die Alpen, weil er sich hier im Gegensatz zu anderen Outdoor-Destinationen selbstbestimmt und selbstständig bewegen kann und nicht auf Führer angewiesen ist. Den Besuch der Ötzi-Fundstelle hat er vermieden, weil ihm hier das Besucheraufkommen zu hoch sei und er sich in seinen Entfaltungsmöglichkeiten eingeschränkt fühle: »Da standen Leute förmlich wie im Kreis, als wenn sie da eine Stelle nicht betreten dürfen, wie um eine Feuerstelle oder um ein Grab. Standen und starrten. Und bewegten sich nicht sehr viel, nicht allzu weit weg. Irgendwie dann dachte ich: ›Was soll ich da?‹« (Interview mit Karl-Georg Borne am 24.10.2013). Karl-Georg mag stattdessen Orte, die nicht für den touristischen Gebrauch aufbereitet sind. Mit *Heritage Sites* assoziierten Inszenierungen und Praktiken, wie Steine zu berühren und Denkmäler zu fotografieren, kann er nichts anfangen. Die Popularität der Fundstelle beeinträchtige seine Genuss- und Imaginationsfähigkeit an diesem Ort: »Alles, was so ein bisschen arg ausgeschlachtet wird, wirkt auf mich oft dann eben ausgenudelt und überfrachtet. Und dann zu viele Menschen und das. Allein das macht's mir schon schwer« (Interview mit Karl-Georg Borne am 24.10.2013). Er verurteile aber nicht andere, die auf diese Weise vorgingen. Im Gegenteil befürworte er die Einrichtung solcher Wege und Orte, weil auf diese Weise Besucherströme kanalisiert würden und andere Stellen weitgehend frei vom Publikumsverkehr blieben.

Orte, die wie die Ötzifundstelle für Karl-Georg nicht zum angestrebten Modus passen, deren Historizität entweder nicht belegt ist oder an denen Wissenslücken nicht offen kommuniziert werden, verlieren nicht unbedingt ihre Glaubwürdigkeit als historische *Site*. Die entsprechende Atmosphäre jedoch, die für die Geschichtserfahrungen der Wanderer nötig ist, kann hier nicht entstehen. Das heißt im Umkehrschluss auch, dass die Anmutungsqualität bestimmter Orte eine stärkere Überzeugungskraft entfalten kann, als historische Spuren und ihre didaktische Aufbereitung. Zentral für die Berührung mit Geschichtlichkeit ist eine Vertrautheit mit den örtlichen Bedingungen, eine Übereinstimmung von Urlaubsmodus und Wirkungspotential der *Site*. Ungewollte Gefühle von Fremdheit und Befremden hingegen beeinträchtigen die Bedingungen unter denen Geschichtserfahrungen gemacht werden können, wenn sie nicht mit dem Urlaubskonzept konform sind.

Kontinuität

Wenn Umgebung und Stimmung passen, so sind Geschichtserlebnisse dadurch möglich, dass die touristischen Praktiken der Wanderer auf die Lebenswirklichkeit der prähistorischen Alpensiedler zu verweisen scheinen. Aus der Theaterwissenschaft und kulturwissenschaftlichen Atmosphärenforschung ist für solche Momente der Begriff ›Präsenz‹ bekannt. Aus theaterwissenschaftlicher Perspektive, wo einige jüngere Arbeiten, die Living History-Phänomene zur Schärfung ihrer Begriffe angesetzt haben (Magelssen 2007; Roselt/Otto 2012), hat Rebecca Schneider (2011, 35) den verstörenden wie vielsagenden Feldbegriff »wargasm« für Präsenzerfahrungen von Reenactors ausgemacht. Die Darsteller von Gefallenen am US-amerikanischen Bürgerkriegsschauplatz Gettysburg bezeichnen hiermit Fremdheitserfahrungen, die sie machen, während sie still am Boden liegen und dem Geschehen auf diese Weise enthoben sind. Gerade die Abstinenz von den Manöver- und Kampfdarstellungen ermöglicht ihnen ein intensiviertes Erleben, dem dann eine vergangenheits-repräsentative Qualität zugeschrieben wird. Hans Ulrich Gumbrecht nennt eindrucksvolle Momente ästhetischen Erlebens, die nicht gesteuert werden können, »Epiphanien«. Das Konzept bezieht sich auf einen Moment bloßen Erlebens, der (noch) nicht als Erfahrung gefasst werden kann (Gumbrecht 2012, 332–336). Es gebe eine Sehnsucht nach Präsenzerfahrungen in der »breiten Gegenwart«, danach, Dinge der Vergangenheit zu berühren und auf diese Weise mit der Vergangenheit in Kontakt zu treten. Gumbrechts Modell von der breiten Gegenwart hat Stefanie Samida auf die Genese von Heritage und die Anmutung von Heritage-Stätten übertragen. Auch die »Heritageization« rufe Epiphanien hervor. Das Erbe werde darüber quasi zum heiligen Ort. Ähnlich wie Reliquien brächten die dort ausgestellten Objekte Menschen aus der Gegenwart »mit einer zeitübergreifenden Ordnung in Berührung« (Samida 2013, 96).

Nun befinden sich an der Mumienfundstelle keine Objekte, die besichtigt werden könnten (Abb. 2). Der tote Körper jedoch, entwickelt auch in Abwesenheit Affordanzen. Die entsprechenden Atmosphären werden mit elaborierten *Siteseeing*-Praktiken hergestellt, die sich ganz der Beschäftigung mit der historischen Person und dem toten Körper widmen. Dazu gehört zunächst einmal die konkrete Lokalisierung der eigentlichen Fundstelle, die im hochalpinen Gelände nicht explizit markiert ist. Sie liegt in einer der vielen Felsrinnen und wird von den Wanderern durch den mühsamen Abgleich mit Fotografien von der archäo-

Abb. 2 Die Felsrinne, in der die Gletschermumie bis zu ihrer Bergung gelegen hat. Urlaubsfoto von Christoph Vollmer.

logischen Exkavation identifiziert. »Markus: Nein, dann möchte ich konkret wissen, wo der wirklich 5000 Jahre gelegen ist, weil das ist schon für mich ein Thema, damit ich mir das vorstellen kann. Christoph: Mhm (bejahend). Markus: Ganz konkret, körperlich, Stelle, örtlich« (Interview mit Christoph Vollmer/Markus Schweizer am 11.08.2012).

Während der Feldforschung habe ich zudem beobachtet, wie ein Fundstellenbesucher versuchte, die charakteristische Körperhaltung zu imitieren und die exakte Position einzunehmen, in der die Mumie gefunden wurde, indem er sich mit untergeschlagenem rechten Arm bäuchlings auf den betreffenden Stein lagerte. Man könnte diese Performanz Reenactment nennen, war es doch die Nachstellung eines in der Vergangenheit liegenden Geschehens. Ob es sich bei der Szene um die Rekonstruktion des archäologischen Befundes handelte oder um das Nachstellen des Sterbens der historischen Person bleibt unklar. An der Frage, ob diese Unterscheidung für die Klassifizierung als Reenactment bedeutsam ist – ich denke nicht –, scheiden sich wahrscheinlich disziplinäre Geister.

Weitere, nun eher alpinistische Rituale und Techniken tragen zur Performanz der *Site* bei. Wie es an anderen Gipfeln auch üblich ist, schreiben und lesen die Wanderer im Gipfelbuch. Die hier verzeichneten Eindrücke und Einschätzungen lesen sich wie eine Selbstvergewisserung, dass man zu diesem entlegenen Ort vorgedrungen ist (Scharfe 2007, 254) und gleichzeitig wie eine Erfahrungsanleitung, da die Kommentare Sichtweisen und Deutungsschemata anregen und sich hierbei eine Apodemik[3] für die Erfahrung des Fundstellenbesuchs perpetuiert. Als repräsentativ können Einschätzungen wie diese gelten: Am »04.10.2011 13.45 Uhr« schreibt ein Axel aus Hamburg: »Mann vom Similaun. Du rührst mich irgendwie ganz menschlich und ganz leise in Deiner ganz speziellen Steinzeitweise. Hoch hier oben, Felsen, Steine, ich alleine – komm ich mit dem Zeitlichen ins Reine« (Gipfelbuch ›Ötzi‹-Fundstelle, 1. Halbjahr 2012).

Der Eintrag bezieht sich auf eine Erfahrungsqualität des Hochalpinen und beschreibt, wie darüber Historizität spürbar werden kann. Dem Fundort, seinen materiellen Eigenschaften und seiner Anmutung kommt dabei eine zentrale Bedeutung zu: Die Umgebung, die von geologischen Laien keine Schlüsse auf ihr Alter und den Grad ihrer Bearbeitungen durch Menschen schließen lässt, bildet das Setting für den einsamen Wanderer der Vergangenheit und jenen der Gegenwart, der hier spürbar auf sich selbst zurückgeworfen ist und darin eine Katharsis erfährt. Fazit dieser Begegnung ist die Akzeptanz existenzieller Gegebenheiten,

---

3   Eine Literaturgattung der frühen Neuzeit, die bis zum Beginn der Moderne geläufig war. Im Sinne einer Reiseanleitung machen Apodemiken Vorgaben über die Art des Beobachtens und entsprechender Dokumentationstechniken.

die wohl als Berührung mit einer zeitübergreifenden Ordnung, als Präsenzerfahrung gelten kann.

Gewöhnlich findet an der Fundstelle eine Identifikation mit der historischen Person statt, die einen emphatischen Zugang als Grundlage von Interpretamenten liefert. Albert Weber vermutet, Ötzi sei wie er selbst ein Hassardeur gewesen, der über »den eigenen Tellerrand schauen« wollte und deshalb in die Höhe strebte (Interview mit Albert Weber am 19.07.2012). Das Aus- und Überblicken und die dabei stattfindende Verortung sind aus der touristischen Alpenrezeption nicht wegzudenken. Ein zentrales Anliegen hierbei ist es, fortlaufende Mobilität zu erleben und nachzuvollziehen – etwa im Nachgang, wenn durch die visuelle Wiederholung von Überschreitungen die Durchlässigkeit des Gebirges von oben ›performt‹ wird, die von unten betrachtet eigentlich unmöglich erschienen war. Von dieser Einsicht ist es nur ein kleiner Schritt, um die transalpine Mobilität der steinzeitlichen Siedler als genuin menschliche Erfahrung glaubwürdig zu finden und imaginieren zu können.

Die Kontinuitätspraktiken der Wanderer sind raum- und zeitbezogen und bedienen sich aus einem alpinistischen Repertoire aber auch aus anderen Praxisrahmen, wie dem Pilgern (Steine niederlegen) und dem Gedenkstättenbesuch (Suche des historischen Ortes). Sharon Macdonald (2013, 5) nennt diese zweckmäßige Zusammenstellung den »memory complex«, eine Assemblage, die alle möglichen Heritage-, Identitäts- und Erinnerungspraktiken umfasst und die Trennung zwischen Erinnerung (individuell) und Geschichte (kollektiv) infrage stellt (ebd. 14 f.).

Einkehr

Wenn sich touristische Mobilität an der Geschichtsträchtigkeit eines Ortes bedient und dieser seine historische Aufladung alpinistischer Fortbewegung verdankt, dann sind Motive und Praktiken des Bergsteigens gleichfalls Teil der betreffenden Geschichtskultur. Historische Präsenzerfahrung ist auch eine touristische Erfahrung und passiert oft eher nebenbei. Obwohl die Zielgruppen des Alpentourimus eher in ähnlichen (bildungsbürgerlichen) Milieus anzutreffen sind, suchen nicht alle Wanderer dieselben Erfahrungen an denselben Orten. Sie folgen unterschiedlichen emotionalen Stilen, suchen hierfür passende Umgebungen und nutzen bestimmte räumliche Qualitäten auf den archäologischen Wegen, um dort zu tun, was sie unter Bergurlaub verstehen (Abb. 3). Dabei passen sie sich ihren Stilen entsprechenden Bedingungen an und machen dabei bestimmte Erfahrungen. Ihre Geschichtsinterpretationen sind letztlich von spezifischen Stilen abhängig, die präsenztechnisch mehr oder weniger erfolgreich sind. Histo-

Abb. 3 Wandertouristen im Erholungsmodus an einer *Historic Site* (Schalenstein im Blumenbeet). Foto von Sarah Willner.

rische Präsenz wird dort erlebt, wo emotionale Wanderstile, ihre Performanzen und räumliche Bedingungen miteinander korrespondieren und das *Theming* dem auf diese Weise erschlossenen Raum Geschichtsträchtigkeit zuweist.

Auch wenn Präsenzerfahrungen selten stattfinden, abseits von Epiphanien o.ä. kann man auf den archäologischen Themenwegen nicht keine Geschichtserfahrungen machen. Das heißt, das Wandern in *Themed Environments* bringt unweigerlich eine Auseinandersetzung mit Historie und Historizität mit sich, die wenn sie nicht als versachlichte Interpretamente expliziert werden kann, aber doch als implizites Wissen abrufbar ist. Mit implizit meine ich das, was als *embodied knowledge* bezeichnet wird. Dieses in körperlichen Praktiken verortete Wissen bezieht die ›weichen‹, unordentlichen Bereiche jenseits von Fakten ein (Gottschalk-Mazous 2007, 27). Diese Geschichtserfahrungen sind nicht intentional und kommen ohne Didaktik aus, sind dafür aber in Imaginationen von historischen Lebenswelten nicht weniger konstitutiv, im Gegenteil: sie bereiten den Boden für explizites Wissen.

So rekurrierte Bodo bei einem späteren Besuch des Archäologiemuseums Bozen angesichts der Ausrüstungsgegenstände von Ötzi auf sein Erleben des Fundortes der Exponate. Diese Erinnerung potenzierte sein persönliches Interesse an den einzelnen Objekten und Inhalten der Ausstellung. »Da gab's offensichtlich Handelsbeziehungen zwischen den jeweiligen Völkern oder Gruppen. Das fand ich jetzt so interessante Dinge, die einem dann den Horizont erweitern, dass zum Beispiel wirklich alpenüberschreitend damals bereits offensichtlich gehandelt worden ist« (Interview mit Bodo Hermann am 21.10.2013). Vor diesem Hintergrund relativiert er seine Einschätzung über Ötzis mögliche Beweggründe in diese Höhen vorzudringen. In Anbetracht seiner Kenntnis des Geländes, die er auf der Wanderung und im Museum erlangt hat, erscheint ihm der Weg über das Joch nun wie ein regulär genutzter Übergang zwischen Norden und Süden und anders als im Eingangszitat zu diesem Beitrag wie ein entlegener Ort, der lediglich zu spirituellen Zwecken aufgesucht worden sein kann.

Sinnliche Zugänge zur Vergangenheit sind in bildungsbürgerlich und geschichtspolitisch geprägten Bereichen wie Museen oder Denkmälern akzeptiert. Obwohl das Wandern an geschichtsträchtigen Orten nachweislich Präsenzerfahrungen befördert, wird das epistemische Potential der Praktiken von den Wanderern nicht sonderlich hoch eingeschätzt. Implizites Wissen über die Mühen des Gehens und Abhängigkeit von Naturphänomenen hat beispielsweise neben explizitem Expertenwissen über die Herstellungstechniken von Kupferbeilen und nachgewiesenen Handelsbeziehungen zwischen der Ostsee und dem Alpenraum weniger Gewicht. Aus den Qualitätssicherungsdiskursen in der Geschichtsdidaktik sind Diskussionen über die Authentizität gemachter Geschichtserfahrungen bekannt. Aber auch viele Wanderer schätzten ihr *embodied knowledge* selbst als unbedeutend ein und verweigerten daher die Teilnahme an der Studie, wenn sie mit Schlagworten wie ›Archäologie‹ oder ›Wissen‹ konfrontiert wurden. Andere zierten sich während der Interviews, ihre Eindrücke und Einschätzungen zu benennen, weil sie nicht fundiert genug zu sein schienen. Auf diese Weise funktioniert die *boundary-work* zwischen Wissenschaft und Öffentlichkeit in diesem Feld in zwei Richtungen. Damit sind die rhetorischen Strategien gemeint, die epistemische Autoritäten verwenden, um ihr Wissen und ihre Methoden vor Einflussnahme und Abwertung durch andere abzugrenzen und zu sichern (Gieryn 1999, 4 f.). Allerdings muss hier das archäologische Wissen gar nicht vor unqualifizierten Übergriffen geschützt werden, denn die Deutungshoheit der wissenschaftlichen Experten wird nicht angetastet. Ihre Wissensbestände werden nicht etwa aufoktroyiert, sondern ihre Überlegenheit einvernehmlich ›performt‹. Es sieht so aus, als sei die hohe Reputation, die wissenschaftliche Expertise hier erfährt, bereits in den kulturellen Reiseanleitungen inhärent, denen die Wanderer folgen.

Wenn man im beschriebenen Feld an den Schnittstellen zwischen Wissenschaft und Öffentlichkeit nach Abgrenzungsmanövern sucht, dann äußern sie sich weniger in der direkten Auseinandersetzung epistemischer Autoritäten als in den Reibungen zwischen unterschiedlichen Reisemodi – Formen, die nach Valentin Groebner in einem zeitgenössischen Amalgam aus Bildungsreise, Natur- oder intensivierter Körpererfahrung verschmelzen. Im »Wellness-Hotel mit Alpen-, Dschungel- oder Meerblick im historischen Ambiente« (Groebner 2012, 126) ergänzen sich die Settings und entsprechenden Praktiken dahingehend, dass die Besucher wissen, wie sie mit diesen Angeboten umgehen müssen, was von ihnen zu erwarten ist und welche Praktiken sie vielleicht von der einen Sparte in die andere überführen können, um ihren Wert zu maximieren. Tourismus als ein bestimmter praxisorientierter Modus, in der Welt zu sein und mit dem touristische Orte geschaffen werden (Bærenholdt/Haldrup/Larsen u. a. 2007, 2), involviert Praktiken, die aus anderen Kontexten in diesen Bezugsrahmen importiert werden. In wissensproduktiver Hinsicht kollidieren diese Modi beziehungsweise genießen sie unterschiedliches Ansehen.

Der Besuch einer informationsgesättigten Führung geht als Wissenserwerb durch, weil es den Praktiken der Bildungsreise entspricht. Die intensivierte Körpererfahrung unterliegt wohl aber einem ähnlichen Schema, mit dem etwa auch Unterhaltung eingestuft wird. Strapaziös-erholsamer Bergurlaub unterscheidet sich nur in der Hinsicht von Unterhaltung dadurch, als dass er körperliche Fitness erfordert. Ansonsten ähnelt er dem, was Kaspar Maase (2006, 53) als »kognitiven Stil« oder »Rezeptionsmodus« definiert, der gekennzeichnet ist »durch die Erwartung, ohne spürbare Anstrengung, ohne lästige Konzentration, ohne aufwändige Mobilisierung von Wissensbeständen Fühlen und Denken auf physiologisch angenehm empfundene Weise anzuregen«. Unterhaltung ist den Anforderungen des Alltags enthoben, schafft aber ebenfalls einen Bezug zur Welt. Erholungstourismus und Unterhaltung sind beide Zielscheiben von kulturkritischen Vorwürfen, es handele sich hierbei um sinnentleerte Konsumprodukte, denen kein epistemisches Potential zugetraut werden könne. Ist nun der Urlaub aber als Bildungsreise definiert, schlägt der Qualitätsindex nach oben aus. Es hängt also vom Rezeptionsmodus ab, ob das Erlebte mit gutem Gewissen als Wissen bezeichnet werden kann. Dies mag ein Grund sein, warum die als Freizeit konnotierte Bewegung in historischen Räumen lange nicht im Hinblick auf ihre epistemische Bedeutung untersucht worden ist.

Literatur

Bærenholdt/Haldrup/Larsen u. a. 2007: Jørgen Ole Bærenholdt/Michael Haldrup/ Jonas Larsen/John Urry (Hrsg.), Performing Tourist Places. Aldershot: Ashgate ²2007. [Erstauflage 2004.]

Beck 2008: Stefan Beck, Natur | Kultur: Überlegungen zu einer relationalen Anthropologie. Zeitschrift für Volkskunde 104/2, 2008, 161–199.

Böhme 2001: Gernot Böhme, Aisthetik: Vorlesungen über Ästhetik als allgemeine Wahrnehmungslehre. München: Fink 2001.

Brock 1981: Bazon Brock, Im Gehen Preussen verstehen: Ein Kulturlehrpfad der historischen Imagination. Internationales Design Zentrum Berlin e.V. 1981. <http://www.bazonbrock.de/werke/detail/?id=270§id=737#sect> [07.01.2015].

Fischer-Lichte 2004: Erika Fischer-Lichte, Ästhetik des Performativen. Frankfurt a. M.: Suhrkamp 2004.

Gammerl 2012: Benno Gammerl, Emotional Styles: Concepts and Challenges. Rethinking History 16/2, 2012, 161–175.

Gieryn 1999: Thomas Gieryn, Cultural Boundaries of Science: Credibility on the Line. Chicago: University of Chicago Press 1999.

Gottschalk-Mazous 2007: Niels Gottschalk-Mazouz, Was ist Wissen: Überlegungen zu einem Komplexbegriff an der Schnittstelle von Philosophie und Sozialwissenschaften. In: Sabine Ammon (Hrsg.), Wissen in Bewegung: Vielfalt und Hegemonie in der Wissensgesellschaft. Weilerswist: Velbrück Wissenschaft 2007, 21–40.

Groebner 2012: Valentin Groebner, Endlich einmal alles richtig: Was macht der Tourismus mit der Vergangenheit? In: Thomas Steinfeld/Orhan Pamuk (Hrsg.), Die Zukunft des Reisens. Frankfurt a. M.: Fischer 2012, 125–143.

Gumbrecht 2012: Hans Ulrich Gumbrecht, Präsenz. Berlin: Suhrkamp 2012.

Hardtwig 2010: Wolfgang Hardtwig, Verlust der Geschichte: Oder wie unterhaltsam ist die Vergangenheit? Reihe Pamphletliteratur 1. Berlin: Vergangenheitsverlag 2010.

Hochbruck 2013: Wolfgang Hochbruck, Geschichtstheater: Formen der »Living History«. Eine Typologie. Historische Lebenswelten in populären Wissenskulturen 10. Bielefeld: transcript 2013.

Krebs/Fackler 2012: Stefanie Krebs/Guido Fackler (Hrsg.), Landschaft quer Denken: Theorien Bilder Formationen. Leipzig: Leipziger Universitätsverlag 2012.

Korte/Paletschek 2009: Barbara Korte/Sylvia Paletschek (Hrsg.), History Goes Pop: Zur Repräsentation von Geschichte in populären Medien und Genres. Historische Lebenswelten in populären Wissenskulturen 1. Bielefeld: transcript 2009.

Kulturverein Schnals 1998: Kulturverein Schnals, Auf den Spuren des Mannes aus dem Eis: Schnalstal, Vinschgau, Vent. Fotos und Texte von Gianni Bodini, Hans Haid, Heinrich Hofer. Schnals 1998.

Maase 2006: Kaspar Maase, Grenzenloses Vergnügen: Zum Unbehagen in der Unterhaltungskultur. In: Brigitte Frizzoni (Hrsg.), Unterhaltung: Konzepte Formen Wirkungen. Zürich: Chronos-Verlag 2006, 49–68.

Löfgren 2010: Orvar Löfgren, Urban Atmospheres: An Ethnography of Railway Stations. In: Beate Binder/Moritz Ege/Anja Schwanhäußer/Jens Wietschorke (Hrsg.), Orte, Situationen Atmosphären: Kulturanalytische Skizzen. Frankfurt a. M./New York: Campus 2010, 67–76.

Macdonald 2013: Sharon Macdonald, Memorylands: Heritage and Identity in Europe Today. London: Routledge 2013.

Magelssen 2007: Scott Magelssen, Living History Museums: Undoing History through Performance. Lanham: Scarecrow Press 2007.

Pirker/Rüdiger/Klein u. a. 2010: Eva Ulrike Pirker/Mark Rüdiger/Christa Klein/ Thorsten Leiendecker/Carolyn Oesterle/Miriam Sénécheau/Michiko Uike-Bormann (Hrsg.), Echte Geschichte: Authentizitätsfiktionen in populären Geschichtskulturen. Historische Lebenswelten in populären Wissenskulturen 3. Bielefeld: transcript 2010.

Roselt/Otto 2012: Jens Roselt/Ulf Otto (Hrsg.), Theater als Zeitmaschine: Zur performativen Praxis des Reenactments. Theater- und kulturwissenschaftliche Perspektiven. Theater 45. Bielefeld: transcript 2012.

Samida 2013: Stefanie Samida, Zur Genese von Heritage: Kulturerbe zwischen ›Sakralisierung‹ und ›Eventisierung‹. Zeitschrift für Volkskunde 109/1, 2013, 77–98.

Scharfe 2007: Martin Scharfe, Berg-Sucht: Eine Kulturgeschichte des frühen Alpinismus 1750–1850. Wien/Köln/Weimar: Böhlau 2007.

Schlehe/Uike-Bormann/Oesterle u. a. 2010: Judith Schlehe/Michiko Uike-Bormann/ Carolyn Oesterle/Wolfgang Hochbruck (Hrsg.), Staging the Past: Themed Environments in Transcultural Perspectives. Historische Lebenswelten in populären Wissenskulturen 2. Bielefeld: transcript 2010.

Schneider 2011: Rebecca Schneider, Performing Remains: Art and War in Times of Theatrical Reenactment. London/New York: Routledge 2011.

Tilley 2004: Christopher Tilley, The Materiality of Stone: Explorations in Landscape Phenomenology 1. Oxford: Berg 2004.

Tschofen 1993: Bernhard Tschofen, Aufstiege – Auswege: Skizzen zu einer Symbolgeschichte des Berges im 20. Jahrhundert. Zeitschrift für Volkskunde 89/2, 1993, 213–232.

Tschofen 2005: Ders., Ethnographische Alpenforschung als »public science«: Das Elementare als Erlebnisofferte. Österreichische Zeitschrift für Volkskunde 108, 2005, 213–229.

Willner i. Vorb.: Sarah Willner, Geschichte en passant: Archäologisches Themenwandern in den Alpen als wissenskulturelle Praxis. Edition Historische Kulturwissenschaften 2. Münster/New York: Waxmann, in Vorbereitung.

Erlebnis_Raum

Frank Bösch

Geschichte als Erlebnis

Ereignisse als historische Erfahrung *in situ*

ABSTRACT

The term *doing history* is currently focused on the debate about representations of the past, such as historic buildings, films, or reenactments. However, little attention has been devoted to the phenomenon that people increasingly choose to be part of events that promise to gain historical significance in the future. Mass protest marches, papal visits, pop culture events, or acts of collective violence often attract millions of people at the same time. The present article explores this participation in the *history in situ*, e.g. the direct experience of future historicity, in which the partakers do not appear as neutral observers, but as actors who actively shape the nature of the event.

Further, this article discusses reasons why the deliberate participation in presumably historic events has increased since the beginning of the 20th century and since the 1960s in particular. It is a reasonable assumption that mediatisation is an explanation for this development, in particular the rise of television, which promises a live sharing of worldwide historic experience, also by its setting the mood for its possible course in advance. Equally discussed is the follow-up communication about the event, which nowadays already takes place live via interactive digital media. Eventually, participating in *history in situ* seems to be a link to the change in historical experiences, which since World War II stopped descending upon people, at least in the West. Since then, people have had to actively look for historical experiences. Finally, the relation between *history in situ* and reenactments is discussed. Events with mass reenactments or special events of memory culture could gain historic significance, too, that people share as historical moments in a double sense.

1. Einführung

Wenn wir uns mit Geschichte beschäftigen, dann meinen wir zumeist die Auseinandersetzung mit Repräsentationen der Vergangenheit: Sei es durch die Lektüre von Büchern, das Anschauen historischer Filme, die touristische oder alltagsweltliche Aneignung historischer Orte und Objekte oder das Einspielen vergangener Lebenswelten im Sinne der Living History. Die Analyse der damit verbundenen performativen Praktiken im Sinne des Begriffs *doing history* ist zweifelsohne ein neues, innovatives Forschungsfeld.

Ergänzend dazu möchte ich jedoch eine andere Perspektive auf die *Geschichte als Erlebnis* vorschlagen. Bislang thematisiert die Living History stets Handlungen, bei denen die Vergangenheit bewusst neu in Szene gesetzt und durch die Perzeption der Teilnehmer und Zuschauer aktualisiert wird. Selten wird hingegen reflektiert, dass Menschen zunehmend gezielt an Ereignissen im Zuge ihrer Entstehung – also ›live‹ – teilnehmen, die bereits vorab das Versprechen bergen, historische Bedeutung zu erlangen. Hier kommt es nicht zu einem Reenactment, sondern zu einem *enactment* von Geschichte, also einer aktiven Beteiligung der Teilnehmenden an einem Geschehen, dem historische Relevanz zugeschrieben wird. Diese Beteiligung am historischen Ereignis in spe ist im Sinne von Performanz-Ansätzen eben nicht eine neutrale Beobachtung, sondern verändert das Geschehen und trägt mit dazu bei, es historisch relevant werden zu lassen. *Doing history* hat hier also eine andere Bedeutung: Menschen machen Geschichte und spielen sie ›live‹ ein.

Mein Artikel versteht sich somit als ein Plädoyer, *Geschichte als Erlebnis* nicht nur auf die Auseinandersetzung mit Vergangenheit zu beziehen, sondern auch auf die bewusste Erfahrung der zukünftigen Geschichte in der Gegenwart. Meine Hypothese ist, dass es seit dem 20. Jahrhundert eine zunehmend gezielte Teilnahme an mutmaßlich historischen Ereignissen gibt, die insbesondere mit dem Wandel der Medien und der Erinnerungskultur zusammenhängt (und natürlich mit neuen Reisemöglichkeiten). Phänomene wie die Living History stehen hierzu durchaus in enger Beziehung.

2. Geschichte *in situ*

Ein recht beliebiges Beispiel soll diese Perspektive einführend verdeutlichen. Im Sommer 2008 strömten rund 200.000 Menschen zur Berliner Siegessäule, um eine Rede des Präsidentschaftskandidaten Barack Obama zu hören. Im Fernseh- und Internetzeitalter, in dem man die Rede jederzeit viel bequemer und deutlicher verstehbar ›live‹ daheim anschauen könnte, ist ein derartiger Zulauf erklärungsbedürftig und kann sicherlich unterschiedliche Gründe haben: etwa der Wunsch, den farbigen Demokraten Obama als Außenseiter im US-Establishment zu unterstützen, Neugierde auf die Inszenierung des smarten Kandidaten oder auch die Lust auf ein Event, das wie ein Konzert viele Menschen zusammenbringt.

Es bietet sich jedoch zugleich eine weitere Interpretation der gewaltigen Zuschauerzahl an: Auf Obama wurden derartig viele Zukunftserwartungen projiziert, dass sein Auftritt bereits vorab als historisch bedeutsam erschien. Diese

Erwartung wurde auch dadurch bekräftigt, dass Reden früherer US-Präsidenten seit Kennedy in Berlin als historische Momente herausragten. An der Rede Obamas vor Ort teilzunehmen, hieß den historischen Beginn einer erwarteten neuen Zukunft der USA und damit der ganzen Welt mitzuerleben – also einen Moment, den man nicht nur mit seinen Freunden via soziale Netzwerke sogleich teilen konnte, sondern der einen zum Augenzeugen und vielleicht sogar zum Zeitzeugen machte. Obamas Rede und der Ort schrieben sich vielfältig in dieses Spannungsverhältnis zwischen Vergangenheit und Zukunft ein, etwa als er über die Berliner Luftbrücke sprach, um die zukünftige neue Partnerschaft zwischen den USA und Europa zu beschwören.[1] Vermutlich waren viele jedoch weniger von seiner »Macht der Worte« fasziniert (Weibler 2010) als von der leiblichen Ko-Präsenz bei diesem einmaligen Moment.

Auch die ubiquitäre Präsenz der Medien spielte eine zentrale Rolle für den Massenandrang. Obama war durch zahllose Bilder, Fernsehberichte und Internetdarstellungen bereits vorab eine vertraute Person, die mit historischer Relevanz verbunden war. Ebenso luden die Medien die Rede mit Vorerwartungen über ihre Tragweite und ihren Ablauf mit Bedeutung auf. Nicht minder wichtig dürfte gewesen sein, dass die Rede weltweit medial beobachtet wurde und damit jeder Anwesende zu einem Teil der globalen Kommunikation wurde.

Die Performanz des Ereignisses entfaltete sich im Zusammenspiel von Bühne und Zuschauern: Fast nach jedem Satz unterbrachen die Menschen Obama durch ihren Jubel, welcher wiederum mit Lächeln und Pausen auf die Anwesenden einging. Zudem wurden Fahnen geschwenkt und »Yes we can« gerufen.[2] Die Bedeutung dieser Situation wurde damit, im Sinne des Performanz-Ansatzes, von beiden Seiten entwickelt. Auch deshalb ist der Verlauf derartiger Aufführungen nicht vorhersehbar (Fischer-Lichte 2012, 55). Ob diese Situation und die Person Obama tatsächlich historisch relevant werden würden, war zunächst offen. Dass es gelang, lag auch an den zahllosen Zuschauern in Berlin, die Obama im Rahmen der historischen Kulissen zu einem internationalen Star machten, was vor der Wahl wiederum Rückwirkungen auf sein Image in den USA hatte. Die Siegessäule selbst bekam dadurch ebenfalls als historischer Ort eine bleibende neue Konnotation: Neben Events wie der »Love-Parade« oder der »Fan-

---

1　Siehe die Berichte »Es ist Zeit für neue Brücken« in *Zeit-Online* vom 14.10.2008 (<http://www.zeit.de/online/2008/31/obama-rede> [16.03.2015]) und »Was Barack Obama in Berlin sagte« in *Die Welt* vom 21.07.2008 (<http://www.welt.de/regionales/berlin/article2248955/Was-Barack-Obama-in-Berlin-sagte.html> [16.03.2015]).

2　Siehe die CNN-Übertragung der Rede unter <http://www.youtube.com/watch?v=Q-9ry38AhbU> [16.03.2015].

Meile« bei Fußballweltmeisterschaften blieb die Rede von Obama nun mit dem Straßenabschnitt verbunden.

Derartige Phänomene möchte ich als *Geschichte in situ* bezeichnen, also Geschichte unmittelbar vor Ort und im Vollzug.[3] Im Unterschied zu anderen alltäglichen Handlungen birgt sie vor und im Zuge des Geschehens das Zukunftsversprechen, eine historische Bedeutung zu gewinnen. Damit entstehen Situationen, bei denen für die Zeitgenossen der Mantel der Geschichte greifbar erscheint und an denen sie sich auch aus diesem Grund aktiv beteiligen. Dies ist sicher kein neues Phänomen, wenn wir beispielsweise an Krönungen, Hinrichtungen oder Schlachten in den letzten Jahrhunderten denken, die viele Menschen entsprechend anzogen. Dennoch möchte ich argumentieren, dass sich seit dem späten 19. Jahrhundert, und vor allem seit den 1960er Jahren, das Erlebnis von *Geschichte in situ* entscheidend veränderte. Hierfür sprechen verschiedene Gründe. So hat das Fernsehen eine neue Form des *live broadcasting of history* ermöglicht, um eine Formulierung der Mediensoziologen Daniel Dayan und Elihu Katz (1992) aufzugreifen. Dayan und Katz fassen unter dem Begriff des *media events* bewusst geplante Ereignisse, die grenzübergreifend zu *breaking news* werden; also nicht etwa das Attentat auf Kennedy, wohl aber die Zeremonie bei seiner Beerdigung. Die audiovisuelle Teilnahme förderte ein neues Involvement vor allem durch das Aufkommen der Live-Übertragung, die dank Satelliten seit Ende der 1960er Jahren grenzübergreifend bis hin zum Mond möglich wurde. In Erweiterung dieses Ansatzes ist zu betonen, dass diese Medialisierung wiederum die physische Teilnahme an Ereignissen förderte. Das Fernsehzeitalter bescherte eben nicht einen Rückzug ins private Wohnzimmer, sondern verstärkte eher die Sehnsucht, direkt vor Ort unverstellt das Geschehen zu erleben. Die gewachsene Mobilität und Finanzkraft war dafür eine weitere grundlegende Voraussetzung.

Zudem können wir für die Zeit seit 1945, zumindest für Westeuropa, von einem Wandel der Erfahrung von Geschichte sprechen. Die Jahrzehnte nach den beiden Weltkriegen erschienen, zumindest in der westlichen Welt, vergleichsweise ereignislos und geschichtsarm. Im Unterschied zu den vorherigen Diktaturen, Kriegen und Konflikten fiel die ›große Geschichte‹ in der Regel kaum noch in das Privatleben ein. Dies ermöglichte und förderte anscheinend das Bedürfnis, an Ereignissen zu partizipieren. Während in der Zeit zuvor, und gerade im Krieg, Geschichte oft ein tragisches Erleiden bedeutete, wuchs nun die Sehnsucht, sie rauschhaft zu erleben. Pointiert gesprochen: Früher war ein Großteil der jüngeren Menschen gelangweilt davon, dass Opa und Oma auch ohne Anlass stets

---

3   Diese Definition unterscheidet sich von derjenigen in der Archäologie, bei der sich die Formulierung *in situ* auf den Befund, also die Anordnung der Funde am Fundort bezieht (siehe Eggert/Samida 2013, 89).

über ihre Erlebnisse aus dem Krieg erzählten; heute suchen Menschen vermutlich ›große Momente‹, um selbst etwas Berichtenswertes zu erfahren und tradieren zu können.

Soziologen haben die Zunahme von »Events« als »organisierte Einzigartigkeit« umschrieben (Gebhardt 2000, 18 f.). Sie seien in der Regel planmäßig als Bruch von Routinen konzipiert, die versuchen sich von ähnlichen Events abzugrenzen. Das gemeinschaftsstiftende Element spiele dabei eine zentrale Rolle. Natürlich gerinnt nicht jedes Event zum geschichtlichen Ereignis. Nicht allein das Gelingen, sondern oft auch das Misslingen des geplanten Ablaufs schafft historische Bedeutung. Die Olympischen Spiele wurden etwa gerade dann zu einem historischen Ereignis, als etwas Unerwartetes auftrat – wie bei dem Attentat in München 1972.

Seit den späten 1960er Jahren häuften sich Situationen, in denen Menschen vorab wussten, dass entscheidende historische Momente bevorstehen, weshalb sie im Sinne einer *self-fullfilling prophecy* aktiv daran teilnahmen. Diese Form des *doing history* nahm nicht nur im Westen zu. Zwei Beispiele mögen dies verdeutlichen: Bei der vielfach vorher beschworenen Rückkehr von Khomeini aus dem Exil in Paris 1979 erschienen über drei Millionen Menschen auf den Straßen, was tatsächlich den Weg in die Islamische Republik ebnete (Bösch 2015). Ebenso gingen schätzungsweise 10 Millionen Menschen in Polen auf die Straße, als Papst Johannes Paul II. sein Heimatland erstmals besuchte. Genauso viele hatten kurz zuvor bereits beim Papstbesuch in Mexiko die Straßen gesäumt (Bösch 2013). Dabei ging es den Teilnehmern nicht allein um religiöse Erlebnisse oder politische Statements: Vielmehr lässt sich von bewusst erlebter Geschichte und damit auch vollzogener Geschichte sprechen. Denn in beiden Fällen war sich die Weltöffentlichkeit lange vorher einig, dass es sich bei der Ankunft der Geistlichen um historische Momente handeln würde, was den Zustrom sicherlich beförderte. Geschichte wurde hier in ihrem Vollzug eingespielt, medial und auch körperlich.

Im Unterschied zur Living History sind die Regeln, Rollen oder auch die Kleidung bei der *Geschichte in situ* natürlich weniger festgelegt. Dennoch ist erstaunlich, dass die Teilnehmer oft eine spezifische Atmosphäre und besonderes außeralltägliches Verhalten wahrnehmen und erinnern. Nehmen wir den erwähnten Besuch von Papst Johannes Paul II. in Warschau. Hier erschien die Atmosphäre den meisten Augenzeugen von einer fröhlichen Gelassenheit geprägt: Jugendliche hätten Gitarre gespielt, gesungen, zelteten und eigneten sich damit eigenständig jene städtischen Räume an, in denen sonst sozialistische Normen dominierten. Viele erinnerten sich an die Hilfsbereitschaft untereinander, etwa dass die Menschen angesichts der Hitze ihr Wasser teilten, was als Erfahrung von Freiheit gedeutet wurde (Bösch 2013, 160). Christliche Symbole und Fahnen ersetzten die sozialistischen. Ebenso wirkte der Raum freundlicher, da der Staat – in Erwartung internationaler Kamerateams – Straßenzüge renoviert und gesäubert hatte. Dieser atmosphärische Eindruck wurde anschließend mit dem religiösen Ereignis verbunden.

Von den historischen Ereignissen, die erwartbar sind, müssen diejenigen unterschieden werden, die plötzlich und unerwartet hereinbrechen – wie etwa große Unfälle. Der Untergang der Titanic wäre ein Beispiel dafür. Sie mit dem Begriff *Geschichte als Erlebnis* zu versehen, wäre geradezu zynisch. Dennoch sind auch derartige Konstellationen mit dem bewussten Erleben von Geschichte verkoppelt. Rund 30.000 Menschen suchten neugierig den Hafen in New York auf, in den die Überlebenden des Ozeandampfers gebracht wurden, um hautnah diesen Augenblick mitzuerleben (Wade 1981, 56). Andere Unfälle, wie etwa der Tod der britischen Prinzessin Diana, führten zudem zu Menschenaufläufen an Orten, an denen man öffentlich Trauer zeigen konnte und damit Teil des Geschehens wurde (Steuten/Strasser 2008).

Da es seit den 1960er Jahren zu einer stärkeren Pluralisierung der Gesellschaft kam, lohnt es sich zudem, das Einspielen von historischen Ereignissen in gesellschaftlichen Teilbereichen zu betrachten, etwa im Bereich bestimmter Sport-, Musik- und Jugendkulturen. Die gezielte Teilnahme an Events, die innerhalb einer Subkultur einen besonderen Status haben, kann gerade in deren Frühphase als bewusste Mitwirkung an einem historischen Ereignis erlebt werden – etwa der Besuch der frühen »Love-Parade« in der Techno-Szene oder Festivals wie in Wacken für Heavy-Metal-Fans der 1990er Jahre. Mit der Etablierung und Routinisierung dieser Events schwindet dann jedoch ihre außeralltägliche Bedeutung und damit ihre Relevanz als historisches Ereignis. Diese entsteht dann nur noch unkalkulierbar durch Zufälle, wie bei der tragischen Massenpanik bei der »Love-Parade« 2010 in Duisburg.

Mein Argument lässt sich schließlich auch auf die Erinnerungskultur beziehen. Selbst das Feiern eines historischen Jubiläums kann mitunter zugleich an Attraktion gewinnen, da es selbst ein historischer Moment zu werden verspricht. Das Reenactment zur Völkerschlacht bei Leipzig 2013 bietet dafür ein Beispiel: Die 6000 Darsteller und rund 35.000 Zuschauer kamen sicherlich auch aus Interesse am Einspielen von Geschichte oder aus sozialen Gründen dorthin. Allerdings dürfte viele auch angezogen haben, dass es sich hier allein von seiner Dimension her um ein besonderes, einmaliges Ereignis handeln dürfte, das selbst historische Bedeutung zu haben schien. Die spielerische MDR-Sendereihe »Topnews« (MDR 2013) zur Schlacht 1813, die das Schlachtgeschehen im Sinne des *live broadcasting of history* vorführte, ist ein weiteres Beispiel für den Wunsch,

Geschichte unmittelbar in ihrem Vollzug zu erleben. Dass die Erinnerung an Geschichte zu einem Ereignis werden kann, das selbst einen historischen Charakter zu haben verspricht, zeigte sich auch 2014 bei der Inszenierung zum 25. Jubiläum des Mauerfalls in Berlin, der eine Millionen Zuschauer beiwohnten. Die Gestaltung der »Lichtgrenze« am einstigen Mauerstreifen und deren Auflösung durch das sukzessive Hochfliegen der Leuchtballons war sicherlich ein Spektakel, das allein aus ästhetischen Gründen anzog. Es war jedoch zugleich ein außeralltägliches und einmaliges Event, das auch denjenigen, die am 9. November 1989 nicht an der Mauer standen, ersatzweise eine Teilnahme an einem historischen Moment ermöglichte.

3. Die Rolle der Medien

Wie lässt sich dieses Phänomen systematischer fassen? Blicken wir zunächst auf die Rolle der Medien. Grundsätzlich lassen sich zwei Formen der *Geschichte in situ* unterscheiden: Erstens die bereits ausgeführte bewusste, physische Partizipation an Vorgängen, denen eine künftige historische Bedeutung zugeschrieben wird. Und zweitens die mediale Teilnahme an Ereignissen, die entweder geplant sind oder sich zunächst eher zufällig ergeben, dann jedoch eine große physische Präsenz auslösen. Denn gerade die Zeitgeschichte vollzieht sich eben nicht allein als Geschichte der *Mitlebenden*, sondern auch als Geschichte der *Mithörenden* und *Mitsehenden* am Radio, Fernseher oder Computer (Lindenberger 2004, 79).

Die Bedeutung des medialen Erlebnisses der *Geschichte in situ* nahm stark zu: die Mondlandung, den Mauerfall oder 9/11 verfolgten die meisten Menschen nur als *live broadcasting of history*. Dennoch nahmen sie bewusst daran teil und erinnerten später diese Teilnahme mit detailreichen Schilderungen. In einigen Fällen, etwa bei der Uraufführung von spektakulären Filmen oder Serien, ist der als historisch bedeutsam vermutete Gegenstand sogar eine rein mediale Darstellung von Geschichte. Dies zeigt etwa die Uraufführung von »Im Westen nichts Neues« (USA 1930) oder die Erstausstrahlung der Serie »Holocaust« (USA 1978). Dennoch lassen auch diese Ereignisse sich als bewusst erlebte und mitgestaltete Geschichte verstehen: Wer 1930 in Berlin-Schöneberg die Premiere von »Im Westen nichts Neues« sah, ahnte bereits den Krawall, den die NSDAP gezielt auslöste und musste bisweilen unter Polizeischutz und dem Blitzlichtgewitter der Fotografen den Saal betreten (Nowak 2010). Ebenso war bei der Ausstrahlung der Serie »Holocaust« im Jahr 1978/79 vorab bekannt, dass es sich um einen historisch besonderen Sendemoment handeln würde, der wiederum eine starke Anschlusskommunikation zur Folge hätte (Reichel 2004). Obwohl es ›nur‹ um reine Medienereignisse ging, war der Moment des gleichzeitigen

Zuschauens ein Ereignis, das durch die darauf folgende intensive Besprechung und weltweite Aufmerksamkeit eine Zäsur bildete.

Medien präfigurieren dabei die Ereignisse: Sie kündigen den vermuteten Ablauf, die erwartete Wirkung und damit auch die historische Bedeutung an (Bösch 2010). Zum Erlebnis wird die *Geschichte in situ* jedoch, weil der vermutete Ablauf und das Gelingen unklar sind und so eine Spannung entsteht. Die Zuschauer, sei es vor Ort oder als Mediennutzer, tragen mit zum Vollzug und möglichen Gelingen des historischen Ereignisses bei. Selbst der Zuschauer vor dem Fernseher ist eben nicht passiv, sondern potentiell aktiv, da er emotional agiert, in Kommunikation mit anderen steht und auf das Gesehene reagiert (Meyen 2001). Sogar bei Geschehnissen wie der Mondladung, die keine physische Teilhabe ermöglichen, sind beide Ebenen eng verschränkt. Denn die Medien beobachten neben dem Ereignis zugleich die vielfältige mediale Teilnahme daran, die sie regelmäßig einblenden und somit dessen historische Bedeutung untermauern. Beides zusammen lässt den Moment historisch werden, und zwar bereits im Bewusstsein der Zeitgenossen. Bei der Mondlandung kursierten etwa fortlaufend Aufnahmen von unterschiedlichen Zuschauerkonstellationen – daheim, vor Geschäften bei der Arbeit, oder in fernen Ländern wie Japan. Selbst das Bild von Papst Paul VI., der die Mondlandung im Vatikan schaute, wurde in diese Collage der weltweit gleichzeitigen Zuschauer mit einbezogen. Medienwissenschaftler argumentierten sogar, die Mondladung sei nur deshalb durchgeführt worden, weil ihre zeitgleiche Übertragung im Fernsehen und per Fotografie möglich gewesen wäre (Engell 2010).

Natürlich wäre es naheliegend gewesen, die besten Aufnahmen der Mondlandung erst am nächsten Tag in den Nachrichten zu sehen, statt nachts vor einem schwer erkennbaren unscharfen Bild zu sitzen. Diesen Zuschauern war jedoch bewusst, dass dieser Moment sie zu Zeitzeugen macht. Da nicht klar war, ob die Landung auf dem Mond gelingen würde, war die Teilnahme daran spannend. Ihre Erinnerungen zeigen die eigensinnige Aneignung der Ereignisse, aber zugleich die emotionale Ergriffenheit des Erlebnisses. Ein damaliger Student erinnert sich etwa 2009, dass er aus anti-amerikanischer Einstellung heraus die Mondlandung eigentlich nicht sehen wollte, dann aber mit Pink Floyd und Soul-Platten im Hintergrund den Ablauf verfolgte. Als die Astronauten die Leiter herabstiegen, wurde er trotz aller Vorbehalte ergriffen: »Mir wurde nun klar, dass ich einen historischen Augenblick miterlebt hatte.« Jemand anderes erinnerte sich, dass er die Mondlandung vor lauter Joints nur benebelt wahrnahm: »Heute kann ich zweierlei kaum fassen: Dass es Menschen tatsächlich gelungen war, den Mond zu betreten, und dass ich mir diesen historischen Augenblick verdorben habe«[4] (zit. in Willmann 2009). Zugleich führten die Medienbilder selbst bei der Mondlandung dazu, dass viele Menschen die Wohnzimmer verließen, um möglichst dicht an die Orte oder Personen des Geschehens zu kommen. Das gilt zum einen für den Start der Raketen und zum anderen ebenso für die Begrüßung der Astronauten in vielen Orten durch Massen an Menschen.

Wie gerade das Fernsehen die *Geschichte als Erlebnis* in Bewegung setzt, lässt sich in der deutschen Zeitgeschichte natürlich besonders gut mit dem Mauerfall 1989 verdeutlichen: Viele DDR-Bürger sahen im Westfernsehen die Meldungen über die Reisefreiheit mit Visum und gingen deshalb erwartungsvoll zu den Grenzübergängen (Großmann 2015). Was passieren würde, war offen; eindeutig war hingegen, dass es ein historischer Moment sein würde. Dies wiederum trug tatsächlich dazu bei, dass die Mauer von den zahllosen Menschen überrollt wurde.

Bei der *Geschichte in situ* sind auch die Kameras somit keine neutralen technischen Instrumente, sondern prägen den Ablauf. Bereits das Wissen darüber, dass Kameras anwesend sind, verändert die Performanz. Dass Obamas Berliner Rede 2008 ›live‹ auf CNN und anderen Kanälen ausgestrahlt wurde, beeinflusste sicherlich nicht nur Obamas Verhalten auf der Bühne, sondern auch das Publikum. Es verstärkt das Einspielen von einer historischen Situation, deren Teilnehmer zugleich die amerikanischen Zuschauer und die Welt vor Augen hatten. Auch die Journalisten selbst reisen zu bestimmten Ereignissen, um Geschichte zu erleben. »I became a journalist because I wanted to see history being made« beschrieben etwa befragte Auslandskorrespondenten ihre Motivation, in Krisengebiete zu reisen (zit. in Strübig 2012, 18, 84).

4. Geschichte als Erlebnis

Diese Teilhabe an der *Geschichte in situ* ist eng mit dem Begriff des Erlebnisses verbunden, der auch im Mittelpunkt dieses Buches steht. Das ›Erlebnis‹ verweist auf die subjektive Erfahrung eines außeralltäglichen Geschehens, die die Erinnerung prägt. Dies verbindet sich mit einer gewissen Einmaligkeit der Begebenheit, das die Zeit in ein Vorher und Nachher unterteilt (Koselleck 2003, 144). In diesem Sinne prägen kollektive Erlebnisse, wie sie hier verhandelt werden, vielfach das Zeitverständnis.

---

4   Siehe den Bericht »Pink Floyd, ein Joint und hüpfende Astronauten« in *Zeit-Online* vom 20. Juli 2009 (<http://www.zeit.de/online/2009/30/erinnerung-mond> [16.03.2015]).

Zugleich ist das Aufkommen von Erlebnissen zeitspezifisch. Wie oft betont wurde, ist das Bedürfnis nach ihnen oder die damit einhergehende Eventisierung der Gesellschaft in den letzten Jahrzehnten offensichtlich gewachsen. Dies hat Einfluss und veränderte so unterschiedliche Bereiche, wie den Sport, die Kirchen oder eben auch das Erleben von Geschichte. Gerhard Schulzes oft zitiertes Konzept der »Erlebnisgesellschaft« verwies auf die damit einhergehende Ästhetisierung und Marktorientierung. Produktiv aufgreifen lassen sich für unseren Zusammenhang Schulzes Begriffe der »Erlebnisrationalität« und »Erlebnisorientierung« (Schulze 2004, 40 f.). Sie verweisen auf die hier vorgestellte bewusste Partizipation an der *Geschichte in situ*. Diese wird mit Erwartungen verbunden, deren Gelingen und Erfahrung hinterher thematisiert wird. Dies schafft zudem Identifikationsangebote und Kommunikationsgemeinschaften.

Des Weiteren ist das Erlebnis im doppelten Sinne mit »der Sehnsucht nach dem Authentischen« (Sabrow 2013) verbunden: Einerseits suchen Menschen bei historischen Ereignissen Situationen, die sie als originär bewerten, andererseits Erfahrungen und Emotionen, die authentisch erscheinen. Anzunehmen ist, dass diese Sehnsucht nach dem Authentischen gerade im Medienzeitalter zunimmt: Die ubiquitäre Möglichkeit, alles medial zu inszenieren, verstärkt das Bedürfnis nach dem Unverstellten, direkt Erfahrbaren.

Auch Emotionen spielen somit für die *Geschichte in situ* eine zentrale Rolle. Bei der populären Geschichtskultur wird Emotionalität oft kritisiert. Über die emotionalisierten Geschichtsdarstellungen zur Primetime und in Hollywood-Filmen oder über historische Erlebnisorte wie den Checkpoint Charlie wird entsprechend viel gespottet. Dennoch lohnt es sich, die sichtbaren Emotionen bei der *Geschichte in situ* ernstzunehmen. Bei den historischen Erlebnissen beglaubigen sie die historische Bedeutung eines Vorgangs. Menschen, die schreien, vor Freude lachen oder verstört berichten – sie alle unterstreichen für Anwesende und Medienzuschauer die Außeralltäglichkeit und Authentizität der Vorgänge.

Die gegenwärtige Auseinandersetzung mit Events verleitet oft dazu, bei der *Geschichte in situ* an kommerziell arrangierte, ›positive‹ Ereignisse zu denken. Menschen suchen jedoch ebenso besondere Ereignisse auf, die mit Gewalt verbunden sind. Hier ließe sich zumindest indirekt an Debatten aus der NS-Forschung anknüpfen, die neben der Kategorie des Täters und Opfers in den letzten Jahren immer häufiger den *Bystander* berücksichtigten, der durch seine Anwesenheit mit zum Vollzug der Handlung beigetragen habe. Das gilt etwa für Menschen, die bei der Reichspogromnacht vor Synagogen standen, Hitler-Reden anhörten oder Soldaten verabschiedeten. Dass diese ›Zuschauer‹ eben nicht eine neutrale Gruppe sind, sondern Teil des Geschehens, hat die Zeitgeschichtsforschung in den letzten Jahren vielfältig betont (siehe Wildt 2007).

Ereignisse leben von ihrem Versprechen auf Einmaligkeit, knüpfen aber zugleich immer an frühere Geschehnisse an. Die kolportieren Erzählungen und Bilder früherer Begebenheiten prägen die Erwartungen der Beteiligten über den Ablauf, beeinflussen aber auch das Handeln. Dies galt bereits für die Vormoderne, wie etwa Susann Trabert (2010) am Beispiel von Ballonfahrten nachwies: hier druckten die Zeitungen des 18. Jahrhunderts vorab Bilder und Beschreibungen des Ballonaufstiegs, die die Erwartungen fest prägten. Selbst bei historischen Momenten, die nicht vorhersehbar sind und plötzlich auftreten, kennen die Beteiligten aus Romanen oder Filmen bereits angemessene Verhaltensmuster, die bei der öffentlichen Bewertung des Ereignisses dann abverlangt werden.

In der Geschichtskultur beanspruchen Historiker und andere Experten meist ein gewisses sachliches und unemotionales Wächteramt. Zumindest der Verweis auf historische Forschungen ist für die Beteiligten an historischen Filmen, Aufführungen oder Ausstellungen eine wichtige Legitimation ihres Tuns, auch wenn ihre Inszenierung abweicht. Welche Rolle spielen nun die Historiker bei der *Geschichte in situ*? Das Geschehen in seiner Unmittelbarkeit zieht seine Anziehungskraft vielleicht auch daraus, dass es ohne die Belehrungen der Wissenschaftler auskommt. Es ermöglicht oder verspricht ein unverstelltes Erlebnis ohne Deutungseliten. Gerade Ereignisse, deren Gelingen überraschend oder unklar ist, widerlegen mitunter sogar Experten, die den Mauerfall, die Islamische Revolution oder eben die deutscher Begeisterung für einen US-Präsidentschaftskandidaten nicht vorhersahen. Allerdings sorgt vor allem die Kommentierung im Fernsehen dafür, dass das Geschehen durch den Expertenblick wieder eingehegt und in lange Traditionen eingeordnet wird.

5. Geschichte als Erlebnis in der Living History und der *Geschichte in situ*

Der Vorschlag, die *Geschichte in situ* als eine ergänzende Perspektive zur Living History einzubeziehen, könnte unseren Blick zum einen auf die Entstehung von Geschichte und zum anderen auch auf die Geschichtskultur insgesamt erweitern. Denn Geschichte wird nicht nur durch Reenactments eingespielt, sondern auch durch ein *enactment*, bei dem die Beteiligten die historischen Rollenvorbilder kennen, zumeist aus den Medien. Die Erwartung und Sehnsucht, an zukünftig als historisch bewerteten Ereignissen teilzuhaben, steht, so eine meiner Hypothesen, durchaus in Verbindung mit der boomenden Erinnerungskultur. Was hier als eine mögliche Perspektivverschiebung vorgeschlagen wird, wäre freilich empirisch zu überprüfen – insbesondere durch Interviews mit Beteiligten vor, während und nach derartigen Ereignissen, aber auch durch das Auswerten der Anschlusskommunikation.

Zwischen der Partizipation an der *Geschichte in situ* und anderen Formen der Geschichtskultur – wie der Living History oder dem Anschauen historischer Filme – bestehen zahlreiche Unterschiede aber auch Ähnlichkeiten. Es geht jeweils um das Erleben von Geschichte, um eine gruppenbildende Partizipation und eine performative Aneignung außeralltäglicher Erfahrungen. Hierbei ist die als real gesehene Verbindung zu historisch authentischen Situationen, mit denen das Individuum verschmilzt von Bedeutung. Die Beteiligung an der *Geschichte in situ* ist gegenwartsgebunden, aber dies gilt ebenfalls für die Geschichtskultur. In beiden Fällen geht es um das Bedürfnis, bestimmte Emotionen auszuleben und ungewöhnliche außeralltägliche Erfahrungen zu machen. Und schließlich geht es in beiden Fällen um Authentizität, die auch im Falle der Living History als zentrales Bedürfnis gefasst wurde. Insbesondere aus Sicht der Darsteller geht es hier um eine Verbindung mit einer möglichst realen Vergangenheit und ihrem realen Selbst (Handler/Saxton 1988). Auch bei der *Geschichte in situ* steht vor allem die als real gesehene Verbindung zum historischen Moment im Vordergrund.

Unsere Möglichkeiten, an Ereignissen teilzunehmen, die künftig historisch bedeutsam werden, sind begrenzt, und der Wunsch, den Hauch der Geschichte einmal zu spüren, ist hingegen vermutlich deutlich größer. Den meisten Menschen gelingt dies, wenn sie nicht aktiv größere Reisen unternehmen, nur selten oder nur bei Ereignissen, die in Teilöffentlichkeiten eine historische Bedeutung entfalten. Vielleicht ist dies eine Erklärung dafür, dass viele Menschen zumindest retrospektiv Geschichte erleben wollen, an ihrem Einspielen partizipieren oder zumindest das Bildschirmerlebnis wie eine Beteiligung vor Ort memorieren. Wer am 9. September 2001 etwa tagsüber vor dem Fernseher saß, wird sich trotz der räumlichen Distanz vermutlich noch lange rühmen, eine Art Zeitzeuge zu sein, der einen historischen Moment ›live‹ erlebte.

Literatur

Bösch 2013: Frank Bösch, Verwandlungen des sozialistischen Raums: Papst Johannes Paul II. in Polen 1979. In: Ders./Lucian Hölscher (Hrsg.), Jenseits der Kirche: Die Öffnung religiöser Räume seit den 1950er Jahren. Geschichte der Religion in der Neuzeit 5. Göttingen: Wallstein 2013, 149–176.

Bösch 2015: Ders., Zwischen Schah und Khomeini: Die Bundesrepublik und die islamische Revolution im Iran. Vierteljahrshefte für Zeitgeschichte 63/3, 2015, 321–351.

Bösch/Schmidt 2010: Ders./Patrick Schmidt (Hrsg.), Medialisierte Ereignisse: Performanz, Inszenierung und Medien seit dem 18. Jahrhundert. Frankfurt a. M./New York: Campus 2010.

Dayan/Katz 1994: Daniel Dayan/Elihu Katz, Media Events: The Live Broadcasting of History. Cambridge, Mass. u. a.: Harvard University Press 1994.

Eggert/Samida 2013: Manfred K. H. Eggert/Stefanie Samida, Ur- und Frühgeschichtliche Archäologie. UTB basics. Tübingen/Basel: Francke ²2013.

Engell 2010: Lorenz Engell, Das Mondprogramm: Wie das Fernsehen das größte Ereignis aller Zeiten erzeugte. In: Friedrich Lenger/Ansgar Nünning (Hrsg.), Medienereignisse der Moderne. Darmstadt: Wissenschaftliche Buchgesellschaft 2008, 150–171.

Fischer-Lichte 2012: Erika Fischer-Lichte, Performativität: Eine Einführung. Edition Kulturwissenschaft 10. Bielefeld: transcript 2012.

Gebhardt 2000: Winfried Gebhardt, Feste, Feiern und Events: Zur Soziologie des Außergewöhnlichen. In: Ders./Ronald Hitzler/Franz Liebl (Hrsg.), Events: Soziologie des Außergewöhnlichen. Erlebniswelten 2. Opladen: Leske + Budrich 2000, 17–31.

Großmann 2015: Thomas Großmann, Fernsehen, Revolution und das Ende der DDR. Medien und Gesellschaftswandel im 20. Jahrhundert 3. Göttingen: Wallstein 2015.

Handler/Saxton 1988: Richard Handler/William Saxton, Dyssimulation: Reflexivity, Narrative, and the Quest of Authenticity in »Living History«. Cultural Anthropology 3/3, 1988, 242–260.

Koselleck 2013: Reinhart Koselleck, Vergangene Zukunft: Zur Semantik geschichtlicher Zeiten. Frankfurt a. M.: Suhrkamp 2013.

Lindenberger 2004: Thomas Lindenberger, Vergangenes Hören und Sehen: Zeitgeschichte und ihre Herausforderung durch die audiovisuellen Medien. Zeithistorische Forschungen 1, 2004, 72–85.

Meyen 2001: Michael Meyen, Mediennutzung: Mediaforschung, Medienfunktionen, Nutzungsmuster. Konstanz: UVK Medien 2001.

Nowak 2010: Kai Nowak, Kinemaklasmus: Protestartikulation im Kino. In: Bösch/Schmidt 2010, 179–197.

Sabrow 2013: Martin Sabrow, Die Sehnsucht nach dem Authentischen: Der Glaube an das Echte und die Gebeine Friedrich II. Merkur 67/9, 2013, 767–777.

Schulze 2004: Gerhard Schulze, Erlebnisgesellschaft: Kultursoziologie der Gegenwart. Frankfurt a. M./New York: Campus 2004.

Steuten/Strasser 2008: Ulrich Steuten/Hermann Strasser, Lady Di – Die moderne Madonna. Aus Politik und Zeitgeschichte 52, 2008, 22–27.

Strübig 2012: Maren Strübig, Kriegsreporter zwischen Mythos und Arbeitsrealität: Eine Befragung von deutschsprachigen Auslandskorrespondenten in weltweiten Krisengebieten. Hamburg: Diplomica Verlag 2012.

Trabert 2010: Susann Trabert, Mediale Prägungen von Performances: Die gescheiterten Ballonfahrten im späten 18. Jahrhundert zwischen Konstruktion und Fiasko. In: Bösch/Schmidt 2010, 75–104.

Wade 1981: Wyn Craig Wade, Titanic: Das Ende eines Traums. Oldenburg: Stalling Verlag 1981.

Weibler 2010: Jürgen Weibler (Hrsg.), Barack Obama und die Macht der Worte. Wiesbaden: VS Verlag für Sozialwissenschaften 2010.

Wildt 2007: Michael Wildt, Volksgemeinschaft als Selbstermächtigung: Gewalt gegen Juden in der deutschen Provinz 1919 bis 1939. Hamburg: Hamburger Edition 2007.

Wolfgang Hochbruck

Reenacting Across Six Generations
1863–1963

ABSTRACT

Veteranen beider Seiten des Amerikanischen Bürgerkriegs machten sich als Teil einer aktiven Erinnerungskultur theatrale Aufführungsformen zu eigen, in denen sie die eigenen Taten uniformiert und in Anlehnung an Bühnenschauspiele wieder aufführten. In den Staaten des konföderierten Südens hatte zudem die unerwartete militärische Niederlage zusammen mit der politischen Rekonstitution der alten Machteliten im Tilden/Hayes-Kompromiss einen starken revisionistischen Impuls ausgelöst, der auch bei Veteranentreffen und in theatralen Aufführungen militärischer Szenarien zum Ausdruck kam. In der Versöhnungsphase wurde daraus ein theatral weitergeführter Mythos, der über mehrere Generationen von einem Krieg zum nächsten fortgeführt wird, wobei die fokalen Orte wie z. B. Gettysburg gleich bleiben, und historisch-materielle Authentizität erst nach dem Abtreten der letzten Veteranen als Träger des Authentischen in den Vordergrund rückt. Letztlich entsteht so eine sich über insgesamt sechs Generationen als Berührungsfläche (*touch zone*) erstreckende theatrale Bilderwelt, in der beide Seiten als ›Gewinner‹ dargestellt werden; wegen der stärkeren genealogischen generationalen Bindung führt dies jedoch bei den Reenactments der Moderne und Postmoderne zu einer numerischen und ideologischen Überlegenheit der (Post-)Konföderierten.

Scholarly research into the practice of reenacting battles of the American Civil War usually starts with the centennial celebrations in 1961–65 (see Hall 1994; Cullen 1995, 182). The exception is Gordon L. Jones (2007), who traces reenactments well into the 19th century. In the following, his research and my own attempts at providing an operational methodology (Hochbruck 2013) join forces in order to integrate the study of reenactment into the field where it belongs – Theatre & Drama Studies. From the postmodern reenactment period which started around 1960, via pageantry, military retro-training, parades, historical stage drama, and movies, as well as themed events like period balls and banquets, the theatrical practice of turning historical events into commemorative drama is ultimately traced to veterans' reunions, and to the veterans themselves.

Viewed from the other end, the apparently rejuvenating force of re-living the most exciting events of their life was handed on to ever-younger generations, resulting in six generations of Civil War veterans to date.

Many Civil War veterans appear to have felt along the lines former Private Berry Benson (1963, 223) of the 1st South Carolina Rifles expressed in his Civil War reminiscences:

> Who knows but it may be given to us, after this life, to meet again in the old quarters, to play chess and draughts, to get up soon to answer the morning roll call, to fall in at the tap of the drum for drill and dress parade, and again to hastily don our war gear while the monotonous patterns of the long roll summons to battle? Who knows but again the old flags, ragged and torn, snapping in the wind, may face each other and flutter, pursuing and pursued, while the cries of victory fill a summer day? And after the battle, the wounded and slain will arise and all will meet together under the two flags, all sound and well and there will be talking and laughter; and cheers, and all will say, ›Did it not seem real? Was it not as in the old days?‹.

While the veterans' active re-stagings of scenes from their life experience usually stopped short of actual ›battle‹ scenes with theatrical dead and injured, they still took on a variety of forms, and set patterns later generations were to emulate and build up on. These modes of creating »present pasts« following Andreas Huyssen (2003, 3) establish semanticised fields where the successive patterns of memory identified by Jan Assmann (1992) give way to a twilight zone of pasts reenacted as not-quite-living history that necessitate a rethinking of memorial culture.

Research into a consciously created and para-religiously maintained tradition like this one of course depends on the definition of ›reenactment‹. It can be defined as any factoid theatrical reconstitution of historic events and conditions. Organised by individuals, groups, or professional event agencies, reenactments often attempt to reconstitute a past event or occurrence of a military nature. Reenactments may be repeated at periodic intervals, given the success of preceding events and the formation of a theatrical community of memory. Technically speaking, reenactment should be differentiated from other forms of living history performance, but for the purposes of this paper with its closer look at the theatrical heritage tradition, the term ›reenactment‹ semantically encompasses all attempts to dress like the original and/or to act out historical scenes and events.

Not so much reiterative as restorative in nature, reenactments contain a highly modernist element of time travel, bent on solving the problems of the present by re-staging the past, first with members of the original cast, later with their descendants, biological as well as in the spirit. It is largely this restorative impulse which continues to inform present-day reenactments in which younger bodies take over for the old ones, often to the point of creating copies after (biographical) narratives, and old photographs (see also Otto 2011, 197).

One of the less researched aspects of reenactments is the community of memory formed in the process of moving from the original event to these various stages and formations of being *reenacted*. In the following, I will try to establish that, and how, such reoccurrences were organised in the case of the American Civil War and notably, of the battle of Gettysburg in Pennsylvania. It originally took place July 1–3, 1863, was commemorated for the first time on a grander scale in 1888, and has since seen the largest events in the history of reenactments, in 1913, 1938, 1963, 1988, 1998, and most recently in 2013.[1] At the first three of these events, veterans of the Civil War were physically present; from 1963 onwards they were there only in reenacted form.

There is a certain amount of time travelling involved in the process of reenacting, but what is of more interest at this point is the aspect of perennial youth that comes with the claim to fame and glory by physically returning to the place and – in spirit at least – to the time of the original performance. Technically speaking, judging by the term ›reenactment‹, the actual battle should have been an *enactment* anyway, but of course reenactments use as their base not the original event, but consequent narrative superinscriptions of historical sense that created order out of the strategies and opportunities, chances and coincidences of what happened in the past.

Part of the continued sense-making is that connecting element which, for want of a better term, I want to label a *touch zone*. In that *touch zone*, veterans meet again, and their children meet their parents in their historical roles. Later, reenactors meet surviving veterans while they are still alive, and encounter, obtain, and often carry into ›battle‹ historical objects (Hochbruck 2008) after their demise.

The point of origin for these phenomena – veterans reenacting themselves, veterans side by side with youth reenacting them, ceremonial veterans on the set, and reenactors as rejuvenated replacements for the veterans – was the American Civil War. The Civil War was the first conflict to produce veterans as a physical force of agency enacting their own memory – in the form of memoirs and letters

---

1 Whereas many reenactments organised by individuals or groups are primarily for members only and take place without or only in front of a selected audience, commercially organised reenactments are supposed to draw visitors. Large-scale reenactments have in the past attracted up to 100,000 paying visitors (135th Gettysburg in 1998 – see Jones 2007, 4).

and diaries, as attendants at meetings of veterans' organisations, as acting bodies re-staging the past as they interpreted it, and as participants in contemporary politics. The physical and material bases for these meetings and performances was the medialisation of the Civil War that was available for heritage purposes, an increasing life expectancy, as well as modern rail systems which enabled veterans and others to travel to reunions and to the old battlefields.

The last volume of Ken Burns' »Civil War« series contains a selection of photographs, and even a short film, showing Union and Confederate veterans decades after the war ended, with notably several groups of old rebels again decked out in semblances of their old uniforms. In some cases the veterans claimed that they were actually wearing the original uniform they returned in from the war (see Murphy 1987, 161, 164) – a problematic statement in two respects: one, the wearing of the Confederate insignia was at least temporarily outlawed after the Civil War, and two: as many museum curators can attest, there are very few surviving uniforms of enlisted men for the simple reason that they often constituted the one suit of clothes the discharged soldiers owned, and the pragmatists among them wore their uniforms out in the fields and workshops they returned to. But the claim established a touch zone, and makes the moment one of reenactment.

The Union post-war period myth stressed the importance of leaving the conflict behind: Winslow Homer painted the figure of *The Veteran in a New Field* (1865; Metropolitan Museum of Art, New York) in army pants and shirt, sack coat and canteen behind him on the ground. In an ironic inversion of the grim reaper, the returned soldier is cutting wheat (Wilson 1985). One of the constitutive paintings outlining the main myth of post-Confederate ebullience is Henry Mosler's *The Lost Cause* in which the returned veteran still wields a gun – somewhat incongruent with the idea of a surrendered army (Holzer/Neely 1993, 233). Here the touch zone with the cause lost evokes the threat of a new conflict. Post-Confederate political and paramilitary groups used the imagery of reenactment to scare loyalist whites as well as Africamericans in the years between the military ending of the war and the reconstruction of the old system of power relations in 1876/77. The ›battles‹ of Colfax/LA, and Hamburg/SC in 1873 and 1876 (Murphy 1987, 141; Zuczek 1996, 20) were as much ›new‹ political events as they were reenactments of the massacres by Confederates of U.S. Colored Troops at Fort Pillow, Poison Springs, Olustee, and in the Petersburg Crater in 1864 (see Suderow 1997; Urwin 2004). The reversal of the ending of 1865 with the Tilden/Hayes compromise[2] returned the participating veterans to their younger selves, (re-)creating Confederates as victors and Africamericans as anything but equals.

---

2   The 1876 elections ended almost in a draw; it was a situation in which Republican
     candidate Rutherford B. Hayes ensured his ascendancy to the president's office by

Re-playing the War in Drama and Reunions

Outside of the South, there is little evidence of attempts to recreate the war during the reconstruction period, other than in the chronicle melodramas that enjoyed moderate popularity during the 1870s. These plays dramatised versions of histories, providing an unsystematic survey of what was considered important about the events that were currently being rewritten into the popular perception of what had been the Civil War.

> The plays usually covered a number of years and dramatized the protagonists before, during, and immediately after the Civil War. The Color Guard [A. R. Calhoun, prem. in New York Feb. 22, 1873; W.H.] for example, opened with a small village in Ohio at the time war was declared and closed twenty-one scenes later in the same place with the war having ended. In the meantime one camp or battle scene followed another in rapid succession as the hero and heroine breathlessly outwitted the villain and finally destroyed him. (Theodore 1973, 31)

The common pattern here is that the Civil War was transformed into a conflict won by the ›good guys‹ – with ›good‹ depending on sectional definition, and very little contestation of that goodness from the side of the respective war-time other. After the end of reconstruction and in proportion to the rate and degree to which they were leaving the active labour force, veterans from both sides not only joined their respective veterans' organisations, but began to re-construct themselves as they had been, »Tenting … on the old camp-ground«, and fighting their battles over (fig. 1).[3] Meetings like the first national one in Gettysburg in 1888 (McLaughlin 1963, 203) brought together 15,000 old soldiers who relived their experiences in an idealised format, complete with neat rows of comfortable tents, regular meals, and functioning sanitary installations. Military style and even light drill in re-constituted (though stylistically adapted) uniforms were part of a reenactment experience, a spatial as well as emotional touch zone:

> […] both the G.A.R. and the U.C.V. [*Grand Army of the Republic* and *United Confederate Veterans*; W.H.] adopted standard ready-made uniforms which veterans could order from two Ohio companies specializing in military and lodge regalia. Unlike present-day reproductions, the veterans' uniforms were never intended to be exact duplicates of wartime uniforms, but were instead

---

making far-reaching concessions to the »Old South«, including the removal of federal troops (Frantz 2011).

3   Title of a popular sentimental song from the war period.

rough approximations, albeit with general regulations specifying color, cut, trim, buttons, and rank insignia. (Jones 2007, 37)[4]

The fact that clever entrepreneurs were able to sell new and nicely fitting uniforms to the veterans in lieu of the often shoddy ones they had received from their quartermaster offices during the war years constructs a story prototypical of modern commercialism. It is especially ironic considering the often anti-modern attitudes embraced in veteran culture.[5] However, there was a political element to the performance of heritage, notably among the old Confederates. The very idea that especially Confederate soldiers could appear again »in company formation (under arms)« and with that »manly bearing which reflects credit upon the cause for which we stand« (Scales 1916, 569) goes a long way towards explaining their uniformed continuities. During the Spanish-American War of 1898, a handful of former Confederate commanders joined up, and while their wearing of the blue (or khaki, as it was) did not go well with die-hard unreconstructed Southrons, their effort and the applause they received throughout the nation signaled that their reenactment of their former roles was acknowledged, including the fact that

Fig. 1   Erie, PA Soldiers' Home Post Card – Courtesy of Gordon L. Jones Collection.

---

4   The fact that these uniforms, as well as the soldiers' figures for monuments, and most of the literary texts glorifying the war and notably the Confederacy, were manufactured and printed in the North, is one of the ironies of the cultural history of the Civil War.

5   Letter from Gordon Jones to the author, Aug. 27, 2010.

this time they came out as winners: General Fitzhugh Lee, a nephew of the great Robert E. Lee, rode at the head of the victory parade.

Re-uniformed veterans and Confederates as winners also paved the way for to the first larger-scale reenactment in a more limited sense which took place in 1903, with considerable veteran participation. In the Battle of the Crater, Union troops had attempted to blow up Confederate entrenchments in July 1864. Incompetent Union leadership, and a quick response from the Confederate side had turned the engagement into a massacre, particularly of wounded and already surrendered Africamerican soldiers. At the 1903 reenactment, there was nobody portraying the U.S. Colored Troops; Union forces were represented by units of the Virginia National Guard. But the 430 veterans of Mahone's brigade, all in their sixties, were reinforced by National Guardsmen of the next generation as well: Civil War reenacting was being handed on, the life-time of distance eradicated in a twilight touch zone between generations.

Between the second ending of the Civil War in 1877, and the polygenerational event of 1903, Gordon Jones has found extra evidence for »sham battles« as he calls them, and as apparently the soldiers called them, too. Accidents at these often celebratory but occasionally plainly ludic reenactments even cost veterans' lives (Jones 2007, 41), but the main point was that in these battles only the original participants could ›fight‹ whereas from 1903 on, the next generation moved in. That this was not seen as mockery, or disrespectful, is probably attributable to the theatrical history of the sham battle as much as to the age of the old soldiers. Already during the war, sham battles had been a practice for training purposes, but even more so for public entertainment (Brockett/Brockett 1955, 248). These »military chronicle plays« (Cullen 1987, 136) allegedly re-staged scenarios for the public.

These war-period reenactments, often involving whole companies of home guards or soldiers on leave, had in the 1870s given way to the above-mentioned chronicle melodramas. By 1890, they in turn had been replaced by plays like Bronson Howard's *Shenandoah* (1895), William Gillette's *Secret Service* (1896) and David Belasco's *The Heart of Maryland* (1895), to name but a few of the more successful playwrights producing Civil War drama. Whereas during the war, and apparently also during the 1870s, »fashionable theatres in New York« (which set the pace for theatres nationwide), »did not stage Civil War dramas« (Theodore 1972, 205), the plays of Gillette, Belasco, and Howard did see Broadway productions.

Vastly more effective than these plays, however, were two other product lines with a more immediate connection to reenactment culture. One was the first wave of Civil War movies. Often no more than transfer vehicles for the popular melodramatic love triangle into a superficial Civil War setting, some like »In Old Kentucky« (1909, dir. D. W. Griffith), for instance, used motifs that had already been popular during the war years such as the »brothers' war«. A melodramatic movie called »All is Fair in Love and War« (1910) signals the touch zone potential of the short movies of the period: former Confederate partisan Colonel John Singleton Mosby actually stars as himself. Mosby thus became present in the present as well as in the past, simultaneously both a historical figure and a fictional character, and ›himself‹ in 1910 as well as 45 years earlier (Hochbruck 2011, 363, 375 f.): The war veterans were hanging on to ›their‹ period of American history, even though they now had to team up with younger (reen-)actors.

A number of these early movies also reenacted scenes that a wider audience was already familiar with from re-narrations in the media, like Thomas B. Read's poem *Sheridan's Ride* and on paintings showing the same scenes.[6] Audiences recognised the scenes they saw because they had seen them before – one of the key aspects of the reenactment phenomenon: it is ›correct‹ if it looks like it has looked before, in the same or another medium that had a formative impact on the received impression. Reenactment – in the theatre and in movies as well as for the public in pageantric open-air events – thus became an integral factor in the construction of the Civil War as a usable past. However, it should be noted at this point that the question of historical authenticity which so strongly influences the discourse of present-day reenactments was absent: whether or not the ageing members of the *Grand Army of the Republic*, or of the *United Confederate Veterans* wore authentic uniforms, or whether in the early Civil War movies authentic guns, accoutrements, drill formations, or tactics were used and shown apparently did not matter. In the sham battles, most of the guns and accoutrements were in all likelihood still originals, but whereas the early Civil War movies maintained the uniformity of soldier extras (probably in excess of what the originals looked like), the fact that they are usually wearing post-war issue five-button sackcoats, that cartridge belts etc. date from the 1880s, and the use of breechloading rifles and of Spanish American War period drill, is evident.[7] Considering the authentificating effect of the original artefact (Hochbruck 2008, 139), it can be concluded that the continued presence of veterans at these events provided enough touch

---

6   See Holzer/Neely (1993, 163 f.); Read (1994, 184). The image-creating accounts of »Sheridan's Battle of Winchester« (*Harper's Weekly*, January 1865) and »Sheridan's Victory at Middletown« (*Harper's Weekly*, February 1865) had been written by John William De Forest who received his position as an aide on Sheridan's staff, possibly »to devote most of his time to writing accounts of the Nineteenth Army Corps for publication« as his wife suspected, see De Forest (1966, vi, 153, 192).

7   These breaches of authenticity are discussed in detail in the sixth chapter of Hochbruck (2011).

zone atmosphere to make more meticulous efforts unnecessary. An indicator is the presence of Civil War veterans on the set when D. W. Griffith directed »The Birth of a Nation« (1915). Apparently hoping to distract from the detours from historical veracity his film was taking, Griffith made sure the media took notice of the veterans he claimed to use as consultants.[8] It did not seem to matter which side the veterans had been on; they became living touch zones for the ›real‹.

The second important product line at the time was the historical pageants that enjoyed great if locally limited popularity in the first two decades of the 20th century. They often included scenes from the Civil War. Where the veteran organisations were strongly represented in their communities, the old men took over the role of the Civil War soldiers as a matter of course. In Thetford/CT, and Caldwell/NJ, for instance, the local G.A.R. (*Grand Army of the Republic*) chapter played themselves in pageants in 1911 and 1915, respectively (Glassberg 1990, 86, 89, 211). Usually, the scenes involving veterans showed their marching off to the war in 1861, and their return after the cessation of hostilities. In some cases, the soldiers of 1861 were also portrayed by *Sons of Veterans* organisation members in costume. A model Fourth of July pageant format written by Joseph Lee for towns near military training camps during Word War I called for a cast representing four war periods: »[T]he costumed Revolutionary War soldiers pass their flag to the Civil War veterans, who in turn hand it to the Spanish-American War veterans, who pass it on to the soldiers of the present army« (ibid. 219). The Spanish-American War, the Crater reenactment, pageants and even individual movies thus all show a generational side-by-side of original veterans and their offspring, actors and reenactors.

Following the semi-centennial and the grand reunion of 53,407 former participants (Union: 44,713, Confederate: 8,694) at Gettysburg in 1913 (Wensyel 1993, 43), the performativity of the veteran starts to shift. The highlight of the Gettysburg event appears to have been the handshake over the wall, up to which some of the old Confederates, recorded on photographs and newsreels, walked, marched, or hobbled to meet their former adversaries. The ceremonial reenactment by the veterans reversed the original outcome into a conflict with two winning sides. The flip side of the veterans' redoubled victory, however, was the

---

8   »D.W. Griffith imported a squad of Civil War veterans to ›advise‹ on the filming of ›Birth of a Nation‹, and made sure a stills photographer was on hand to record the event« (Koszarksi 1990, 182). This practice continued until 1952 when, for »Two Flags West«, the production company hired and decked out in a general's uniform William J. »Josh« Bush, allegedly the last surviving veteran from Georgia. His veteran status, however, existed only in the old man's imagination, and in magazines of the period (Letter from Gordon Jones to the author, Aug. 24, 2010).

obvious old age of the participants, indicating that the time of their active participation in reenactments was waning. If veterans were featured after the semi-centennial, it was to support and endorse the war effort of others – as the *United Confederate Veterans* did in 1917, the year the U.S. entered into the First World War, holding their annual convention in Washington D.C., the city they never entered during the war. Simultaneously, a next-generation paramilitary organisation, the *Sons of Veterans Reserve* was already integrated into the war effort of 1898 as coherent volunteer units, and again in 1917 (Davies 1955, 106 f.). This was the new deal: the reenactment continued, yet in a different uniform. Even the battlefield was reused: parts of Gettysburg were converted into a tank school in 1918.[9] In the 1920s, General John Arthur Lejeune, commanding the U.S. Marine Corps, performed Civil War reenactments with the troops under his command (Swanson/Lejeune 1999, 55); existing photographs[10] show an obvious attempt to look ›Confederate‹, with blanket rolls, uncreased hats and fixed bayonets, the role model being the Confederates in Griffith's »Birth of a Nation«.

The use of the reenactment as a physical performative effort here is reminiscent of the Brechtian Theatre of Education: incorporating a Civil War soldier, the 1920s marine got in touch with a revered generation before him, with a strongly implied impulse to emulate what was perceived as examples of valour and courage. The opposing forces in these reenactments in modern uniforms and with modern weaponry were usually taken from different branches of the U.S. forces: Marines, Army, and National Guard took to the field on either side. Only the *Virginia Military Institute* (V.M.I.) always portrayed Confederates – with their traditional uniforms and their long line of members of the so-called *First Families of Virginia* (F.F.V.) in their ranks. The V.M.I. is to this day the closest one gets to a biological touch zone continuity of Civil War reenacting across 150 years.

Post-World War I pageants re-performing Civil War scenarios and issues were an almost exclusively Southern affair. At the same time, they became more dramatic and reenactmental. While there were numerous symbolic scenes in tableau format, there were also little scenarios like »Raiding with Morgan« (in 1926 in Lexington/KY) and »Yankee soldiers looting a local farm, drinking whiskey and stealing hams« in Rocky Mount, NC, in 1919. The actors were, judging by surviving pictorial material, primarily young men (Glassberg 1990, 253). With the veterans relegated to the grandstand, the modern performers were sometimes members of the local Ku Klux Klan chapter. Their performance of the

---

9   The use of the Battlefield Parks as military maneuvering areas was a part of the original set-up of the national parks, incorporated in a bill in 1896, in order to familiarise U.S. soldiers with the campaigns and battles of the Civil War.

10   Thanks to Robert Zeithamer for a copy of one of these photographs.

»Spirit of Loyalty« in *The Pageant of Wilmington*, NC in 1921 ended on prosperous visions for the future of the South (ibid. 252 f.).

Old Unionists at the same time were already struggling for recognition, judging by some movie material: Paul C. Spehr (1961), lists as Nr. 392 of his *The Civil War in Motion Pictures* on p. 53 a 1913 Vitagraph production called »The Only Veteran in Town«, in which »The G.A.R. veteran's children realize his value when he is honoured by the whole community.« In the 1920s, the tone got rougher – film Nr. 380 (51) is entitled »The Old Fool« (dir. Edward D. Venturini, 1923). The summary of this movie – »Rejected by his son, the old veteran finds a home with his grandson« – points to the third generation taking over the veterans' legacy, but also to an increasing loss of memory. It should not come as a surprise, then, that the 1930s and 40s forms of Civil War reenactments receded almost completely to the South[11] in the form of parades, balls & banquets at military institutes, and debutante events organised by the *United Daughters of the Confederacy* and like-minded groups. But reenacting the war in one form or another never fully disappeared – the touch zones in the form of localities, memorial events, and continued veteran presence remained more visible than anywhere else in the nation (except Gettysburg), stressing the formative importance of ›the Waw‹, and introducing coming generations to the practice of ancestorworship. At the next peak moment in 1937 and 1938, the third generation was called on to perform, with the remnants of the original first, and now the second generation also looking on. The 75th anniversaries of the battles of Antietam and Gettysburg were used to bring on the last of the blue and the gray: this time, having participated in the original battles was not a requirement. Of the estimated 8,000 war veterans still alive, 1,845 were brought to Gettysburg on special trains (McLaughin 1963, 222–224). There was a parade and demonstrations by the modern U.S. Army, and the widening gap between the old men and the young is noted in all accounts of the events – a large contingent of boys scouts had been deployed to take care of the old men (ibid.).

What is more important for my argument in this paper is that the 75th anniversary celebrations saw the separation of the veterans' celebrations and the public spectacle of reenactments: as Gordon Jones has noted, there were large-scale reenactments of Manassas (on July 21, 1936, with 1,500 U.S. Army and Marines, and more than 30,000 spectators), Antietam (Sept. 17, 1937: 2,000 National Guardsmen of the Blue & Gray Division, more than 25,000 spectators),

---

11 There were exceptions: »An American Indian Revue in Three Periods, 1776, 1863 and 1918« from 1925 included »the chorus in Union Army costumes« doing – of all possibilities – »a Virginia reel.« *New York Variety*, Jan. 21, 1925, qtd. in Philipps/Nicks (2010, 168).

and Chickamauga (Sept. 19, 1938: 700 soldiers). A centre for these reenactments was again Petersburg, where the 1903 reenactment had started the new era, and where in 1932 the dedication of a part of the National Battlefield Park was celebrated with a reenactment as well. On April 30, 1937, some 2,500 troops – U.S. Marines, the V.M.I. cadets and the Virginia National Guard (but again no Africamerican participants[12]) were joined by a detachment from the »111th Field Artillery Regiment with eight World War I-era French 75mm guns« (Jones 2007, 65). Still, little or no attempt was made to provide as much as a semblance of the original looks. The link was primarily spiritual:

> The goal was nothing less than the reproduction of historical ›truth‹ – but mainly in the form of troop movements. Beyond that, certain other (and more visible) truths had to be conveniently discounted. Forgetting that the participants' uniforms bore only slight resemblance to those of Union and Confederate soldiers, or that they were using modern weapons (though supposedly going through the ›laborious motions‹ of loading a muzzle-loading gun) [...] historical authority could only go so far. But just as there was no attempt to disguise the participants in these reenactments as anything but present-day soldiers, there was also little or no openly-acknowledged time of culture differences [sic] between the soldiers of the 1930s and the soldiers of the 1860s. The message was clear: the martial spirit of the (white) soldiers was essentially the same. (Jones 2007, 66)

This is exactly the point. As long as authenticity was immaterial, and depended on a mental identification at least as much as on physical posture, and as long as there was still the guaranteed blessing of the veterans, reenactments could afford to play lightly on the material side. Consequently, as four old men in the Virginia soldiers' home were brought out for the 1937 reenactment of the Crater, other survivors in Atlanta were wheeled to the premiere of David O. Selznick's rendition of Margaret Mitchell's »Gone with the Wind« (1939) – and the Antietam program showed that the old gentlemen were quite happy with the attention, in which both sides could be winners again (fig. 2).

The all-time low in Civil War reenactments in the 1940s is certainly attributable to the experience of World War II. The ›Blue & Gray‹ 29th U.S. Infantry Division, made up from units whose Civil War ancestors fought on different

---

12 The only attempt at reenacting the Africamerican soldier before the 1950s appears to have been in W.E.B. Du Bois *The Star of Ethiopia* where »black Union soldiers stride on stage« in one of the scenes to the tune of »Marching through Georgia« (Glassberg 1990, 133) – an ironic choice since no U.S. Colored Troops Units participated in the breakthrough of William T. Sherman's Army of the Tennessee to the sea.

Fig. 2 Antietam Program – Courtesy of Gordon L. Jones Collection.

sides, suffered heavy losses on the Normandy beaches – the real war consumed all energies available.

Following Word War II, the practice of having military units stage Civil War sham battles was discontinued, and with the last meetings of the G.A.R. in 1949 and the U.C.V. (*United Confederate Veterans*) in 1951,[13] the war seemed to be over for good. However, by the early 1950s the first throes of the coming centennial began to make themselves felt. Publishers and film production companies started to develop marketing strategies and establish product lines. In keeping with the beginning post-modern period, however, individuals and groups also formed into small interpretive communities and appropriated significant parts of the history for themselves rather than relying on what was being taught in schools, or published in books and magazines. Master narratives for these groups were provided by charismatic individuals like Gerry Rolph (Rolph/Clark 1961). Their resources were veterans' memoirs, newspapers like the *Confederate Veteran* and the stories told by participants in earlier reenactments (Kimmel 1999). TV culture and Civil War movies contributed *ex negativo* to the movement which sought to authentificate historical presence through accuracy in the reproduction – with no more veterans around, the touch zone moved to the object level. Not

---

13 The U.C.V. seemed to have won the war on this count – had not all three veterans in attendance been inventions of their own, or others', imagination (Marvel 1997, 39).

quite coincidentally, in 1949, the year of the last annual meeting of the G.A.R., a member of a rod and gun club wearing a Union cap and cartridge box to go with his Springfield rifle musket was depicted in *Muzzle Blasts* magazine (Jones 2007, 74). Commemorative stamps on the occasions of the ›Last Meetings of the Blue & Gray‹, showing a gray-bearded man and behind him, a beardless youth, can be read to signal the same transition: many of the early reenactors Ross Kimmel writes about in his »Recollections« were fourth generation, with Civil War great-grandfathers and/or -uncles (Kimmel 1999, 34). The *North-South Skirmish Association* (N.S.S.A.), grandparent of all Civil War reenactors' organisations, formed out of muzzleloading *aficionados* who would meet for shooting competitions and who seem to have adopted, gradually at first, the authentificating mode of decking themselves out in what at first was a smattering of original parts among jeans and work shirts, and then gradually ›authentic‹ reproductions (Hall 1994, 9; Cash 2003, 8–11; fig. 3). A battle reenactment at Gettysburg on July 5th, 1959, brought together ca. 300 members of the N.S.S.A. and some 5,000 visitors; other small engagements followed in rapid succession (see Scott 1954, 18 f.; Kimmel 1999, 35).

The contemporaneity of these early post-modern reenactors to the hippies was no coincidence: there is the typically 1960s search for truth and authenticity of experience – by different means, obviously, but nonetheless similar. Furthermore, reenactments are an indication of how democratisation works, of how people can take history into their own hands. That the intent is not necessarily progressive does not play a role as much as the citizen scholar impulse, which deserves respect. And finally: reenactments are a performative theatrical technique aiming at creating a ›real‹ experience (Schieffelin 1985, 709 f.) – the term ›living history‹ may be oxymoronic, but the fact that the first modern reenactment groups used the term for themselves already, and that Jay Anderson (1982, 290–306) also used it in his seminal 1982 article on the subject, signal the attempt to link the present to its antecedent as an experiential space, a re-performed time.

The proliferation of Civil War reenacting to the size the hobby reached in the late 1990s signals the attractiveness of this theatrical experientiality: 125th Gettysburg had been thought to be the grandest-scale reenactment ever, but the 135th anniversary topped it in sheer numbers when Pickett's Charge on July 3rd was actually recreated on a one-on-one basis with 23,000 participants (see Heidorf 1990; Jones 2007, 193). This moment marked the high tide of Civil War reenacting.

Given the prominence of the Confederate side of re-enactive commemoration, it is no surprise that their representation among reenactors continues to outnumber that of Union soldiers, that even youths who had Union ancestors

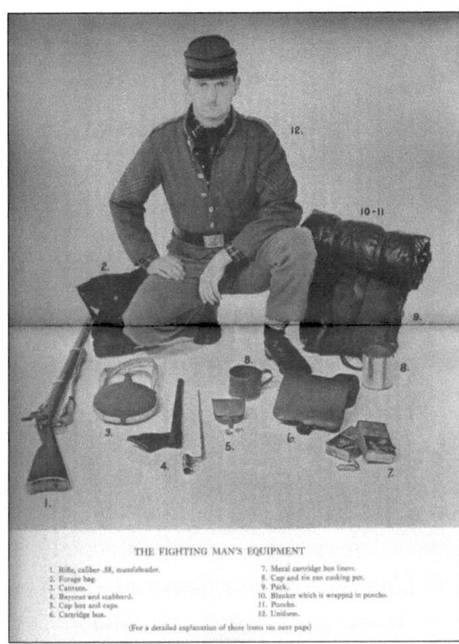

Fig. 3   From Rolph/Clark 1961 –
Author's Collection.

(like Ross Kimmel and John Cash) would wind up with Confederate reenactment outfits, or that they would attract children of immigrants who had settled in the U.S. after the war. This final step took the reenactment of the Civil War beyond the boundaries of ancestral memory and generational heritage. In keeping with the pro-Confederate list of the reenactment scene, the »generic battles« (Jones 2007, 20) in the fifth and sixth generation of the continuing Civil War are often revisions of the eventual military outcome of the war.

> Today the stone wall at Gettysburg remains an emotional focal point of Civil War memory for reenactors, especially Confederates. Individually or in small groups […] many still re-trace the mile-long route of Pickett's charge to the High Water Mark, climaxed by a ceremonial step (or leap) onto and across the stone wall. In 1998, while I was shooting some videotape in the area during the nearby reenactment, a lone ›Confederate‹ tramped over the wall, and with obvious satisfaction and feeling, remarked to me: ›We made it this time.‹. (Jones 2007, 40)

»Making it this time« was an incentive from the start. From the 1980s onwards, Civil War reenacting has become a veritable *Hildebrandslied* in which the combatants rise again every five years to start over. The scenario is reminiscent not only of Barry Benson's memoir, but of Faulkner's famous passage in *Intruder in the Dust*:

> For every Southern boy fourteen years old, not once but whenever he wants it, there is the instant when it's still not yet two o'clock on that July afternoon in 1863, the brigades are in position behind the rail [...] It hasn't happened yet, it hasn't even begun yet, it not only hasn't begun yet but there is still time for it not to begin against position and those circumstances which made more men than Garnett and Kemper and Armistead and Wilcox look grave yet it's going to begin, we all know that, we have come too far with too much at stake and that moment doesn't need even a fourteen-year-old boy to think this time. Maybe this time with all this much to lose and all this much to gain [...]. (Faulkner 1972, 194)

At the same time, one result of the obliteration of the memory of the Africamerican participation for more than a century is that there are to this day only a few *U.S. Colored Troops* reenactors. Yet while their numbers have been increasing over the last twenty years since the release of the movie *Glory*, overall participation is on the decline, with a sixth generation of American Civil War ›veterans‹ just coming out of the 150th anniversary events: the shift from the postmodern to the virtual modern has resulted in a turn from history to fantasy and from the Civil War to the *World of Warcraft*. By comparison, the pro-confederate leanings of many reenactors were a less serious problem.

Conclusion

Notably in the former Confederate South, the ending of the Civil War and its political reversal in the decades following the military defeat were key factors in the formation of a strongly revisionist impulse. One form in which this revisionist impulse was enacted was the (re-)staging of events which at first portrayed both sides as winners, and which ultimately turned the numerical and ideological odds against the Union in the post-modern reenactments. By remaining available in a touch zone that was handed on to ever-younger generations, the original veterans remained ›forever young‹ as elements of a usable past.

Civil War reenacting can serve as a showcase for how events in the modern period with its insistence on individual memory and agency can trigger a sequence not just of rewritings of history, but of theatrical re-stagings. Initially, these re-stagings were performed by the original participants who authentificated them through their continued presence. Later performances were organised by military and civilian authorities using veterans to lend authority to the re-writings of history. With the demise of the last veterans, which coincided with the shift from the modern to the post-modern cultural phase, the rewriting of history as live performance was taken over by non-officials and often self-trained and self-appointed specialists. Their taking over signals a process of democratisation encompassing the political sphere as well as cultures of knowledge, yet it also signals a spatialisation of history to a point where time disappears in a succession of reenactment scenarios, one of which just might have been the original event.

References

Anderson 1982: Jay Anderson, Simulating Everyday Life in Living History Museums. American Quarterly 34/3, 1982, 290–306.

Assmann 1992: Jan Assmann. Das kulturelle Gedächtnis: Schrift, Erinnerung und politische Identität in frühen Hochkulturen. München: C. H. Beck 1992.

Benson 1963: Berry Benson. Berry Benson's Civil War Book: Memoirs of a Confederate Scout and Sharpshooter. Edited by Susan Williams Benson. Athens: University of Georgia Press 1963.

Brockett/Brockett 1955: Oscar G. Brockett/Lenyth Brockett, Civil War Theatre: Contemporary Treatments. Civil War History 1/3, 1955, 229–250.

Cash 2003: John Cash, Borrowed Time: Reenacting the American Civil War in Indiana. PhD. Diss, University of Indiana 2003.

Cullen 1995: Jim Cullen, The Civil War in Popular Culture. Washington: Smithsonian 1995.

Cullen 1978: Rosemary Cullen, A Checklist of American Civil War Drama: Beginnings to 1900. Performing Arts Resources 12, 1987, 135–155.

Davies 1955: Wallace E. Davies, Patriotism on Parade: The Story of Veterans' and Hereditary Organizations in America 1783–1900. Cambridge: Harvard University Press 1955.

De Forest 1966: John W. De Forest, A Volunteer's Adventures: A Union Captain's Record of the Civil War. Edited by James H. Croushore. Baton Rouge: Louisiana State University Press 1966. [First Edition 1948.]

Faulkner 1972: William Faulkner, Intruder in the Dust. New York: Vintage 1972. [First Edition 1948.]

Frantz 2011: Edward O. Frantz, The Door of Hope: Republican Presidents and the First Southern Strategy, 1877–1933. Gainesville: University Press of Florida 2011.

Glassberg 1990: David Glassberg. American Historical Pageantry: The Uses of Tradition in the Early Twentieth Century. Chapel Hill: University of North Carolina Press 1990.

Hall 1994: Dennis Hall, Civil War Reenactors and the Postmodern Sense of History. Journal of American Culture 17/3, 1994, 7–11.

Heidorf 1990: Christian J. Heidorf, Gettysburg: The 125th Anniversary – What They Did Here, 1863–1988. Gansevoort, NY: Harlow & Taylor 1990.

Hochbruck 2008: Wolfgang Hochbruck, Relikte, Reliquien und Replikate: Der Umgang mit historischen Objekten im Geschichtstheater. Historische Anthropologie 1/3, 2008, 138–153.

Hochbruck 2011: Wolfgang Hochbruck, Die Geschöpfe des Epimetheus: Veteranen, Erinnerung, Kulturindustrie und die Reproduktion des amerikanischen Bürgerkriegs. Trier: WVT 2011.

Hochbruck 2013: Wolfgang Hochbruck, Geschichtstheater: Formen der Living History. Eine Typologie. Historische Lebenswelten in populären Wissenskulturen 10. Bielefeld: transcript 2013.

Holzer/Neely 1993: Harold Holzer/Mark Neely Jr., Mine Eyes Have Seen the Glory: The Civil War in Art. New York: Orion 1993.

Huyssen 2003: Andreas Huyssen, Present Pasts: Urban Palimpsests and the Politics of Memory. Stanford: Stanford University Press 2003.

Jones 2007: Gordon L. Jones, ›Gut History‹: Civil War Reenacting and the Making of an American Past. PhD. Diss., Emory University 2007.

Kimmel 1999 ff.: Ross Kimmel, Confessions of a Blackhat: Recollections as a Skirmisher During the Civil War Centennial. Camp Chase Gazette 26/8, 1999, 34–42; 26/9, 1999, 50–54; 26/10, 1999, 38–49; 27/1, 1999, 44–48; 27/2, 1999, 48–54; 27/4, 2000, 50–58; 27/5, 2000, 50–56; 27/6, 2000, 50–55; 27/7, 2000, 54–57.

Koszarski 1990: Richard Koszarski, An Evening's Entertainment: The Age of the Silent Feature Picture 1915–1928. New York/Toronto: Scribner's [The History of American Cinema 3] 1990.

Marvel 1997: William Marvel, Old Soldiers Never Lie: Growing up with the Legends of the Civil War. Civil War 62, 1997, 38–41.

McConnell 1992: Stuart McConnell, Glorious Contentment: The Grand Army of the Republic, 1865–1900. Chapel Hill/London: University of North Carolina Press 1992.

McLaughlin 1963: Jack McLaughlin, Gettysburg: The Long Encampment. The Battle, the Men, the Memories. New York: Bonanza Books 1963.

Moyer 1988: Anna J. Moyer, Tenting Tonight, Boys! Gettysburg, 1938 – Last Reunion of the Blue & Gray. Blue & Gray Magazine 5/6, 1988, 45–49.

Murphy 1987: Richard W. Murphy, The Nation Reunited: War's Aftermath. Alexandria, VA: Time-Life Books 1987.

Otto 2011: Ulf Otto, Die Macht der Toten als das Leben der Bilder: Praktiken des Reenactments in Kunst und Kultur. In: Jens Roselt/Christel Weiler (Eds.), Schauspielen heute: Die Bildungen des Menschen in den performativen Künsten. Theater 15. Bielefeld: transcript 2011, 185–201.

Philipps/Nicks 2010: Ruth B. Philipps/Trudy Nicks, ›From Wigwam to White Lights‹: Popular Culture, Politics, and the Performance of Native North American Identity in the Era of Assimilationism. In: Iain McCalman/Paul A. Pickering (Eds.), Historical Reenactment: From Realism to the Affective Turn. Basingstoke: Palgrave Macmillan 2010, 159–179.

Read 1994: Thomas B. Read, Sheridan's Ride. In: Richard Marius (Ed.), The Columbia Book of Civil War Poetry: From Whitman to Walcott. New York: Columbia University Press 1994, 184.

Rolph/Clark 1961: Gerry V. Rolph/Noel Clark, The Civil War Soldier. Washington: Historical Impressions Inc. 1961.

Scales 1916: Dabney M. Scales, Veterans in Uniform. Confederate Veteran 24/12, 1916, 569.

Schieffelin 1985: Edward L. Schieffelin, Performance and the Cultural Construction of Reality. American Ethnologist 12, 1985, 707–724.

Scott 1954: Burgess H. Scott, North-South Rifle Reunion. Ford Times 46/4, 1954, 18–23.

Spehr 1961: Paul C. Spehr, The Civil War in Motion Pictures: A Bibliography of Films Produced in the United States since 1897. Washington: Library of Congress 1961.

Suderow 1997: Bryce A. Suderow, The Battle of the Crater: The Civil War's Worst Massacre. Civil War History 43/3, 1997, 219–224.

Swanson/Lejeune 1999: Craig Swanson/John A. Lejeune, Sports, Movies, and Reenactments. Journal of America's Military Past 25/3, 1999, 52–59.

Theodore 1972: Terry Theodore, The Civil War on the New York Stage from 1861–1900: Part II Civil War Drama 1861–1865. Lincoln Herald 74, 1972, 203–211.

Theodore 1973: Terry Theodore, The Civil War on the New York Stage from 1861–1900: Part III Civil War Drama 1865–1877. Lincoln Herald 75, 1973, 29–34.

Urwin 2004: Gregory J. W. Urwin (Ed.), Black Flag Over Dixie: Racial Atrocities in the Civil War. Carbondale: Southern Illinois University Press 2004.

Wensyel 1993: James W. Wensyel, Return to Gettysburg. American History Illustrated 28/3, 1993, 41–51.

Wilson 1985: Christopher K. Wilson, Winslow Homer's The Veteran in a New Field: A Study of the Harvest Metaphor and Popular Culture. The American Art Journal 17/4, 1985, 3–27.

Zuczek 1996: Richard Zuczek, The Last Campaign of the Civil War: South Carolina and the Revolution of 1876. Civil War History 42/1, 1996, 18–31.

Filmography (chronological order)

»In Old Kentucky«. Dir.: David W. Griffith. USA 1909. [Civil War Cinema. A Collection of Early 20th Century Silent Civil War Epic Films, Vol. 3, Video prod. William B. Styple, Kearny NJ: Belle Grove 1990.]

»All Is Fair in Love and War«. Capitol Company, USA 1910. [Performer: John S. Mosby.]

»The Only Veteran in Town«. Dir.: Charles Kent. USA 1913.

»Birth of a Nation«. Dir.: David W. Griffith. USA 1915.

»The Old Fool«. Dir.: Edward D. Venturini. USA 1923.

»Gone with the Wind«. Prod.: David O. Selznick. USA 1939.

»Two Flags West«. Dir.: Robert Wise. USA 1950.

»The Civil War«. Dir.: Ken Burns/Geoffrey Ward. USA 1991. [PBS Video.]

Georg Koch

Vom Fund zur Figur

Motive zur Inszenierung lebendiger Urgeschichte vom Weimarer Kino bis zum Doku-Drama

Abstract

Living history cannot only be found in open-air museums, at historical sites and events. We also see staged history on television. There, actors present a sometimes more, sometimes less emotional and dramatic version of the past. Especially prehistory is shown in more and more elaborate and spectacular so-called ›reenactments‹. It seems to be common sense that the staged past in television is due to growing pressure in the overall media market. But to explain the increase in living history placed even in documentary formats only because of the struggle between public and private television service is not enough. A view into the history of archaeological scholarship and its relation to the public also shows that developments inside the discipline influenced the representation of the farthest human past in television.

Especially in the beginning of the 20th century in Germany, prehistory was staged with an immanent national and ideological subtext. After the Second World War, German archaeologists avoided appearing on television due to their experience of political (self-)instrumentalisation during National Socialism. In contrast, British prehistory on television found its place in entertaining formats, staged by the BBC and some extroverted British archaeologists. With the diffusion of the experience society (*Erlebnisgesellschaft*; Schulze 2005), it seems the television prehistory became more and more an expression for the needs of an affluent society. Prehistory now provides a source for the search for the meaning of life and sensory experience.

In this article I show that the realisation and visualisation of prehistory not only depends on economic, but also on scientific, social and individual reasons. Therefore, I provide a brief tour through nearly 100 years of archaeological science and televised prehistory.

Reenactments als medial vermittelte Living History

Unter dem Begriff ›Living History‹ wird zumeist die Darstellung historischer Lebenswelten durch Reenactors und Archäotechnikerinnen und -techniker verstanden, die unter anderem in Freilichtmuseen oder auf historischen Events nach historischem Vorbild rekonstruierte Kleidung, Alltagsgegenstände und Militaria präsentieren. Darüber hinaus stellen die *Interpreter*, wie sich die Aktiven mitunter selbst bezeichnen, historisches Handwerk und historische Techniken vor (Hochbruck 2013, 43). Eine besondere Form der Living History, bei der die Akteurinnen und Akteure keinen unmittelbaren Kontakt zum Publikum haben, ist die Inszenierung der Vergangenheit im Fernsehen. Dies geschieht in Form von Schauspielszenen – sogenannten ›Reenactments‹. Diese gehören mittlerweile zum festen Repertoire historischer Dokumentationen und finden sich darin gleichberechtigt neben *Talking Heads*, seien es nun Zeitzeuginnen und Zeitzeugen oder Wissenschaftlerinnen und Wissenschaftler, zeitgenössischen Ton- und Bildaufnahmen, Animationen, Karten und Aufnahmen von historischen Stätten.

Besonders beliebt sind Reenactments für die Darstellung der Ur- und Frühgeschichte. Das verwundert nur wenig, denn die fragmentarische Quellenlage der Ur- Frühgeschichte stellt eine besondere Herausforderung für das Fernsehen dar. Aussagen über soziale und kulturelle Gewohnheiten, Strukturen oder Mentalitäten, in denen Emotionen evoziert werden können, lassen sich anhand der archäologischen Quellenbasis kaum hinreichend darstellen. So werden große Anforderungen an das Vorstellungsvermögen des Zuschauenden gestellt, die oder der aus zumeist fragmentarischen Funden Vorstellungen von vergangenen Gesellschaften und Lebensweisen entwickeln soll. Reenactments bedienen die insbesondere durch den Film geprägten Sehgewohnheiten des Publikums. In ihnen wird der archäologische Fund sozusagen zur ›liebenden‹ und ›leidenden‹ Figur, die den Zuschauerinnen und Zuschauern eine Identifikation ermöglicht.

Das am weitesten verbreitete Argument um den zunehmenden Einsatz von Reenactments im Dokumentarfernsehen zu erklären, ist der Quotendruck, der wiederum auf die Konkurrenz zu den privatwirtschaftlichen Fernsehsendern und die zunehmende Kommerzialisierung des Fernsehens zurückgeführt wird (Barricelli/Hornig 2008, 8). Tatsächlich ist dieser Einfluss auf die Darstellung der Ur- und Frühgeschichte im öffentlich-rechtlichen Fernsehen nicht zu vernachlässigen. Ein Blick in die Geschichte des Verhältnisses von Prähistorischer Archäologie und Öffentlichkeit offenbart jedoch, dass diese Erklärung allein nicht ausreicht.

Ur- und Frühgeschichte als Ideologie – der deutsche Film bis 1945

Unter Berücksichtigung der Entwicklung der sowohl von Medien- als auch von Wissenschaftsakteurinnen und -akteuren betriebenen Wissenschaftspopularisierung im 20. Jahrhundert wird deutlich, dass der inflationäre Einsatz von

Reenactments in urgeschichtlichen Dokumentationen ebenso auf Entwicklungen innerhalb der Ur- und Frühgeschichte und ihres Verhältnisses zur Öffentlichkeit zurückzuführen ist. Besonders eindrücklich zeigt sich dies anhand der ab 1921 entstanden Filmproduktionen des Urgeschichtlichen Forschungsinstituts Tübingen (UFI), das von den Prähistorikern Robert Rudolf Schmidt (1882–1950) und Hans Reinerth (1900–1990) geleitet wurde. Diese entstanden weniger aus einem konkurrenzbedingten Zwang heraus, als dass damit gleichermaßen ökonomische, wissenschaftliche und politische Interessen verfolgt wurden (siehe Strobel 1999).

Im Auftrag von Schmidt und Reinerth wurden die ersten Filme mit archäologischem Inhalt produziert, in denen urgeschichtliche Menschen durch Schauspielerinnen und Schauspieler dargestellt und ihr angenommener Lebensalltag in Szene gesetzt wurde. In enger Zusammenarbeit mit Filmemachern legten Schmidt und Reinerth den Grundstein für das Genre des Rekonstruktionsfilms (Stern 1994, 11). Dieser versuchte, jenseits des Spielfilms, ausgehend vom archäologischen Befund, als ›Fenster zur Vergangenheit‹, Geschichte möglichst plastisch darzustellen. Die weiteste Verbreitung erfuhren die Bilder der Ur- und Frühgeschichte in dem abendfüllenden Kulturfilm »Natur und Liebe« (D 1926/27), den die Kulturfilmabteilung der UFA produzierte und der in Berlin unter großem Medienecho uraufgeführt wurde. Der Film zeigt in 45 Minuten die Entwicklung des Lebens vom ersten Einzeller bis zu den jungsteinzeitlichen Pfahlbaumenschen, wobei unter anderem Aufnahmen aus den Filmen des UFI Verwendung fanden. Im *Illustrierten Filmkurier* wurden die »immer fesselnden, zum Teil wundervollen Bilder [gelobt], die durch ihre Anschaulichkeit und Lebendigkeit belehren ohne zu langweilen«.[1] Daneben stellte die *Filmkritische Rundschau* heraus, dass »der wertvollste Bestandteil des Filmes […] in dem Umstand [liegt], dass er einem sehr breiten Publikum die Ergebnisse der Vorgeschichtsforschung näherbringt«.[2] Der Filmkritiker kommt zu dem Schluss: »Hier werden in plastischen Bildern die neuesten Ergebnisse der Forschung mitgeteilt – Der Film fand daher verdienten großen Erfolg«. Neben der Funktion, die damals noch junge und sich gerade an den Universitäten etablierende Ur- und Frühgeschichtswissenschaft, ihre Ergebnisse und Methoden öffentlich bekannt zu machen, dokumentierten die Filmaufnahmen die Grabungsarbeiten und stellten neben Grabungsskizzen und -fotografien eine weitere innovative Möglichkeit dar, die Anordnung von Funden am Fundort zu belegen und in die Analyse einzubeziehen. Gleichzeitig stellten die Filme öffentlichkeitswirksame Werbe-

---

1 Bundesarchiv/Filmarchiv, Sig. 12113, Illustrierter Filmkurier 1927, Sonderheft »Natur und Liebe«.
2 Bundesarchiv/Filmarchiv, Sig. 12113, Filmkritische Rundschau 1928, 21.

mittel dar, die auf Freilichtmuseen und öffentliche Ausgrabungen aufmerksam machten, an denen das UFI beteiligt war.

Schließlich präsentierten die Filme eine stark romantisierte Version der Vergangenheit als rückwärtsgewandte Utopie. Dabei fügte sich ein alles andere als barbarisches Bild zusammen, welches beispielsweise in den Spielfilmen »Man's Genesis« (USA 1912) oder »Brute Force« (USA 1914) des US-amerikanischen Filmpioniers David W. Griffith gezeichnet wurde. Vielmehr können die UFI-Darstellungen der Pfahlbaumenschen als Gegenentwurf zu den bis dahin tradierten Klischees, des primitiven Naturvolks und seines Überlebenskampfes, mitunter gegen vollkommen ahistorisch platzierte Dinosaurier, gesehen werden. Sie standen in der Tradition der vaterländisch-völkischen Vorgeschichtsforschung, die zu Beginn des 20. Jahrhunderts von einem ihrer führenden Vertreter, Gustaf Kossinna (1858–1931), als »Hervorragend nationale Wissenschaft« (Kossinna 1912) tituliert wurde. Die Filme waren als wissenschaftlich gestützte Lehr- und Bildungsmedien angelegt, in denen ein ›frühes Kulturvolk‹ von ›Ur-Germanen‹ präsentiert wurde, das in einer Kontinuitätslinie zur modernen Staatsnation stehe (Rahemipour 2011, 189). Ebenso wie zahlreiche archäologische Veröffentlichungen, die sich im 19. und frühen 20. Jahrhundert dezidiert auch an ein nichtwissenschaftliches Publikum richteten, stärkten die Filme ein wachsendes völkisches Selbstwertgefühl und konstruierten in anschaulichen Bildern ein ›uraltes Germanentum‹ als ideologische Grundlage der Nationalidentität. Die Filme geben damit Auskunft über die Befindlichkeit sowohl der Produzierenden als auch des adressierten Publikums, die von großer Unsicherheit, den traumatisierenden Erfahrungen des Ersten Weltkriegs und den politischen Wirren der Weimarer Republik geprägt waren (Strobel 1999, 96). Die Inszenierung spiegelt das gesellschaftliche Bedürfnis nach Identität, Sicherheit und Geborgenheit und propagierte dabei das Ideal einer solidarischen Gemeinschaft mit festen Strukturen und klar verteilten Rollen und Aufgaben, die zur Grundlage der Harmonie in der Gruppe stilisiert wurden.

Anknüpfend an diese gleichwohl beliebten wie breitenwirksamen Bilder, deren politisch-ideologische Deutung sowie deren wissenschaftliche Legitimation, wurde die Ur- und Frühgeschichte im nationalsozialistischen Deutschland zu einer der staatlich meist geförderten »Weltanschauungswissenschaften« (Haßmann 2002, 108). Die Inszenierungsstrategien, die in den Filmen der 1920er Jahre eingeübt wurden, fanden schließlich auch Einzug in nationalsozialistische Propagandafilme. So deuten bereits Titel wie »Wir wandern mit den Ostgermanen« (D 1933), »Ewiger Wald« (D 1936) oder »Deutsche Vergangenheit wird lebendig« (D 1937) auf politisch gefärbte Inhalte hin, die eine ideologisch geprägte Entwicklungsgeschichte des ›Deutschen Volkes‹ nachzeichneten, die auch auf anschauliche Rekonstruktionsszenen zurückgriff (siehe Stern 2002; Sénécheau/ Samida 2015, 105 f.).

Das ›Reinerth-Syndrom‹ im Fernsehen der frühen Bundesrepublik

Nach 1945 bemühten sich die Prähistorikerinnen und Prähistoriker ihr Fach von jedweder Ideologie und jedweder politischen Indoktrination fern zu halten (Wolfram 2000, 181). Die Suche nach nationalen oder völkischen Ursprüngen als zentrales Forschungsinteresse war nicht mehr opportun. Selbst die scheinbar neutralere Frage nach ›unseren Vorfahren‹ stellte sich die Ur- und Frühgeschichtswissenschaft nicht mehr. Die alten Begrifflichkeiten und Fragestellungen waren nicht mehr zu gebrauchen, nach neuen wurde nicht systematisch Ausschau gehalten. Frei von jedweder Ideologie zu sein, wurde zur neuen Ideologie in der Prähistorischen Archäologie. Damit setzte nach 1945 eine Epoche des wissenschaftlichen Positivismus ein. Die Fokussierung auf rein antiquarische und deskriptive Ansätze war politisch unverfänglich und garantierte, nicht wieder in den Sog irgendeiner Weltanschauung zu geraten. Günter Smolla (1980) attestierte der Ur- und Frühgeschichtswissenschaft der Nachkriegszeit ein ›Kossinna-Syndrom‹ und erklärte damit die nationalistisch geprägte Auffassung Gustaf Kossinnas im ausgehenden 19. und frühen 20. Jahrhundert zum Ausgangspunkt jeder ideologischen Verstrickung.

Damit einher ging eine konsequente Rekonstruktions- und Bilderfeindlichkeit, die als reaktionärer Gegenentwurf zu der intensiv betriebenen Wissenschaftspopularisierung im ›Dritten Reich‹ verstanden werden kann (Haßmann 2002). Diese äußerte sich insbesondere in einer Abgrenzung von der außerwissenschaftlichen Darstellung, vor allem in den Massenmedien. Diesen Rückzug der akademischen Prähistorischen Archäologie aus der Öffentlichkeit in ein »Schneckenhaus [...] materialorientierter ›Selbstgenügsamkeit‹« (Strobel 1999, 65), könnte man in Anlehnung an das ›Kossinna-Syndrom‹ als ›Reinerth-Syndrom‹ bezeichnen. Denn die Prähistorikerinnen und Prähistoriker erkannten in Hans Reinerth, dem ehemaligen Leiter der »Abteilung Vorgeschichte« im *Amt Rosenberg* und damit einem der einflussreichsten Vertreter der Ur- und Frühgeschichtsforschung zur Zeit des Nationalsozialismus in Deutschland (siehe Schöbel 2002), den Alleinschuldigen gleichwohl für die massenhafte Verbreitung sowie die ideologische Verstrickung der Ur- und Frühgeschichte. Das Fach schloss Reinerth 1949 in einem Akt der Selbstreinigung aus der archäologischen Forschung aus und suchte Zuflucht in augenscheinlich ideologiefreien Typologien und Chronologien (ebd. 321).

Ebenso wurde die Ur- und Frühgeschichte im westdeutschen Fernsehen zumeist als berichtende und weniger als deutende Ausgrabungs- oder Museumsreportage wiedergegeben, die dem Anspruch nachkam, politisch unbeeinflusst und wissenschaftlich korrekt zu sein (Rahemipour 2008, 339). Inhaltlich ging es um ausgewählte Einzelobjekte und archäologische Methoden, wobei eine visuelle Inszenierung der Vergangenheit gemieden wurde und Reenactments grundsätzlich verschwanden. So kamen die öffentlich-rechtlichen Sender ihrem gesetzlichen Bildungs- und Kulturauftrag und die Wissenschaft ihrer Legitimation als steuerfinanziertes Allgemeingut entgegen. Darüber hinaus waren sie nicht gezwungen, die ideologische Verflechtung der Prähistorischen Archäologie im Nationalsozialismus zu reflektieren.

Ur- und Frühgeschichte aus Leidenschaft – Archäologie im Programm der BBC

Ganz anders gestaltete sich der Zugang zur Ur- und Frühgeschichte im britischen Fernsehen. Hier wurden prähistorische Themen zum Inhalt einer sehr erfolgreichen Quizsendung und eines ebenso beliebten Wissenschaftsmagazins. Diese populäre Art der Archäologiedarstellung wird gerne darauf zurückgeführt, dass das Monopol der BBC bereits 1955 mit dem Sendestart des privatwirtschaftlichen Senderkollektivs ITV gebrochen wurde. Diese Deutung ist nachvollziehbar, erweist sich jedoch bei genauerer Betrachtung als Trugschluss. Viel eher muss der Einfluss der britischen Wissenschaftskultur mitbedacht werden.

In der britischen Ur- und Frühgeschichtsforschung vollzog sich bereits in den 1920er Jahren ein Paradigmenwechsel, der in einem »kulturhistorischen Funktionalismus« mündete (Veit 1997, 32). Dieser fragte nach den urgeschichtlichen Lebenswelten, gegenüber einem bis dahin vertretenen »viktorianischen Formalismus und Objektfetischismus« (ebd.). Nach 1945 war der renommierte Cambridge-Archäologe Glyn Daniel (1914–1986) eine zentrale Figur dieses Diskurses. Daniel ging es in seiner archäologischen Forschung um das ›historisches Verstehen‹ und die ›Einfühlung‹ in vergangene Verhältnisse (ebd. 33). Daneben vertrat er die Überzeugung, dass Archäologie Spaß machen solle. So schrieb er rückblickend in *The Origins and Growth of Archaeology*:

> [...] to write history is also to appreciate and enjoy the past. [...] The past that archaeology provides for us in the present is to be enjoyed as our common heritage, as well as tortured into typologies and transmuted into history. Through archaeology we own the pleasures of past time, as well as its historical witness. (Daniel 1967, 32)

Seine Einstellung und Auffassung von Archäologie brachten Daniel früh mit der BBC zusammen. Daniels Paradigma einer kulturhistorischen Archäologie, die auch unterhaltsam sein soll, machte ihn zum Gastgeber der populären Quizsendung »Animal, Vegetable, Mineral?« (BBC 1952–1959) (AVM). In ihr wurde Wissenschaftlerinnen und Wissenschaftlern aus der Archäologie, Kunstgeschichte und Naturkunde die Aufgabe gestellt, Objekte aus Museen und Sammlungen zu identifizieren. Zu den regelmäßigen Gästen dieser Reihe gehörte auch der Prähistoriker Mortimer Wheeler (1890–1976), der Daniel in seinem akademischen Ansehen um nichts nachstand. Wheeler und Daniel waren beim Publikum so beliebt, dass sie nacheinander 1954 und 1955 zur »TV personality of the year« gewählt wurden und ab 1954 das archäologische Wissenschaftsmagazin »Buried Treasure« (BBC 1954–1959) moderierten.

1955 bestand zwischen BBC und ITV zwar eine direkte Konkurrenzsituation, aber es waren damals lediglich knapp 190.000 Haushalte technisch dazu in der Lage, ITV zu empfangen (Crisell 1997, 87). Allein am Druck durch den Konkurrenzsender kann es somit nicht gelegen haben, dass Daniel und Wheeler in »Buried Treasure« von Anfang an – also ein Jahr vor dem Sendestart des ITV-Programms – weder den Selbstversuch noch das Experiment oder ›freizügige‹ Inszenierungen der Vergangenheit scheuten (Abb. 1). Ganz im Gegenteil hat es viel eher den Anschein, als bedeutete die zunehmende Verbreitung der privatwirtschaftlichen Konkurrenzsender ein vorübergehendes Ende der archäologischen Formate bei der BBC. Als Ende der 1950er Jahre das Programm des ITV von ebenso vielen Haushalten empfangen werden konnte, wie das der BBC, wurde

Abb. 1 Mortimer Wheeler und Glyn Daniel im Selbstversuch für »Buried Treasure: The Peat Bog Murder Mystery« vom 04. Juni 1954. © BBC. <http://www.bbc.co.uk/programmes/p018bxym/p0186696> [24.03.2015]

die Ausstrahlung von AVM und »Buried Treasure« eingestellt (Crisell 1997, 88; Turnock 2007, 31). Erst mit dem Start des dritten Programms BBC2, das Platz für leichtere Unterhaltung auf BBC1 schaffen sollte, erschien die Archäologie in den Reihen »Horizon« (BBC seit 1964) und »Chronicle« (BBC 1966–1991) wieder in den Sendeplänen der Corporation.

Für die Präsenz der Prähistorikerinnen und Prähistoriker im Fernsehen der 1950er Jahre muss folglich viel mehr deren offene Einstellung gegenüber einer populären Archäologiedarstellung mitgedacht werden. Den verantwortlichen Mediengestaltenden und ebenso den medienpräsenten Archäologinnen und Archäologen ging es auch darum, ein Themenfeld mit den Mitteln des Fernsehens bekannt zu machen, dass sie selbst begeisterte und das sie mit Leidenschaft verfolgten.

Urgeschichte[3] in der Primetime

Von den 1950er bis in die späten 1970er Jahre etablierte sich die Ur- und Frühgeschichte sowohl im deutschen als auch im britischen Vorabendprogramm. In der Bundesrepublik änderte sich über den gesamten Zeitraum an der prähistorischen Forschungspraxis oder an der Darstellung im Fernsehen wenig. Die zumeist männlichen Prähistoriker blieben sich und ihrer positivistischen Forschung und die Fernsehkameras den Prähistorikern und deren Funden treu.

Erst 1981 schaffte ein archäologisches Dokumentarformat den Sprung in die Primetime. Die siebenteilige BBC-Reihe »The Making of Mankind« (BBC 1981) wurde 1983 und 1986 auch in einer deutschen Synchronisation vom Westdeutschen Rundfunk (WDR) ausgestrahlt. Die BBC entwickelte die Reihe gemeinsam mit dem bekannten Paläoanthropologen Richard Leakey, der sich zuvor bereits aktiv an der öffentlichen Kommunikation wissenschaftlicher Erkenntnisse beteiligt hatte. Parallel zur Dokumentation erschien Leakeys gleichnamiges Buch, das die Reihe fast im Wortlaut wiedergibt und in mehreren Fachzeitschriften wohlwollend besprochen wurde (Cox 1981; Tuttle 1984).

Mit »The Making of Mankind« – so heißt es in der Eigenwerbung – hatten »Richard Leakey and the BBC […] combined their efforts to put the true picture of human evolution before a general audience for the first time« (Leakey 1981). Dieses »true picture« zeigt sich insbesondere darin, dass die BBC erstmals Reenactment-Szenen innerhalb einer archäologischen Dokumentation einsetzte

---

3   Im Folgenden stehen explizit Film- und Fernsehproduktionen zur Urgeschichte im Vordergrund, die der Frühgeschichte vorausgeht und für die lediglich materielle Hinterlassenschaften und keine parallelen Schriftüberlieferungen existieren (siehe Eggert 2006, 50–53; Eggert/Samida 2013, 13 f.).

Abb. 2 Die Aufnahmen für »The Making of Mankind« (BBC 1981) sind an die bei der BBC bereits etablierten Tierfilme angelehnt und dienen hauptsächlich der Illustration. © BBC.

(Abb. 2). Diese waren an die Bildästhetik der in der BBC etablierten Tierfilme angelehnt und erweckten so den Eindruck, Wirklichkeit darzustellen (siehe Gouyon 2011). Damit wurde in »The Making of Mankind« der urgeschichtliche Mensch zum ersten Mal in der Geschichte des modernen Dokumentarfernsehens ›wiederbelebt‹.

Bis dahin kannte man die Steinzeit vorwiegend als Setting für moderne Erzählungen aus dem Spielfilm und der leichten Unterhaltung, wie etwa bei dem prominentesten Beispiel, den Geschichten der »Familie Feuerstein« (USA 1960–66). Dieser ›Gegenwart im Fellröckchen‹ steht Stanley Kubricks Steinzeit-Darstellung in der Eröffnungssequenz von »2001: Odyssee im Weltraum« (USA 1969) entgegen. Darin wurde eine prähistorische Welt konstruiert, die im Rahmen der fiktionalen Erzählung und mit dem Blick einer dokumentarischen Kamera den Anspruch erhob, eine glaubwürdige Vergangenheit darzustellen. Ganz ähnlich versuchte eine Dekade später auch der französische Spielfilmregisseur Jean-Jacques Annaud, die Steinzeit im Kino wiederzubeleben. 1981 präsentierte er dem Kinopublikum die Lebenswelt der prähistorischen Menschen in dem bildgewaltigen Epos »Am Anfang war das Feuer« (CDN/F 1981). Der Oscar-prämierte Spielfilm wurde zum Klassiker, der in einer gegenwärtigen Werbekampagne höchst wahrscheinlich mit dem Label ›Nach einer wahren Geschichte‹

versehen worden wäre. Annaud legte großen Wert darauf, ein möglichst glaub-
würdiges Bild des Urmenschen zu zeichnen: Bei der Produktion berieten ihn
neben Paläoanthropologen auch Verhaltensforscher und Linguisten. Gemeinsam
versuchten diese mit den Schauspielerinnen und Schauspielern, prähistorische
Kommunikation und Verhalten zu rekonstruieren.

Jenseits der Spielfilm-Fantasien, hatten die Steinzeitmenschen in »The Making of Mankind« weniger erzählerischen als lediglich rein illustrativen Charakter. Die Reenactment-Sequenzen des Dokumentarfilms stellen sich als vorsich-
tiger Versuch heraus, ein rein illustratives Bild der menschlichen Vorfahren zu
zeichnen. Dieses blieb den zwangsläufig fragmentarischen, wissenschaftlichen
Erkenntnissen über soziale und kulturelle Gewohnheiten in der Urgeschichte
verpflichtet, die auf Grundlage des ethnographischen Vergleichs zumeist als vage
Annäherungen formuliert wurden. Nichtsdestotrotz brachen die Reenactments
in »The Making of Mankind« die ›lebensechten‹ Bilder aus »2001: Odyssee im
Weltraum« und »Am Anfang war das Feuer« die Skepsis gegenüber der Inszenierung der Urgeschichte und erprobten insbesondere Masken- und Schauspiel-
Techniken, die zur Grundlage heutiger Darstellungen werden sollten.

Urgeschichte als Erlebnis – Von Doku-Dramen und ›Paläo-Poesie‹

Mit derart ›realistischen‹ Reenactments folgten die Produktionen einem Trend,
der sich seit den 1960er Jahren bereits im zeitgeschichtlich orientiertem Dokumentarspiel beobachten lässt (Hißnauer 2010). Sie übertrugen die Techniken und
Darstellungskonventionen auf die Urgeschichte, so dass sich schließlich seit den
1990er Jahren die gesamte menschliche Vergangenheit in immer aufwendiger
gestalteten, dramatischen Inszenierungen wiederfindet. Im Zentrum dieser Darstellungen von Vergangenheit steht Bernd Schönemann (2001, 49 f.) zur Folge das Erlebnis, das zum vorherrschenden Leitmuster in der Geschichtskultur
geworden war. Dieser Erlebnisorientierung liegt dabei weniger ökonomischer
Druck, als viel mehr ein gesellschaftlicher Wandel zugrunde. Dieser wirkte sich
maßgeblich sowohl auf die Darstellung selbst, als auch auf die Popularität der
Urgeschichte insgesamt aus. Gerhard Schulze (2005) hat diesen gesellschaftlichen Wandel, als Transformation einer Überlebensorientierung zu einer Erlebnisorientierung beschrieben. Demnach wurde mit der Durchsetzung der westlichen
Wohlstandsgesellschaft in den 1970er Jahren, die Überlebenskrise in den voraus-
gegangenen Dekaden des Mangels zugunsten einer Sinnkrise der Konsumgesell-
schaft überwunden. Für diese gelte: »Bedroht ist nicht mehr das Leben, sondern
der Sinn« (Schulze 2005, 68). Aus dieser gesellschaftlichen Sinnkrise resultierte

eine Sinnsuche, die von Urgeschichtsdarstellungen gleich auf beiden von Schulze prominent herausgestellten Ebenen bedient wird.

(1) Urgeschichte als Sinnproduzent

Die gesellschaftliche Sinnsuche verlangt nach »stabilisierenden Handlungsstrategien« und Deutungen (Schulze 2005, 68). Sie ist Ausdruck eines Bedürfnisses nach Identität, Orientierung und Handlungsoptionen, welchem mit Erzählungen von der Vergangenheit begegnet werden kann. Die Vergangenheit dient dann nicht mehr nur ihrer selbst und wird als vergangen und damit abgeschlossen akzeptiert, sondern gewinnt Bedeutung als Vorgeschichte der Gegenwart und allgemein gültiger Sinnhorizont. Geschichte gibt dann Antworten auf die Fragen nach individueller und kollektiver Orientierung, sie stiftet Identität und zeigt Handlungsoptionen auf. Dies ermöglicht schließlich ein Nachdenken über gegenwärtige Zustände und zukünftige Herausforderungen (Bergmann 2008).

Hierbei nimmt die Urgeschichte eine besondere Rolle ein, denn sie wird, das zeigt sich besonders in den Produktionen nach 1980, so in die Gegenwart eingelesen, dass sie als Erfahrungsraum der Menschheit im Kollektivsingular dient. Damit werden die Eigenschaften des Urmenschen, zu allgemein menschlichen Eigenschaften und die Urgeschichte zum Verhandlungsfeld als global, menschheits- und zeitumfassend wahrgenommener Herausforderungen. Dies zeigt sich unter anderem in der inhaltlichen Gestaltung von »The Making of Mankind«: Im Fokus der Reihe steht vordergründig die Evolutionsgeschichte des Menschen. Diese ist jedoch geprägt von Leakeys persönlicher Sinnsuche und dem Versuch, sich durch den Rückgriff in die Vergangenheit die Welt zu erklären und Sinn zu stiften. So spiegeln sich in »The Making of Mankind« Leakeys persönliche Ansichten zum Systemkonflikt zwischen Ost und West und der Rolle der sogenannten ›Dritten Welt‹. Das Publikum erfuhr in der Dokumentation und ebenso im Buch, das hier beispielsweise die Waffenexporte die Kapazität der Nahrungsmittel- und Medikamenteneinfuhr bei Weitem überschritten (Leakey 1981, 243 f.). Leakey stellte fest, dass sich die Menschheit zum ersten Mal in ihrer Geschichte an einem Punkt befände, an dem sie dazu in der Lage sei, sich selbst auszulöschen. Er griff damit die zeitgenössische Diskussion um den Einsatz von Atomwaffen, die Aufrüstung nach dem NATO-Doppelbeschluss (1979) und die sowjetische Intervention in Afghanistan (1979) auf. Leakey beendete seine Ausführungen im Film und im Buch mit dem Appell, dass sich die Menschheit auf die Eigenschaften besinnen solle, die er für sich in der Urgeschichte gefunden habe. Diese würden ›uns‹ als Menschheit ausmachen und könnten die Apokalypse abwenden: »For me the search for our ancestors has provided a source of hope. [...] I know that global catastrophe at our own hands is not inevitable. The choice is ours« (Leakey 1981, 247).

Auch in der deutschen Übernahme der Reihe wurde der Blick in die Prähistorie und damit auf die Menschheit als Ganzes zu einem Argument in einem zeitgenössischen Diskurs. Die prä-politisch und prä-national gedeutete Urgeschichte gab darin Antworten auf gesellschaftliche Fragen. Diejenige nach dem Ursprung zwischenmenschlicher Gewalt und Krieg nimmt schließlich den größten Raum in der Ankündigung der siebten Folge der deutschen Ausstrahlung ein und knüpfte damit nahtlos an die in den 1980er Jahren geführten Anti-Kriegs-Debatten an:

> Im Augenblick ist die Menschheit an einem Punkt angelangt, der es ihr ermöglicht, den Planeten Erde und all seine Bewohner auszurotten. Werden wir diese Bedrohung überleben? Gewalt und Aggression hat es auch in prähistorischen Gesellschaften gegeben; dafür hat man viele Belege gefunden. Der Mensch tötete in frühen Zeiten seinen Artgenossen aus rituellen, religiösen Gründen. Erst später kamen andere Motive, vor allem der Wunsch nach Macht und Besitz, hinzu. Heutzutage haben Krieg und Aggression ihren Sinn verloren – doch viele Menschen wollen das nicht begreifen.[4]

In diesem Zusammenhang erfährt die Archäologie eine besondere Stellung. Obwohl sie eigentlich eine Historische Kulturwissenschaft ist, wird sie nicht selten als Naturwissenschaft wahrgenommen (dazu Samida/Eggert 2013, 12 f.). In der zeitgenössischen Beschreibung der Reihe »The Making of Mankind« heißt es, dass »die philosophische Frage nach dem Wesen des Menschen abstrakt bleiben muss«[5] – diesem Zugang wird die augenscheinlich objektive archäologische Forschung gegenübergestellt. Sie sucht unter Zuhilfenahme naturwissenschaftlicher, technischer Methoden – quasi unter Laborbedingungen – konkrete Antworten auf philosophische Fragen zu finden. Oder, wie es im Ansagetext der ersten Folge heißt: »Niemand glaubt mehr daran, dass Adam und Eva die ersten Menschen waren«[6] – die Religion hat ihre Deutungshoheit verloren, stattdessen

---

4   Programmankündigung der siebten Folge der Reihe »Die ersten Menschen« vom 13.04.1986 in den Produktionsunterlagen »Die ersten Menschen« (BBC-Übernahme, »The Making of Mankind«), Historisches Archiv des Westdeutschen Rundfunks, Sig. 12170.

5   Projektbeschreibung des leitenden Redakteurs Gerhard Honal vom 01.09.1982 in den Produktionsunterlagen »Die ersten Menschen« (BBC-Übernahme, »The Making of Mankind«), 09.01.1983–20.02.1983, Historisches Archiv des Westdeutschen Rundfunks, Sig. 12170.

6   Schreiben von Gerhard Honal an Chr. Grochtdreis, Sendeleitung, vom 25.02.1986. Vorlage des Ansagetextes zur Ausstrahlung der Wiederholung der ersten Folge der

antwortet die aufgeklärte Wissenschaft in Form der Paläoanthropologie auf die Sinnkrise der modernen Gesellschaft.

(2) Urgeschichte als sinnliches Erleben

Auf einer zweiten Ebene verlangt die Sinnsuche der Erlebnisgesellschaft nach einer intensiveren Erfahrung des Jetzt (Hardtwig 2010, 34), einem gesteigerten Erlebnis der Gegenwart (Korff 2005, 142), oder wie Schulze (2005, 324) es ausdrückt: »Die Selektion von Erfahrung ist auf Stimulation programmiert, auf möglichst stark spürbare psychische und physische Vereinnahmung«.

Die Urgeschichte im Fernsehen bietet nun zwar nicht die Möglichkeit eines unmittelbaren, körperlichen Erlebnisses – wie es die Reenactors in ihren Performanzen anstreben – dafür lässt sie die Protagonistinnen und Protagonisten in den Reenactments umso mehr lieben und leiden und konstruiert damit ein medial vermitteltes Erlebnis. Dies wird besonders deutlich in der ZDF-Produktion »Geheimnis Mensch« (ZDF/FR3 2003). Diese markiert einen Höhepunkt der Einbindung des Doku-Dramas in archäologische Dokumentationen. So heißt es in der Ankündigung des ZDF: »Die ›Erfolgsstory‹ Mensch wurde in dieser [...] Produktion mit Computeranimationen und Inszenierungen in ein atemberaubendes Doku-Drama umgesetzt, das die abenteuerlichen Augenblicke im Leben unserer frühen Vorfahren ins Bild setzt.«[7] Geradezu überwältigend geschah dies in der Visualisierung des Todes eines computergenerierten Austrahlopithecus afarensis, dessen Darstellung auf dem circa 3,2 Millionen Jahre alten Fund »AL 288-1« basiert, der besser unter dem Namen ›Lucy‹ bekannt ist.

Lucy hat sich in der Filminterpretation einer Gruppe *Australopitecus anamensis* angeschlossen, die bereits Aas als Nahrungsmittel zu sich nahmen und robuster und kräftiger als ihre Artgenossen waren. Gemeinsam gelangen die *Anamensis* mit Lucy in der Filmsequenz an einen schnellfließenden Fluss, der lediglich für Lucy ein unüberwindbares Hindernis darstellt: »Die *Anamensis* haben während ihrer weiten Wanderungen gelernt, Flüsse zu überqueren. Vielleicht folgten sie den großen Herden der Weidetiere«[8], erklärt der allwissende Kom-

---

Reihe »Die ersten Menschen« in den Produktionsunterlagen zur Reihe »Die ersten Menschen« (BBC-Übernahme, »The Making of Mankind«), Historisches Archiv des Westdeutschen Rundfunks, Sig. 12170.

7   ZDF-Pressemitteilung / Magische Momente der menschlichen Entwicklung / ZDF-Zweiteiler »Geheimnis Mensch« über »Die Kinder des Feuers« und »Die Herren der Eiszeit« vom 19.03.2002 <http://www.presseportal.de/pm/7840/430552/zdf-pressemitteilung-magische-momente-der-menschlichen-entwicklung-zdf-zweiteiler-geheimnis-mensch> [20.03.2015].

8   »Geheimnis Mensch«, TC 00:21:40–00:24:50.

mentar aus dem Off, »für Lucy waren Flüsse bisher Grenzen, an deren Über-schreitung sie nicht einmal gedacht hätte.« Bereits hier kündigt sich das nun folgende Drama an. Durch die Aussage des Sprechers, dass »der Alte […] das Signal zum Aufbruch« gibt, steigt die Spannung weiter. Ein *Anamensis* schlägt mit einem Stock ins seichte Uferwasser, um – so der Kommentator – zu prüfen, ob sich in dem Fluss Krokodile befinden, denen schon einige Artgenossen zum Opfer gefallen seien. Damit offenbart sich dem Publikum eine zusätzliche Gefahrenquelle. Auch wenn es im weiteren Verlauf der Sequenz zu keinem Angriff kommen soll, erwarten die Zuschauerinnen und Zuschauer doch jederzeit den Nervenkitzel eines zuschnappenden Reptils. Am Ufer des Flusses sitzt Lucy und blickt ängstlich über die Fluten: »Lucy ist verzweifelt. Aber sie kann den Chef nicht zur Umkehr bewegen.« Der erste *Anamensis* beginnt mit der Durchquerung des Flusses, woraufhin ihm schließlich alle anderen folgen. Als Letzte begibt sich auch Lucy in das Wasser, der durch Zurufe der *Anamensis* Mut gemacht wurde. Das Fernsehpublikum verfolgt gleichzeitig gespannt und voller Sorge jeden einzelnen von Lucys tapsigen Schritten: »Aber Lucy hat kürzere Beine als die *Anamensis*. Sie ist müde und erschöpft von der langen Wanderung […]. Schließlich findet sie keinen Halt und hat den Stromschnellen nichts entgegenzusetzen. Die Katastrophe ist unausweichlich. Lucy ertrinkt.« Während die begleitende Musik immer schneller wird und die *Anamensis* Lucy kehlige Laute hinterherrufen, taucht ihr Körper immer wieder unter Wasser, bis er schließlich ganz darin verschwindet.

In dieser Sequenz, die immerhin knapp 5,3 Millionen Zuschauerinnen und Zuschauer sahen, zeigt sich die Verflechtung von dramatischer Darstellung und Dokumentarformat besonders eindrücklich. Dem Reenactment geht die Erläuterung der These voran, dass Lucy keine direkte Vorfahrin des modernen Menschen gewesen sei, sondern einer ausgestorbenen Nebenlinie entstamme. Diese viel diskutierte These dient nun als Aufhänger einer dramatischen Spielhandlung, die – und das ist das Besondere bei der Inszenierung der Urgeschichte – weder belegbar wahr noch belegbar falsch ist. Das Vetorecht der Quellen gilt selbstverständlich auch in der Prähistorischen Archäologie, jedoch eröffnet die Überlieferungslage lediglich einen Spekulationsraum im Bezug auf tatsächlich Geschehenes. Dieser Spekulationsraum wurde von der für »Geheimnis Mensch« verantwortlichen ZDF-Redakteurin Ruth Omphalius als Entfaltungsraum einer »Paläo-Poesie« beschrieben, in der der Fund zur Figur und damit aus den überlieferten Fragmenten eine emotionale Inszenierung wird (Abb. 3). Diese diene dazu – so die Fernsehmitarbeiterin im Interview – »uns ein bisschen näher mit diesen Menschen zu verbinden.«[9] Genau diesen Effekt haben die Psychologinnen und

---

9   Aus einem Interview mit Ruth Omphalius am 12.06.2013.

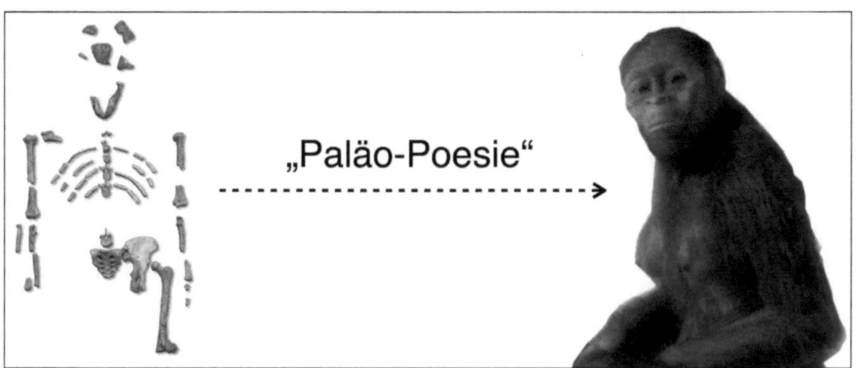

Abb. 3 Paläo-Poesie: Vom Fund »AL 288-1« zur computeranimierten ›Lucy‹ in »Geheimnis Mensch: Die Kinder des Feuers« (DE/F/CDN 2003). © ZDF. Montage Georg Koch <http://commons.wikimedia.org/wiki/File:Reconstruction_of_the_fossil_skeleton_of_%22Lucy%22_the_Australopithecus_afarensis.jpg> Author = 120; ›Lucy‹ [18.06.2015].

Psychologen des Leibniz-Instituts für Wissensmedien den Reenactment-Szenen nachgewiesen. Sie haben festgestellt, dass sie ein mentales und emotionales Hineinversetzen in die dargestellte Welt erleichtern und damit den Zuschauenden ein Erlebnis ermöglichen (Glaser/Garsoffky/Schwan 2010). Bildlich gesprochen wird also nicht nur Lucy im Filmbeispiel vom ›evolutionären‹ Strom, sondern auch das Publikum vor dem Fernseher mitgerissen.

Fazit – Urgeschichte unter wechselnden Vorzeichen

Zweifelsohne beeinflusst die Konkurrenzsituation zwischen staatlich und privatwirtschaftlich finanzierten Medien auch die Maßstäbe zur Erfolgsbewertung von Fernsehprogrammen. So ging beispielsweise die landesweite Verbreitung des Programms des privatwirtschaftlichen Senderkollektivs ITV in Großbritannien mit dem vorübergehenden Ende archäologischer Formate im Fernsehprogramm der BBC einher. Daneben schlägt sich der selbstauferlegte Erfolgsdruck auch auf die Konzeption und Produktion von Dokumentationen nieder, die sich augenscheinlich gegen reine Unterhaltungsformate behaupten sollen. Dabei dient die Visualisierung der Vergangenheit nicht mehr nur allein der Illustration einer scheinbar leblosen Quellenbasis, sondern folgt dem Trend zur Dramatisierung und Personalisierung und damit der mentalen und emotionalen Teilhabe des Publikums. Der zunehmende Rückgriff auf Reenactments in jüngeren Produktionen erscheint so dem »Kampf um Aufmerksamkeit« (Nolte 2005) in einer kommerzialisierten Medienlandschaft geschuldet.

Parallel zu dieser Entwicklung muss jedoch berücksichtigt werden, dass auch die jeweilige Wissenschaftskultur Einfluss auf die Gestaltung der Ur- und Frühgeschichte in den Medien hat. Die Selbstindienstnahme der Prähistorischen Archäologie im 19. Jahrhundert im Sinne einer nationalen Identitätsbildung und schließlich zur Zeit des Nationalsozialismus zur Stärkung einer überzeitlichen ›Volksgemeinschaft‹ zog es nach sich, dass das Fach einen engen Kontakt zur Öffentlichkeit suchte und direkten Einfluss auf dessen historisch-lebensweltliche Konstituierung nahm. Dieser Öffentlichkeitsorientierung ist geschuldet, dass versucht wurde, die fernste menschliche Vergangenheit auf wissenschaftlicher Basis möglichst anschaulich darzustellen, wobei die ersten Reenactments im Sinne der Nachstellung der Vergangenheit im Film entstanden.

Während in Deutschland diese Selbstinstrumentalisierung dazu führte, dass die vom ›Reinerth-Syndrom‹ geprägten Prähistorikerinnen und Prähistoriker nach 1945 fast vollständig aus den Massenmedien verschwanden, entwickelte sich die Ur- und Frühgeschichte in Großbritannien zum massentauglichen Unterhaltungsformat. Die 1950er Jahre des britischen Fernsehens werden als »Golden Age of Archaeology« beschrieben (Jordan 1981, 209), in denen in enger Kooperation zwischen der BBC und medienaffinen Prähistorikern die Grundlagen für die anhaltende Präsenz der Ur- und Frühgeschichte im britischen Fernsehen geschaffen wurden. Dabei stellten die Wissenschaftlerinnen und Wissenschaftler nicht nur ihr Fach und ihre Erkenntnisse, sondern vor allem ihre Leidenschaft und Begeisterung dafür zur Schau.

In »The Making of Mankind« wird schließlich deutlich, dass sich die Visualisierung im Dokumentarformat auch am Spielfilm anlehnt. Dort wurden Techniken entwickelt und erprobt, die von den Dokumentarfilmenden aufgegriffen werden sollten. Außerdem wird bereits anhand der Produktion von 1981 deutlich, dass den Erzählungen ein Gegenwartsbezug zugrunde lag, der Identität und Orientierung stiftet und Handlungsoptionen eröffnet. Schließlich tendieren die immer mehr als Doku-Dramen gestalteten Reenactments dazu, das Publikum mental und emotional in die Geschichte hineinzuversetzen. Dabei entsteht eine ›Paläo-Poesie‹, in der der Fund zur Figur wird und damit ein sinnliches Erleben ermöglicht.

Unter diesen Bedingungen verstehe ich den seit den späten 1970er Jahren viel zitierten Geschichtsboom und das daraus resultierende Histotainment als einen Prozess, der damit einherging, dass das Erlebnis zur vorherrschenden Wahrnehmungs- und Erfahrungsform geworden ist (Korff 2005, 142). Diese Entwicklung – folgt man Gerhard Schulzes Theorie einer Erlebnisgesellschaft – ist auf die Nachfrage nach sinnstiftender Erfahrung und sinnlichem Jetzt-Erlebnis zurückzuführen und geht von der Wohlstandsgesellschaft aus, die – überspitzt formuliert – über genug Zeit und Geld verfügt, sich auf diese Sinnsuche zu begeben. Besonders im Massenmedium ›Fernsehen‹ kommt dieses Bedürfnis zum Ausdruck. Hier wird durch die Fernsehmachenden, die sich mitunter selbst auf der Suche nach Bedeutung befinden, ein Angebot an sinnlichen und sinnvollen Erlebnissen bereitgestellt. So wurde bis heute die Urgeschichte sowohl von Medien- als auch von Wissenschaftsakteurinnen und -akteuren als politisches Argument, unterhaltsame Bildung und dramatisches Erlebnis inszeniert, das Sinn stiftet, Antworten auf zeitgenössische Herausforderungen gibt und stets nach dem ›ursprünglich‹ Menschlichen fragt.

Literatur

Quellen

Bundesarchiv/Filmarchiv, Sig. 12113, Filmkritische Rundschau 1928, 21.
Bundesarchiv/Filmarchiv, Sig. 12113, Illustrierter Filmkurier 1927, Sonderheft »Natur und Liebe«.
Daniel 1966: Glyn Daniel, Man Discovers his Past. London: Gerald Duckworth & Co. Ltd. 1966.
Daniel 1967: Ders., The Origins and Growth of Archaeology. Harmondsworth: Galahad Books 1967.
Historisches Archiv des Westdeutschen Rundfunk, Sig. 12170, Produktionsunterlagen »Die ersten Menschen« (BBC-Übernahme, »The Making of Mankind«).
Kossinna 1912: Gustaf Kossinna, Die deutsche Vorgeschichte: Eine hervorragend nationale Wissenschaft. Leipzig: Curt Kabitzsch 1912.
Leakey 1981: Richard E. Leakey, The Making of Mankind. London: Book Club Associates 1981.

Sekundärliteratur

Barricelli/Hornig 2008: Michele Barricelli/Julia Hornig, Einführung. In: Dies. (Hrsg.), Aufklärung, Bildung, »Histotainment«? Zeitgeschichte in Unterricht und Gesellschaft heute. Frankfurt a. M.: Peter Lang 2008, 7–26.
Bergmann 2008: Klaus Bergmann, Der Gegenwartsbezug im Geschichtsunterricht. Schwalbach, Ts.: Wochenschauverlag 2008.
Cox 1981: Barry Cox, Not by Bones Alone: The Making of Mankind. Nature 291, 1981, 93–94.

Crisell 1997: Andrew Crisell, An Introductory History of British Broadcasting. London: Routledge 1997.

Eggert 2006: Manfred K. H. Eggert, Archäologie: Grundzüge einer Historischen Kulturwissenschaft. Tübingen/Basel: Francke 2006.

Eggert/Samida 2013: Ders./Stefanie Samida, Ur- und Frühgeschichtliche Archäologie. Tübingen/Basel: Francke 22013.

Glaser/Garsoffky/Schwan 2010: Manuela Glaser/Bärbel Garsoffky/Stephan Schwan, Re-enactments in archäologischen Fernsehdokumentationen und ihr Einfluss auf den Rezeptionsprozess. In: Klaus Arnold/Walter Hömberg/Susanne Kinnebrock (Hrsg.), Geschichtsjournalismus: Zwischen Informationen und Inszenierung. Kommunikationsgeschichte 21. Berlin: Lit 2010, 235–249.

Gouyon 2011: Jean-Baptiste Gouyon, The BBC Natural History Unit: Instituting Natural Film-Making in Britain. History of Science 49/165, 2011, 425–451.

Hardtwig 2010: Wolfgang Hardtwig, Verlust der Geschichte: Oder wie unterhaltsam ist die Vergangenheit? Reihe Pamphletliteratur 1. Berlin: Vergangenheitsverlag 2010.

Haßmann 2002: Hennig Haßmann, Archäologie und Jugend im »Dritten Reich«: Ur- und Frühgeschichte als Mittel der politisch-ideologischen Indoktrination von Kindern und Jugendlichen. In: Achim Leube (Hrsg.), Prähistorie und Nationalsozialismus: Die mittel- und osteuropäische Ur- und Frühgeschichtsforschung in den Jahren 1933–1945. Studien zur Wissenschafts- und Universitätsgeschichte 2. Heidelberg: Synchron 2002, 107–146.

Hißnauer 2010: Christian Hißnauer, Geschichtsspiele im Fernsehen: Das Dokumentarspiel als Form des hybriden Histotainments der 1960er und 1970er Jahre. In: Klaus Arnold/Walter Hömberg/Susanne Kinnebrock (Hrsg.), Geschichtsjournalismus: Zwischen Informationen und Inszenierung. Kommunikationsgeschichte 21. Berlin: Lit 2010, 293–313.

Hochbruck 2013: Wolfgang Hochbruck, Geschichtstheater: Formen der »Living History«. Eine Typologie. Historische Lebenswelten in populären Wissenskulturen 10. Bielefeld: transcript 2013.

Jordan 1981: Paul Jordan, Archaeology and Televison. In: John Evans/Berry Cunliffe/Colin Renfrew (Hrsg.), Antiquity and Man: Essays in Honour of Glyn Daniel. London: Thames & Hudson 1981, 207–213.

Korff 2005: Gottfried Korff, Denkmalisierung: Zum »Europäischen Denkmalschutzjahr«1975 und seinen Folgen. Die Denkmalpflege 63/2, 2005, 133–144.

Nolte 2005: Kristina Nolte, Der Kampf um Aufmerksamkeit: Wie Medien, Wirtschaft und Politik um eine knappe Ressource ringen. Frankfurt a. M.: Campus 2005.

Rahemipour 2008: Patricia Rahemipour, Archäologie im Scheinwerferlicht: Die Visualisierung der Prähistorie im Film 1895–1930. Dissertation, Fachbereich Geschichts-und Kulturwissenschaften, Freie Universität Berlin. <http://www.diss.fu-berlin.de/diss/servlets/MCRFileNodeServlet/FUDISS_derivate_000000006665/ONLINEVERSIONFinaldessertieren1.1.pdf> [23.03.2015].

Rahemipour 2011: Dies., Archäologie im Scheinwerferlicht: Einige Kommentare zu einer öffentlichen Wissenschaft. In: Dachverband Archäologischer Studierendenvertretungen (DASV) e.V. (Hrsg.), Vermittlung von Vergangenheit: Gelebte Geschichte als Dialog von Wissenschaft, Darstellung und Rezeption. Tagung vom 3.–5. Juli 2009 in Bonn. Weinstadt: Bernhard Albert Greiner 2011, 129–142.

Samida/Eggert 2013: Stefanie Samida/Manfred K. H. Eggert, Archäologie als Naturwissenschaft? Eine Streitschrift. Reihe Pamphletliteratur 5. Berlin: Vergangenheitsverlag 2013.

Schöbel 2002: Gunter Schöbel, Hans Reinerth: Forscher – NS-Funktionär – Museumsleiter. In: Achim Leube (Hrsg.), Prähistorie und Nationalsozialismus: Die mittel- und osteuropäische Ur- und Frühgeschichtsforschung in den Jahren 1933–1945. Studien zur Wissenschafts- und Universitätsgeschichte 2. Heidelberg: Synchron 2002, 321–396.

Schönemann 2001: Bernd Schönemann, Die Geschichtskultur in der Erlebnisgesellschaft: August der Starke in Tokio. Sozialwissenschaftliche Informationen 30/2, 2001, 135–142.

Schulze 2005: Gerhard Schulze, Die Erlebnisgesellschaft: Kultursoziologie der Gegenwart. Frankfurt a. M.: Campus ²2005. [Erstauflage 1996.]

Sénécheau/Samida 2015: Miriam Sénécheau/Stefanie Samida, Living History als Gegenstand Historischen Lernens: Begriffe – Problemfelder – Materialien. Stuttgart: Kohlhammer 2015.

Smolla 1980: Günter Smolla, Das Kossinna-Syndrom. Fundberichte aus Hessen 19/20, 1980, 1–9.

Stern 1994: Tom Stern, Das Verhältnis von Archäologie und Film. Archäologische Informationen 17/1, 1994, 9–13.

Stern 2002: Ders., Der propagandistische Klang stummer Zeugen deutscher Vorzeit. In: Hans-Peter Kuhnen (Hrsg.), Propaganda. Macht. Geschichte: Archäologie an Rhein und Mosel im Dienst des Nationalsozialismus. Schriften des Rheinischen Landesmuseums Trier 24. Trier: Rheinisches Landesmuseum Trier 2002, 213–228.

Strobel 1999: Michael Strobel, Lebendige und völkische Vorzeit: Ein Beitrag zur Geschichte der prähistorischen Archäologie in Württemberg zwischen 1918 und 1945. In: Christoph Kümmel/Nils Müller-Scheeßel/Almut Schülke (Hrsg.), Archäologie als Kunst: Darstellung – Wirkung – Kommunikation. Tübingen: MoVince 1999, 65–117.

Tuttle 1984: Russel H. Tuttle, The Making of Mankind by BBC: Time-Life Films. American Anthropologist 86/3, 1984, 796–799.

Turnock 2007: Rob Turnock, Television and Consumer Culture: Britain and the Transformation of Modernity. London: I.B. Tauris 2007.

Veit 1997: Ulrich Veit, Zwischen Tradition und Revolution: Theoretische Ansätze in der britischen Archäologie. In: Manfred K. H. Eggert/Ulrich Veit (Hrsg.), Theorie in der Archäologie: Die englischsprachige Diskussion. Tübinger Archäologische Taschenbücher 1. Münster/New York u. a.: Waxmann 1997, 13–67.

Wolfram 2000: Sabine Wolfram, »Vorsprung durch Technik« or »Kossinna Syndrome«? Archaeological Theory and Social Context in Post-War West Germany. In: Heinrich Härke (Hrsg.), Archaeology, Ideology and Society: The German Experience. Gesellschaften und Staaten im Epochenwandel 7. Frankfurt a. M.: Peter Lang 2000, 180–201.

Filmographie (chronologisch)

»Man's Genesis«. Regie: David W. Griffith. USA 1912.

»Brute Force«. Regie: David W. Griffith. USA 1914.

»Pfahlbausiedlungen in Unteruhldingen«. Regie: Ulrich K. T. Schulz. D 1926/27.

»Natur und Liebe«. Regie: Ulrich K. T. Schulz. D 1926/27.

»Wir wandern mit den Ostgermanen«. Regie: Walter Fischer. D 1933.

»Ewiger Wald«. Regie: Hans Springer/Rolf von Sonjevski-Jamrowski. D 1936.

»Deutsche Vergangenheit wird lebendig«. Regie: Unbekannt. D 1936.

»Animal, Vegetable, Mineral?«. Redaktion: Paul Johnstone. BBC 1952–59.

»Buried Treasure«. Redaktion: Paul Johnstone. BBC 1954–59.

»Familie Feuerstein«. Regie: William Hanna/Jospeh Barbera. USA 1960–66.

»Horizon«. Redaktion: Aubrey Singer u. a. BBC seit 1964.

»Chronicle«. Redaktion: Paul Johnstone u. a. BBC 1966–1991.

»2001: Odyssee im Weltraum«. Regie: Stanley Kubrick. USA 1969.

»Am Anfang war das Feuer«. Regie: Jean-Jacques Annaud. CDN/F 1981.

»The Making of Mankind«. Regie: Peter Spry-Leverton. BBC 1981.

»Geheimnis Mensch«. Regie: Jacques Malaterre. D/F/CDN 2003.

BERNHARD TSCHOFEN

›Eingeatmete Geschichtsträchtigkeit‹
Konzepte des Erlebens in der Geschichtskultur

ABSTRACT

If one considered but the linguistic dimension of *story* and *history*, it would be obvious that what happened (*Geschehen*) has something in common with history/ies (*Geschichte/n*). However, in a context in which the concept of history is determined by discourse and rationality, another factor appears to be less obvious: what has been transformed into history, and can be communicated as such, is ›happening‹ again or, to put it more precisely, has to happen again in order to obtain the status of evidence. Nevertheless, the field of historical culture (*Geschichtskultur*) is permeated with more or less implicit concepts of experience. They range from popular assumptions concerning the meaning of history (*Geschichtsträchtigkeit*) of places and things to elaborated theories of how history is communicated in a participatory manner in museums and at historic sites. Thus, the links between conceptions of common sense – from sensual experiences to historical closeness – and ideas about the transfer of historical knowledge are highlighted.

The article's aim is to correlate concepts and practices of performative adoptions of history with each other. Supported by some cursory examples, the main focus is on the relationship of different arrangements of knowledge in this heterogeneous and multifaceted field, e.g. in academia, media culture and popular practice. Therefore, the following questions will be explored: how do both, ›competence and performance‹, as well as the two semantic dimensions of historical representation as imagination and presentation relate to each other? And, moreover, how does this knowledge influence actors of historical culture, their experiences and epistemic beliefs?

Didaktik und Dekonstruktion: Zur Einführung

Geschichte als Erlebnis: Performative Praktiken in der Geschichtskultur – der Titel der hier dokumentierten Tagung klingt nach (hätte jedenfalls noch vor wenigen Jahren geklungen nach) Widerspruch, nach schwer zu vereinenden Positionen. Er lässt an ein Pro und Kontra von Praktikern und Theoretikern denken, an kaum zu versöhnende Auffassungen zwischen Didaktik und Dekonstruktion: hier der Wunsch, mit der Formel ›Geschichte als Erlebnis‹ niederschwellige (und marktgängige) Vermittlungsformen zu etablieren, da die Auffassung, dass solches allenfalls Gegenstand einer dekonstruierenden Analyse populärer und wenig legitimer Praktiken sein kann.

Nicht dass anzunehmen ist, dass die hier bewusst überzeichneten Haltungen noch heute den Diskurs im Feld der Geschichtskultur beherrschen oder eine interdisziplinäre Auseinandersetzung Gefahr läuft, diese zu reproduzieren, dennoch liegt ein wesentliches Ziel des Beitrags darin, das doppelte Befremden etwas zu relativieren – das Befremden über eine expandierende Praxis einerseits und das Befremden über eine oftmals in Kulturkritik gefangen erscheinende Wissenschaft. Ich will im Folgenden zeigen, dass Geschichte zu erleben und Geschichte zu praktizieren weit selbstverständlicher ist, als der akademische Blick es erscheinen lässt. Und ich will vor allem auch zeigen, dass die Vorstellungen davon in den komplementären sozialen Feldern sich in ihren Genealogien weit mehr berühren, als dies im Sinne sich wiederholender Grenzziehungsprozesse eingeräumt werden darf und will.

Dafür werde ich in drei Schritten vorgehen und nach einer kleinen Umschau nach gängigen Denkbildern und Erlebnismustern (ich benenne diese Dimensionen des Themas vorerst bewusst versucht neutral und beschreibend) zunächst den Versuch unternehmen, Genealogien der Vorstellungen historischen Erlebens ausschnittweise zu rekonstruieren. In einem nächsten Schritt frage ich nach den Beziehungen zwischen den Wissensordnungen und nach den Bedingungen performativer Formen, um schließlich – *smart history*? – in einer bereits ausblickenden Skizze in angemessener Kürze nach den Potentialen populärer Geschichtsauslegungen für die Kulturerbeforschung und eine reflektierte Praxis zu fragen.

Umschau: Geschichte fühlen

Klickt man sich durch Reiseblogs und Heritageseiten im Internet (unsere übliche Vorabempirie), muss man konstatieren, dass das Thema und die Fragen dieses Buchs im Alltag weit mehr Selbstverständlichkeit besitzen als das in unserem distanzierten Blick erscheinen mag. Offensichtlich gibt es so etwas wie einen *common sense* in der Begegnung mit historischen Orten und ihren Erzählungen, der die affektive Kognition, das Erkennen durch Teilhabe an bestimmten Räumen und Atmosphären für gegeben hält. Nur ein paar Fundstücke mögen das illustrieren:

»Und mit der neblig kühlen Luft meint man Geschichte einzuatmen« (Klüver 2014, 47), heißt es etwa in der *Gebrauchsanweisung für Mailand* über einen Besuch von Sant'Ambrogio. Auch in Kovertsa, einem schwedischen *in situ*-Freilichtmuseum kann man »umherstreifen und die alte schwedische bäuerliche Geschichte einatmen. Während des Sommers können Sie in der Küche eines der alten Häuser Kaffee und Eis kaufen.«[1] Und für Marrakesch lautet die Empfehlung: »Zu den bekanntesten Sehenswürdigkeiten in Marrakesch gehören die Menaragärten und die Koutoubia Moschee, die seit einigen Jahren zum Weltkulturerbe der UNESCO gehört. Obligatorisch ist auch eine Besichtigung der Altstadt mit engen Gassen und vielen kleinen Geschäften, in denen sich der Hauch der Geschichte einatmen lässt.«[2] Auch Wienreisenden wird in Aussicht gestellt, »wer die Friedhöfe Wiens durchwandert, spürt förmlich den Hauch der Geschichte«,[3] und in Zermatt »kann man gleich zu Beginn des Weges das Hotel Riffelberg besuchen und dort alpine *Geschichte einatmen*. Hier hat Mark Twain sehr wahrscheinlich genächtigt.[4]

Man könnte hier unzählige solcher Belege anführen, die einmal mehr formelhaft, ein andermal stärker persönlich variiert und da und dort auch entsprechend vertieft der Vorstellung Ausdruck verleihen, dass ›Geschichtsträchtigkeit eingeatmet‹, ›gefühlt‹ wird, dass der ›Hauch der Geschichte‹ weht, einen umschwebt, man ihn spürt. Synästhetisches Erleben, in dem der Körper Medium des Wahrnehmens und Erkennens wird, wie es im Fokus einer multimodal beobachtenden *sensory ethnography* steht (Pink 2011), scheint in der populären Auslegung eine kaum der Erklärung bedürfende Praxis zu sein.

Nun wissen wir freilich alle, dass Gefühle erlernt sind und zumal in unserer Gegenwart auch ihre mediale Rahmung besitzen. Dass die Reiseführer von *Merian* (heute Teil des Verlags *Travel House Media*) seit einigen Jahren in einem Register der Erlebnisqualitäten standardmäßig auch das Label ›geschichtsträchtig‹ anführen und damit auf Orte hinweisen, an denen sich so etwas wie der historische Geist von Städten und Regionen ohne Mühen und gewissermaßen *en passant* erfahren lässt, soll nur ein Hinweis sein. Das Label fügt sich in die Medien- und Gebrauchsgeschichte des Reiseführers und kann als Reminiszenz an das 1846 eingeführte Sternesystem des *Baedekers* (Müller 2012) oder die legendären seit 1920 angebrachten *Kodak Picture Spots* verstanden werden – Auszeichnungen mit denen nicht nur die Orientierung im touristischen Raum ermög-

---

1   Koversta Gammelby, siehe <http://www.besucherguide-schweden.de/sehenswurdigkeiten/Koversta-Gammelby.php> [10.06.2016].

2   Marrakesch, siehe <https://www.thomascook.de/hotel-buchen/marokko/marrakesch> [10.06.2016].

3   Verlagsanskündigung, siehe <http://www.amalthea.at/index.php?id=10&showBookNr =8192> [10.06.2016].

4   Mark Twain Weg, siehe <http://www.zermatt.ch/mice/Media/Wanderungen-Tourenplanen/Mark-Twain-Weg> [10.06.2016].

licht werden sollten, sondern auch Wahrnehmungsmodi und Blickregimes einer Kulturtechnik des modernen Tourismus eingeübt wurden (siehe Urry 1990).

Die Vorstellung fühlbarer Geschichtlichkeit ist – auch das liegt nahe – nicht erst mit der Erlebnisorientierung der späten Moderne geschaffen worden, sondern geht, wie allein schon die zahlreichen verstreuten Belege im *Deutschen Wörterbuch* der Brüder Grimm zeigen, zumindest zurück auf die Differenzierung des Selbst- und Naturerlebens am Ende des 18. Jahrhunderts. Exemplarisch sei hier lediglich aus dem Lemma ›athmen‹ (DWB 1, Sp. 593 f.) zitiert:

> athmen: sprirare, halare [...]
> aber nicht blosz menschen oder thiere athmen, auch der übrigen natur wird
> ein athmen, gleichsam duften, wehen, leuchten beigelegt und selbst abstrac-
> ten vorstellungen [...]
> gefühle athmen; aller deutschen dichter, in deren werken der geist der unver-
> gänglichkeit athmet [...].

Gefühle und Gefühltes als Zugang zu Geschichtlichkeit – dieses Denkbild durchzieht unsere Sprache (als Medium von Erfahrungen) und scheint auch ganz wesentlich zu sein, überall dort, wo Geschichte zur populären Praxis wird. So gaben Living History-Akteure der Mittelalterszene in Interviews zu Protokoll, dass sie deshalb so viel Aufmerksamkeit auf ihre »authentische Ausrüstung« legen, weil ihnen das »Gefühl des Originals« (Peter 2013, 75) bei der Herstellung der Erfahrungen von Einzigartigkeit und Unmittelbarkeit hilft.

In Egodokumenten zu Reise und Cultural Heritage, in der praktizierten Geschichtskultur und nicht weniger in den populären historischen Erzählstrategien scheinen ähnliche Bilder zu wirken. Ian Mortimers im Feuilleton ebenso präsenter und im Jahr seines Erscheinens in nahezu jeder Bahnhofsbuchhandlung ausliegender Bestseller *Im Mittelalter: Handbuch für Zeitreisende* (Mortimer 2014) mag in dieser einführenden Umschau dafür ein letzter Beleg sein. Mortimer spielt mit dem alten Motiv der Zeitreise; wesentlich ist in seiner Darstellung aber die Herstellung von Nähe durch die literarische Fiktion eigenen leibhaften Erlebens – eine Geschichte, die suggeriert, nahe an den Dingen, den Emotionen und den alltäglichen Handlungen der mittelalterlichen Menschen zu sein. Ganz selbstverständlich geht er davon aus, dass die Menschen des Mittelalters über besondere Sensibilitäten verfügten: »Sie haben ein besseres Gefühl für Stimmen und Stimmungen« (Mortimer 2014, 325). Dementsprechend will er die Lesenden auch über Gefühle erreichen und mittelalterliche Geschichte spüren lassen.

Begegnungen mit dem Historischen als moderne Kulturtechniken: Genealogien

Wie entstehen solche Dispositive und was setzen sie voraus? Hier kann und soll keine ausführliche historische Sichtung vorgenommen werden (das wäre ein anderes Thema, für das es Berufenere gibt). Stattdessen sollen lediglich ein paar Linien markiert werden, die für das Verständnis sowohl der skizzierten Vorstellungen als auch der damit verbundenen Routinen wesentlich zu sein scheinen. Anders und als Frage formuliert: Wie sind solche »Wahrnehmungsschemata« zu den »empirischen Ordnungen« geworden, die Michel Foucault (1974) als jene Episteme fasst, die unsere lebensweltlichen Ordnungen bestimmen?

> Die fundamentalen Codes einer Kultur, die ihre Sprache, ihre Wahrnehmungsschemata, ihren Austausch, ihre Techniken, ihre Werte, die Hierarchien ihrer Praktiken beherrschen, fixieren gleich zu Anfang für jeden Menschen die empirischen Ordnungen, mit denen er zu tun haben und in denen er sich wiederfinden wird. (Foucault 1974, 22)

Eine wichtige Spur solcher Genealogie führt zweifelsohne in die ästhetische Erziehung der Aufklärung. Johann Joachim Winckelmanns *Abhandlung von der Fähigkeit der Empfindung des Schönen in der Kunst und dem Unterrichte in derselben* (1763) ist eben nicht nur eine Abhandlung über die Fähigkeit der Empfindung des Schönen, sondern zugleich eine Streitschrift für den Unterricht in derselben – und damit ein frühes und elaboriertes Plädoyer für die Bedeutung ganzheitlichen Erlebens. Das wird auch sprachlich unmittelbar nachvollziehbar in zahlreichen Aussagen, in denen die Vorstellungen von Wahrnehmung beschrieben und als normativ entworfen werden.

So heißt es bei Winckelmann (1763, 143) etwa:

> Das wahre Gefühl des Schönen gleicht einem flüssigen Gipse, welcher über den Kopf des Apollo gegossen wird und denselben in allen Teilen umgibt und berührt. [...] Das Werkzeug dieser Empfindung ist der äußere Sinn, und der Sitz derselben der innere; jener muß richtig und dieser empfindlich und fein sein.

Und dementsprechend lautet sein »Vorschlag zum Unterrichte eines Knaben [...]: Zuerst sollte dessen Herz und Empfindung [...] rührend erweckt und zu eigener Betrachtung des Schönen in aller Art zubereitet werden.« (ebd. 148)

Nicht ohne Grund haben Johann Gottfried Herder (1744–1803) und Friedrich Schiller (1759–1805) auf die Bedeutung Winckelmanns (1717–1768) für die ästhetische Bildung verwiesen. So geht etwa Schiller in seinen Briefen *Über die ästhetische Erziehung des Menschen* (1795) davon aus, dass sinnliche Erfahrungen Ausgangspunkt von Bildung und Entwicklung des Menschen sind. Und er versteht Bildung nicht als Wissensaneignung, bei der das Denken der Wahrnehmung übergeordnet ist, sondern als Ergebnis sinnlicher Erfahrungen, die Anstoß zur Reflexion und damit selbst Quelle von Wissen und Erkenntnis sein können. Er legte damit so etwas wie die theoretischen Grundlagen kultureller Praktiken, wie sie in der Reisekultur des 19. Jahrhunderts, im Museums- und Denkmalwesen bald als selbstverständlich angesehen werden sollten.

Wenn wir die hier skizzierte Spur exemplarisch weiter verfolgen wollen: Es scheint kein Zufall zu sein, dass der oben erwähnte Ian Mortimer seine Zeitreise ins Mittelalter spielerisch an die ältere Reiseliteratur anlehnt, denn sie dürfte neben den ästhetischen Schriften der Aufklärung zu den wichtigen Quellen einer Kulturtechnik historischen Erlebens zählen. Als Beispiel, weil weitverbreitet und die aufgeklärt-romantische Apodemik in breitere Schichten tragend, möchte ich hier das mehrbändige *Das malerische und romantische Deutschland* ins Treffen führen. Das avancierteste Werk in dieser Reihe bildet vielleicht der von Gustav Schwab (1792–1850) verfasste zweite Band *Wanderungen durch Schwaben* (1837) – ein Buch, das mit dem Motiv der Wanderung bewusst die Erlebnisdimension des Raums in den Vordergrund rückt, das aber auch die sich in jener Zeit entwickelnden Strategien vorführt, sich für die Begegnung mit dem Historischen empfänglich zu machen. Schwab arbeitet mit eingestreuten historischen Quellen, vor allem aber mit eigenen und fremden Dichtungen, die der Imagination des historischen Raums am gegebenen Ort zuarbeiten sollen. Daneben beschreibt er Wirkungen von Gemäuern und lässt – unterstützt von entsprechenden Graphiken, die oft als Blickregimes fungieren und empfohlene Haltungen ins Bild rücken – historische Stimmungen für seine Leser wiederauferstehen, nicht nur für das geschulte Auge und die Lesenden, sondern vermittelt über die textliche Imagination unter Ansprache aller Sinne.

Doch wird dabei auch deutlich, dass nach damaligem Verständnis Stimmung nicht unmittelbar in den Orten und Dingen lag, sondern einer entsprechenden Gestimmtheit bedurfte – der solche Medien zuarbeiten sollten. Gefühlsgeschichte, Medien- und Literaturwissenschaft haben sich dieser aktiven Dimension von Stimmung (siehe Gumbrecht 2011) in den vergangenen Jahren verstärkt zugewandt und dabei vor allem auf das – wie der Germanist und Medientheoretiker Jochen Hörisch formuliert – »Mood-and-Mind-Management« (Hörisch 2011) fokussiert. Bei Karl Simrock (1802–1876), der den Band *Rheinland* der oben erwähnten Serie verfasst hat, liest sich das dann im zeitgenössisch kulturkritischen Ton so – dass die Zeilen gerade in einem der kritisierten »Reisebehelfe« publiziert wurden, schien offensichtlich nicht weiter zu irritieren:

Für die Bedürfnisse der Reisenden, für alle erdenklichen Bequemlichkeiten
wird mit einem Raffinement gesorgt, das man ohne Lächeln nicht wahrnehmen kann. Reisebücher, Karten, Panoramen, malerische und plastische Darstellungen einzelner Gegenden wie größerer Strecken, Sagensammlungen in
Versen und Prosa, und tausend andere Reisebehelfe sind in allen Kunst- und
Buchläden in solcher Fülle zu Kauf, dass zwischen Mainz und Köln kaum ein
Haus, kaum ein Baum gefunden wird, der nicht schon eine Feder oder einen
Grabstichel in Bewegung gesetzt hätte. Diese Gegend ist so vielfältig beschrieben, abgebildet und dargestellt, dass man zuletzt das Postgeld schonen
und sie mit gleichem Genuss in seinen vier Wänden bereisen kann. (Simrock
1840, 7 f.)

Ähnlich wichtige Elemente einer Genealogie erlebnisorientierter Geschichtskultur wie ästhetische Bildung und Reiseliteratur (gewissermaßen der touristische
Modus des Wahrnehmens) scheinen – um diese Sichtung mit einem großen Zeit-
sprung fortzuführen – von den Reformbewegungen der Jahrhundertwende um
1900 herzurühren. In ihnen leben die Ideen von Ganzheitlichkeit und sinnlichem
Erkennen fort und sind praktische Erfahrungen zum Ausgangspunkt von Reflexion und Ermächtigung geworden. Solche Konzepte haben etwa über Kunstgewer-
be und Heimatkunde und später auch über die Museumsreform (siehe Joachimides 2001) sehr unmittelbar die Felder der Geschichtskultur und des historischen
Wissenstransfers berührt. Gerade dort wo sich das Interesse an Kunst und Geschichte mit den Bestrebungen der Volksbildung treffen, ist viel von Gemüt und
Anschauung die Rede (siehe Korff 1999) und fehlt auch selten der Verweis auf
die Vorbilder der ästhetischen Erziehung der Aufklärung. Theoretische Positionen jener Zeit zeigen eine ähnliche Richtung und stehen dabei in doppelter
Wechselwirkung mit der Praxis. Heinrich Wölfflin (1864–1945) fragte bereits
1886 in seiner Dissertation *Prolegomena zu einer Psychologie der Architektur*:
»Wie ist es möglich, dass architektonische Formen Ausdruck eines Seelischen,
einer Stimmung sein können?« (Wölfflin 1886, 1). Und der Wiener Kunsthis-
toriker Alois Riegl (1858–1905) machte zur Jahrhundertwende Stimmung und
lebensweltliche Einordung zu den Eckpfeilern seiner Denkmaltheorie, die zugleich eine Theorie der Begeisterung für das Historische an sich sein will.

Es geht also schon damals um Dinge in ihrer Beziehung zur Lebenswelt,
um die bei Alois Riegl als »Stimmungswert« bezeichnete Strahlkraft des Historischen: Die Vorstellung von der Einordnung des Menschen in universelle
Ordnungen lasse ihn, so Riegl (1903, 24), im Denkmal »ein Stück des eigenen
Lebens erkenn[en]«. Ähnliche Gedanken finden sich übrigens annähernd zeit-
gleich bei Georg Simmel (1914/15), der von der seelischen Ganzheit spricht,

in der die Vergangenheit und Gegenwart in die Einheit ästhetischen Genießens verschmelzen.

Wissen und Praxis: Sinnliches Erleben und lebensweltliche Evidenz

Diese Beziehung – zwischen Erfahrung und eigenem Leben – herzustellen, ist eine Kulturtechnik, die uns die Moderne auf vielerlei Weise gelehrt hat, für die es Anleitungen gibt, die ihre medialen Repräsentationen kennt und die wir in Bezug auf Emotion und Kognition durch wiederholte Praxis beherrschen. Herstellung und Erfahrung von Evidenz sind dabei zentral. Wesentlich scheint dabei der Aspekt der Performanz, also die Formen und Modi, etwas im Handeln zur Erscheinung und Geltung zu bringen.

Das macht dann auch zeitgenössische Akteure zu Experten des Authentischen – kompetent in der Beherrschung zumal der Körper- und Wahrnehmungstechniken, die historische Nähe evident werden lassen. Der Berliner Emotionshistoriker Benno Gammerl hat für diese Kompetenz vor einiger Zeit den Begriff des emotionalen Stils vorgeschlagen (Gammerl 2012). Er fasst als emotionale Stile unterschiedliche Modi des Denkens über, Kultivierens von, Umgehens mit und des Ausdrucks von Gefühlen – ein Konzept, verwandt der Bourdieu'schen Habitustheorie, aber fokussiert auf Haushalt und Handeln in Bezug auf Emotionen (siehe Scheer 2012). Ich denke, dass sich dieses Konzept durchaus fruchtbar machen lässt für das, was man vorsichtig als ›Gefühlswissen des Historischen‹ bezeichnen könnte. ›Gefühlswissen des Historischen‹ spielt darauf an, dass die Vorstellungen und Erfahrungen in der Begegnung mit Geschichte weitgehend implizit bleiben, also dem *tacit knowledge* zuzurechnen sind. Gleichzeitig ist solches Wissen in hohem Maße situativ, es schreibt sich nicht nur in Körper ein, sondern liegt in den Beziehungen, in die diese zu ihrer materiellen und medial vermittelten Umwelt eintreten.

Wissenszirkulation in den Feldern der Geschichtskultur bezieht sich mithin nicht nur auf Transferbeziehungen zwischen Theorie und Praxis, zwischen Akademie und unterschiedlichen Öffentlichkeiten, sondern sie berührt darüber hinaus, die Assoziierungen – Assemblagen und Gefüge im Sinne der ANT – zwischen menschlicher Physis und der materiellen und räumlichen Umwelt (siehe Latour 1998). Die Kopräsenz von Akteuren und nichtmenschlichen Aktanten – sei es im historischen Spiel oder in der aufbereiteten historischen Stätte – gestaltet Erfahrung und lässt auf diese Weise implizites, in den Orten und Handlungen liegendes Wissen aneignen. Das Erleben der Kultur im alltagsweltlichen Zuschnitt lässt sich also mit Don Ihde (2004) als »materielle Hermeneutik« begreifen, in der Dinge und Orte an der Ko-Konstituierung von Erkenntnis beteiligt sind.

Die seit 2016 in Berlin lehrende und forschende Sozialanthropologin und Kulturerbeforscherin Sharon Macdonald hat ihr 2013 erschienenes für unser Thema äußerst anregendes Buch *Memorylands* wohl auch deshalb mit einer an kulturellen Praktiken orientierten Gliederung überzogen, weil sie damit demonstrieren konnte, dass Heritage weder allein in den Dingen und Überlieferungen selbst, noch in den Wissensbeständen liegt, sondern sich erst im Umgang, in der Interaktion ergibt. So beginnen die Kapitel etwa mit »Making Histories« oder »Telling the Past«, »Selling the Past« und – last but not least für den hier diskutierten Zusammenhang zentral – »Feeling the Past«. Macdonald entwickelt darin eine phänomenologisch inspirierte Praxeographie verkörperter und materialisierter Wissenspraktiken, die sich vor allem für »bodily and sensory experience« interessiert, verstanden als »experience […] going beyond that which people might verbally to articulate to include, indeed, often to concentrate upon« (Macdonald 2013, 82). Zugleich warnt sie aber davor, zu glauben »that domains of experience ›beyond discourse‹ are somehow more ›real‹ or ›authentic‹ than those expressed in words« (ebd. 81). Dieser Hinweis ist wichtig, weil es hier nicht um die Prolongierung vitalistischer Konzepte des späten 19. und frühen 20. Jahrhunderts gehen kann, sondern um ein Verständnis, das weniger die Unmittelbarkeit als solche herausstellt als vielmehr die Möglichkeiten durch physisch-sinnliche Nähe Geltung im Sinne lebensweltlicher Evidenz zu gewinnen.

Smart History? Expertise in Interaktion als Verhandlungen von Geschichte und Gedächtnis

Interessanterweise findet sich dieser Glaube an die größere Nähe und Authentizität vorsprachlicher Erfahrungsweisen nicht nur mittelbar in alltagsweltlichen Vorstellungen, wie ich sie im Eingang dieses Beitrags zu skizzieren versucht habe, sondern er wird – obwohl in der Didaktik zusehends reflektiert – häufig mit geschichtskulturellen Angeboten verbunden. Zumindest in ihrer öffentlichen Repräsentation wenden sie – ob in der Museumspädagogik oder beim historischen Themenwandern – oftmals die Idee authentischen Erlebens ins Normative und stellen Laienzugänge als vermeintlich unmittelbarer gegen Expertenwissen und traditionelle Vermittlungsformate. In eben dieser Dichotomie liegt aber, gleichgültig ob mit dieser oder jener normativen Konnotation, auch das Problem der Diskussion um erlebnisorientierte Wissensprozesse in der Geschichtskultur. Die amerikanische Kulturanthropologin Dorothy Noyes, die sich in verschiedenen Studien mit Folklore- und Cultural Heritage-Akteuren auseinandergesetzt hat, verwies bereits vor etlichen Jahren auf die problematischen Grenzziehungen gerade in jenen Feldern, in denen Praktiker häufig nicht nur internationaler agieren als akademische Wissenschaftler, sondern aufgrund ihrer beruflichen Hintergründe auch professionelle Expertise in ihre Felder hineintragen, zu denen die Akademie manchmal gar keinen Zugang hat (Noyes 1999). Ohne hier ein umgekehrtes *boundary work* (Gieryn 1999) der Grenzziehungen zwischen populären und professionellen Zugängen anstoßen zu wollen (dies geschieht nur allzu häufig), möchte ich hier für ein Verständnis von Geschichtskultur als *trading zone* plädieren, deren Potential gerade in der Begegnung unterschiedlicher Wissensordnungen liegt. Diese sind freilich nicht nur nicht stabil, sondern immer relational und in Beziehung zu erklären. Darauf bezieht sich auch diese bei den jüngeren *Science and Technology Studies* geliehene Metapher. Als *trading zone* werden Beziehungen zwischen unterschiedlichen Denkstilen in ihren wechselseitig bedingten Nutzungspotentialen verstanden (Galison 1997); ein Konzept, das es der anthropologischen Wissensforschung ermöglicht, Wissensordnungen in ihren nicht-dichotomen Beziehungen zu analysieren. Harry Collins und Rob Evans (2002) sprechen daher auch von der »interactional expertise«, die in solchen Zonen der Verhandlung entstehen kann und deren Wert weder aus der Durchsetzung dieses noch jenes Zugangs, sondern aus der kollaborativen Dynamik der beteiligten Akteursgruppen erwächst.

Solche Denkmodelle helfen den für die Diskussion geschichtskultureller Felder nach wie vor problematischen Gegensatz von Wissenschaft und Praxis zu überwinden. Sie sind aber damit nicht nur für ein neues Verständnis von Praxis hilfreich, sondern gerade auch für eine historisch denkende und argumentierende Kulturerbeforschung. Am theoretischen Modell etwa einer *trading zone* werden die aktuellen Debatten um das partizipative Museum als einem Ort der Koproduktion von Wissen in der Interaktion unterschiedlicher und überlappender Akteursgruppen fassbar. Interaktionale Expertise ist aber auch ein Schlüssel zu historischen Wissenskonstellationen und ihren Epistemiken im Umgang mit Kulturerbe und Geschichte, wie sie in den vergangenen Jahren verstärkt zum Gegenstand fächerübergreifender Analysen gemacht worden sind (siehe Samida 2013). Das verlangt den fokussierten Blick auf Praktiken und deren Auslegung und schafft in der Auseinandersetzung mit den niemals machtfrei verhandelten Geltungsansprüchen auch neue Voraussetzungen für Teilhabe und Reflexion im angewandten Feld. Denn *smart* wird Geschichte, werden ihre Institutionen und Praktiken weniger durch neue Medien, Technologien und Kommunikationstechniken als durch Gefäße und Formate, in denen Expertisen verschiedener Hintergründe produktiv zusammengeführt werden können.

Literatur

Collins/Evans 2002: Harry M. Collins/Robert Evans, The Third Wave of Science Studies: Studies of Expertise and Experience. Social Studies of Science 32/2, 2002, 235–296.

DWB: Jakob Grimm/Wilhelm Grimm, Deutsches Wörterbuch. 33 Bde. Leipzig: Hirzel 1854–1961.

Foucault 1974: Michel Foucault, Die Ordnung der Dinge: Eine Archäologie der Humanwissenschaften. Frankfurt a. M.: Suhrkamp 1974.

Galison 1997: Peter Galison, Image & Logic: A Material Culture of Microphysics. Chicago: University of Chicago Press 1997.

Gammerl 2012: Benno Gammerl, Emotional Styles – Concepts and Challenges. Rethinking History 16/2, 2012, 161–175.

Gieryn 1999: Thomas F. Gieryn, Cultural Boundaries of Science: Credibility on the Line. Chicago: University of Chicago Press 1999.

Gumbrecht 2011: Hans Ulrich Gumbrecht, Stimmungen lesen: Über eine verdeckte Wirklichkeit der Literatur. München: Carl Hanser 2011.

Hörisch 2011: Jochen Hörisch, Sich in Stimmung bringen: Über poetisches und mediales Mood-and-Mind-Management. In: Anna-Katharina Gisbertz (Hrsg.), Stimmung: Zur Wiederkehr einer ästhetischen Kategorie. Paderborn: Wilhelm Fink 2011, 33–43.

Ihde 2004: Don Ihde, More Material Hermeneutics. Yearbook of the Institute for Advanced Study on Science, Technology and Society 2004, 341–350.

Joachimides 2001: Alexis Joachimides, Die Museumsreformbewegung in Deutschland und die Entstehung des modernen Museums 1880–1940. Dresden: Verlag der Kunst 2001.

Klüver 2014: Henning Klüver, Gebrauchsanweisung für Mailand. Mit Lombardei. München: Piper 2014.

Korff 1999: Gottfried Korff, »Culturbilder« aus der Provinz. Notizen zur Präsentationsabsicht und -ästhetik des Heimatmuseums um 1900 (1999). In: Ders., Museumsdinge. Deponieren – exponieren. Köln/Weimar/Wien: Böhlau ²2002, 49–59. [Original: 1999.]

Latour 1998: Bruno Latour, Wir sind nie modern gewesen: Versuch einer symmetrischen Anthropologie. Frankfurt a. M.: Suhrkamp 1998.

Macdonald 2013: Sharon Macdonald, Memorylands: Heritage and Identity in Europe Today. London/New York: Routledge 2013.

Mortimer 2014: Ian Mortimer, Im Mittelalter: Handbuch für Zeitreisende. München/Berlin/Zürich: Piper 2014.

Müller 2012: Susanne Müller, Die Welt des Baedeker: Eine Medienkulturgeschichte des Reiseführers 1830–1945. Frankfurt a. M./New York: Campus 2012.

Noyes 1999: Dorothy Noyes, Provinces of Knowledge: Or, How Do You Get Out of the Only Game in Town? Journal of Folklore Research 36, 1999, 253–258.

Peter 2013: Pamela Peter, Die Dinge der Mittelalterlichkeit: Die Rolle der Dinge in Reenactment und Living History. Tübingen: Unveröffentlichte Magisterarbeit 2013.

Pink 2010: Sarah Pink, Principles for Doing Sensory Ethnography: Perception, Place, Knowing, and Imagination. In: Dies., Doing Sensory Ethnography. London/Los Angeles: Sage 2010, 23–43.

Riegl 1903: Alois Riegl, Der Moderne Denkmalkultus: Sein Wesen und seine Entstehung. Wien/Leipzig: Braumüller 1903.

Samida 2013: Stefanie Samida, Archäologie und Öffentlichkeit: Zum Stand der Reflexion. In: Manfred K. H. Eggert/Ulrich Veit (Hg.), Theorie in der Archäologie: Zur jüngeren Diskussion in Deutschland. Tübinger Archäologische Taschenbücher 10. Münster u. a.: Waxmann 2013, 337–374.

Scheer 2012: Monique Scheer, Are Emotions a Kind of Practice (and What is That What Makes Them Have a History)? A Bourdieuan Approach to Defining Emotion. History and Theory 51/2, 2012, 193–220.

Schiller 1795: Friedrich Schiller, Über die ästhetische Erziehung des Menschen in einer Reihe von Briefen. Stuttgart: Reclam 2012. [Original: 1795.]

Schwab 1837: Gustav Schwab, Wanderungen durch Schwaben. Das malerische und romantische Deutschland 2. Leipzig: Wigand 1837.

Simmel 1914/15: Georg Simmel, Rembrandtstudie. LOGOS: Internationale Zeitschrift für Philosophie und Kultur 5/1, 1914/15, 1–32.

Simrock 1840: Karl Simrock, Rheinland. Das malerische und romantische Deutschland 9. Leipzig: Wigand 1840.

Urry 1990: John Urry, The Tourist Gaze: Leisure and Travel in Contemporary Society. London: Sage 1990.

Winckelmann 1763: Johann Joachim Winckelmann, Abhandlung von der Fähigkeit der Empfindung des Schönen in der Kunst und dem Unterrichte in derselben. In: Winckelmanns Werke in einem Band [= Bibliothek deutscher Klassiker]. Berlin/Weimar: Aufbau 1986, 137–164. [Original: 1763.]

Wölfflin 1886: Heinrich Wölfflin, Prolegomena zu einer Psychologie der Architektur. München: Wolf 1886. [Zugleich: Dissertation Universität München 1886.]

Ding_Bedeutung

Mads Daugbjerg

›As Real as it Gets‹

Vicarious Experience and the Power of Things in Historical Reenactment

ABSTRACT

Ein Schlüsselbegriff unter Reenactors ist das Erleben. Die kostümierten Hobbyisten, die Schlachten und andere Ereignisse nachspielen, um ausgewählte Ausschnitte der Vergangenheit darzustellen oder zu reproduzieren, suchen nach dem ultimativen repräsentativen Erlebnis: Sie wollen selbst so nah wie möglich an ihre Vorstellungen von den vergangenen Wirklichkeiten derjenigen realen Soldaten herankommen, die sie im Reenactment darstellen. Dieser Text handelt von ihren Annäherungsversuchen und den Dingen, die hieran beteiligt sind. Er basiert erstens auf einer ethnographischen Feldstudie des ikonischen Felds des US-amerikanischen Bürgerkriegs in Gettysburg (Pennsylvania) 2010 und 2013, wo ich in die Reenactmentszene ›eingetaucht‹ bin und zweitens auf früheren und gleichzeitigen Studien zu dänischen Living History-Enthusiasten. Mein Interesse gilt den sozialen und materiellen Bestrebungen der Reenactors mit Rücksicht auf das Konzept der *material hermeneutics* des Wissenschaftsphilosophen Don Ihde.

Ich möchte die Sonderstellung des Erlebens diskutieren sowie die Rolle von Mensch-Ding-Konstellationen in den hier dargestellten bzw. nachgeahmten Vergangenheiten des 19. Jahrhunderts. Dazu möchte ich die verkörperten Versuche der ›Living Historians‹ mit einem anderen Modus der Annäherung an die Vergangenheit kontrastieren: das sogenannte ›battlefield rehabilitation program‹ – ein Bestreben die historische Landschaft zu rekonstruieren, indem jüngere sichtbare Spuren hieraus beseitigt werden. Abschließend diskutiere ich die komplexen politischen und ethischen Aspekte, die mit diesen Wiederaufführungen von bestimmten historischen Perspektiven und Narrativen und ihren Ansprüchen auf Authentizität und Autorität verbunden sind. Die Macht der Dinge, die ich hierbei herausstelle, basiert auf materiellen Manifestationen von bestimmten Ausschnitten der Vergangenheit, welche sozusagen handfeste Fakten für den Wahrheitsanspruch ihrer Geschichtsperformanzen liefern. Nicht zuletzt im US-amerikanischen Fall werden historische Reenactments häufig in den Dienst von politisch reaktionären Positionen gestellt, daher ist es wichtig, den Interpretamenten Beachtung zu schenken. Genauso kann das Reenactment als Experimentierfeld für Perspektivenwechsel und Alternativentwürfe aber auch eine kritische Auseinandersetzung mit der Vergangenheit ermöglichen.

Among historical reenactors, costumed hobbyists staging elaborate battles and episodes to portray or re-invoke selected bits of the past, ›experience‹ is a key concept. This paper deals with the relentless quest among reenactors for the ultimate vicarious experience – that is, the coming as close as possible to ›what it must have been like‹ for the real flesh-and-blood soldiers they seek to portray – and with the ways in which such strivings are connected to and dependent upon material objects and ensembles of objects, ›things‹.

The article is based on ethnographic fieldwork in and around the iconic field of Gettysburg, in Pennsylvania, in 2010 and 2013, where I immersed myself in the American Civil War reenactment scene, and further draws on my previous and parallel studies of Danish living history enthusiasts. I explore reenactors' social and material aspirations as what philosopher of science Don Ihde (2004; see also Ihde 1999; Verbeek 2003) has called a »material hermeneutics«. I wish to discuss this particular privileging of experience in embodied and materialised form, and the ways in which particular human-material constellations make possible certain uses of and connections to those 19th century pasts that these ›living historians‹ emulate. I will do so by contrasting their embodied efforts with another modality of accessing the past, epitomised here by the US National Park Service and its so-called ›battlefield rehabilitation‹ program[1] – an approach that aims for historical understanding attained via a visual ›cleansing‹ of the landscape.

In the final part of my article, I go on to discuss the complex political and ethical aspects inherent in the restaging of specific historical perspectives and narratives and in the claims to authenticity and authority built into them. The ›power of things‹ that I highlight is a power connected to the material manifestation of certain, selected aspects of the past proposed as true, and their truth value is often forcefully asserted as facts based on this very ›present‹ materiality. It is important to consider such assertions, since historical reenactment is often utilized in the service of politically orthodox historical positions or claims, not least in the US case. I grant that this is so, but argue that such a conservative stance is not necessarily an inherent quality in reenactment which can, in fact, be a vehicle of critical historical thinking. What emerges, then, is a cautious call for a reflexive and explorative engagement with reenactment and related performative practices; an engagement that acknowledges the considerable power of such spectacles, but at the same time insists on keeping and cultivating their open-endedness and room for experimentation and perspectival shifts.

---

1 <http://www.nps.gov/gett/learn/news/gett-rehab-goals.htm>, accessed April 29, 2015.

The Insufficiency of Books

»This is as real as it gets«, I was ensured by Sven,[2] a member of a Danish group of history buffs reenacting historical battles from the 19th century (Interview with Sven on April 16, 2009). Dressed in home-sewn uniforms and armed with historical weapons, he and his friends travel to historical festivals, commemoration ceremonies and open-air museums, staging spectacular and well-attended mock battles and historical episodes. At such events, Sven explained, the audience can »almost touch a living soldier from 1864, see his uniform, see his hat, his knapsack, see his gun and how to load it« (ibid.). He argued to me that to the average visitor, »this is different from a dry little book from some history teacher in 1947 who told him something he has forgotten all about«. Such comments correspond well with Richard Handler and William Saxton's earlier findings that although they are almost by definition keenly committed to history, »living historians explicitly devalue written history, history as it is found in books« (1988, 243; see also West 2014, 163). This is something that I found to be generally true in my own studies of reenactment, although my informant's relationship to written history was not as purely negative as Handler and Saxton suggest; indeed, many of them consumed vast amounts of historical literature.

However, and importantly, when it comes to the communication aspect of their historical insights – the dimension of teaching directed at an audience – the ›living‹ or experiential approach is generally assumed to be superior. Part of their ambition, then, is communicating or teaching history as true or real as it gets to others. It is also, however – and to many reenactors more than anything – about sensing an authentic past *themselves*, and by doing so, obtaining a sense of a ›real self‹. To quote Handler and Saxton again, »[a]n authentic experience, to be achieved in the practice of living history, is one in which individuals feel themselves to be in touch both with a ›real‹ world and with their ›real‹ selves« (ibid. 243). To Sven, as to many of his fellow reenactors, the processes of getting in touch depended heavily on the objects he carried and operated.

The disregard for mere ›bookish‹ knowledge was key to Jonathan, one of the leaders of the American Civil War reenactment company that I joined as part of my fieldwork in and around Gettysburg.[3] He told me that »I got into it because I wanted what the books couldn't give me« (Interview with Jonathan on May 2,

---

2   This is not Sven's real name. All informant names in this paper have been changed for purposes of anonymity. All quotes from Danish interviews are my own translations.

3   The main ethnographic fieldwork informing this article was conducted over the spring and summer of 2010, with a two-week follow-up visit during the summer of 2013. It entailed basing myself in Gettysburg, Pennsylvania for a five-month period, during which I investigated and took part in various branches of the local and regional

2010). Again, we see the explicit opposition set up between reenactment and book-based learning. He elaborated:

> I started studying the American Civil War when I was in middle school, and I just automatically got hooked, and read everything I could get my hands on. Ken Burns came out with his Civil War [television] documentary at the same time I was getting into it. And as I am reading it, and seeing it, I am always wondering, ›what was it like, what was it like‹, you know, walking a mile in somebody's shoes? And when I found out they did reenactment, I was like: ›I gotta try that, I gotta do that.‹ And then I found the first local reenactment unit in my area [...] and I joined them. And it was really amazing, to really walk a mile in their shoes, and to get that experience. (ibid.)

Jonathan's perceived clash between bookish knowledge and lived experience is typical of my reenactor informants, both Danish and American. Although someone like Jonathan possessed a vast and detailed knowledge of the Civil War, obtained from an almost obsessive devouring of Civil War literature, battle descriptions and drill manuals, such theoretical knowledge was understood to be inadequate for capturing a ›real‹ sense of ›what it was like‹ – of obtaining, we may say, a ›vicarious‹ experience.

What may be gained by addressing the reenactors' quest through this term? In one online dictionary, we find four related, but distinct, meanings of the word ›vicarious‹:

> 1. Felt or undergone as if one were taking part in the experience or feelings of another: read about mountain climbing and experienced vicarious thrills.
> 2. Endured or done by one person substituting for another: vicarious punishment.
> 3.a. Acting or serving in place of someone or something else; substituted.
>   b. Committed or entrusted to another, as powers or authority; delegated.
> 4. (Physiology) Occurring in or performed by a part of the body not normally associated with a certain function.[4]

Clearly, it is the first of these – the quest for »the experience or feelings of another« – that lies at the core of Sven's and Jonathan's comments. I want, however, to go on to suggest that some of the dictionary's further meanings, especially the third one focusing on ›substitution‹ and ›delegation‹, may serve a helpful analytical purpose in teasing out some of the key qualities associated with reenactment

---

Civil War industry, including joining one of the many groups that perform historical reenactment in the area.

4 <thefreedictionary.com>, accessed April 29, 2015.

– but also, ultimately, opening up for a more critical discussion. Such questions, to be pursued towards the end of my paper, regard the politics and the power of historical reenactment, and can be tentatively phrased like this: Substituted for what? Delegated by whom?

The Capacity of Things

But first, I want to get back to the hat, knapsack and gun that Sven described, and to the shoes that Jonathan found so amazing. Back to the materials, the things of reenactment. For while a number of important studies have examined historical reenactment and living history interpretation,[5] relatively little attention has hitherto been paid to the material dimension so central in these contexts, and to the role that objects and tangibles play in shaping a desire for something going beyond conventional ›representation‹ (see Lorimer 2005; Thrift 2008) (Fig. 1).

Fig. 1   The materials of reenactment. Bivouac and equipment at the reenactors' camp, set up at Spangler's Spring, in Gettysburg National Park, summer 2010 (photo by Mads Daugbjerg).

---

5   Earlier landmark studies include Anderson 1984; Handler/Saxton 1988; Snow 1993; Bruner 1994; Samuel 1994, 169–202; Crang 1996. For more recent work, see Magelssen 2007; McCalman/Pickering 2010; Schneider 2011; Jackson/Kidd 2011; Kalshoven 2012.

To American reenactors, the pursuit of the ultimate Civil War experience includes an unending fascination with materials and material qualities, and especially with those that come together in what is called your personal ›kit‹: uniforms, clothing, weapons and equipment. Coming across as authentic depends to a large degree on the quality of your and your company comrades' equipments, constituting the material basis of your so-called ›impression‹ – a complex cover term used to denote both the particular part a given group is expected to fulfil in a specific reenactment (e.g. »in this battle, our impression will be the 15th Alabama«), but also the degree to which ones portrayal is credible or accurate (e.g. »a fantastic impression«).

›Impression‹ in this understanding thus concerns a great deal of ›expression‹, and it also comprises and binds together a number of less outright material factors such as stature and pose, facial work and skill. In turn, the quality of your personal impression relies heavily on your company and its collective orchestrations. A convincing impression thus distinguishes the serious reenactor – called, on the American scene, ›campaigners‹, ›progressives‹, or ›hard cores‹ – from the ›mainstreamer‹, the ›weekend warrior‹ or the ›farb‹.[6] And while not in itself sufficient, a quality clothing is a prerequisite for a quality impression.

Thus, even though we may speak of living historians as seeking what Handler and Saxton (1988) term an ›authenticity of experience‹, comprised of largely intangible sensations, atmospheres and emotions, I argue that such qualities cannot be separated from a number of tangibles and their powers – indeed, they revolve around them. The ›stuff‹, to use Daniel Miller's (2010) term, is crucial in facilitating the experiential authenticities. A great deal of concrete labour, assembly work, or what I have referred to as ›patchwork‹ (Daugbjerg 2014), is invested in producing, maintaining and improving your kit. This work involves processes of decision, selection and prioritisation but also actual manual sewing work or other repair and maintenance duties. To give an example, Jonathan described his movement within the hobby, from a so-called ›mainstreaming‹ approach towards a more serious ›campaigning‹ one, as follows:

> When I first started, it was more of a mainstream unit, and we didn't carry everything on our backs. And our uniforms were all machine sewn, and synthetically dyed, and they never fell apart, and we never lost a button, and we slept in tents, on cots, with coolers. But, you know, for the past seven,

---

6   The terms ›farb‹ and ›farby‹ are used in derogatory fashion to refer to reenactors or elements considered inauthentic, lacking or out of place, typically used to frown upon those with a historically incorrect impression or attitude. Nobody seems to know exactly where the term stems from, although some say it derives from the phrase »far be it authentic«. See Thompson 2004, 212–215; Amster 2007, 18; Hart 2007, 111.

eight years, maybe even longer, I've been doing the campaign side of reenacting, where, you know, our uniforms are mostly handstitched, and they *do* fall apart, and you *have* to stitch them up, and you *do* lose buttons, and you carry everything on your back. (Interview with Jonathan on May 2, 2010)

Patchworking, in this sense, summarises the processes of stitching together and combining bits and pieces on the tactile level of the object, but in combination with ›bits and pieces‹ of accumulated and shared knowledge. And this ceaseless sense of maintenance, I suggest, extends well beyond the concrete working of actual materials to a more general or abstract level, instilling a sense of agency, of working on or crafting ›history‹ as such, and providing participants with powerful experiences of ›having a go‹ or ›a say‹ in the construction of history itself. This fascination with history experienced as what we may call ›unfinished business‹ thus constitutes a powerful driver among reenactors (see also Thompson 2004, 181; Schneider 2011, 33; Cooper/Law 1995) (Fig. 2).

Reenactment as a ›Material Hermeneutics‹

My approach to analysing the role of objects and materials in reenactment is inspired by the Actor-Network-Theory spearheaded by Bruno Latour (1999), John

Fig. 2   Before the battle. Cavalry commanders inspecting the battlegrounds at the Gettysburg annual reenactment, July 2010 (photo by Mads Daugbjerg).

Law (2004) and others, and by derived and related approaches that work with socio-material gatherings, including those within the heritage sector or on its fringes, as ›assemblages‹ (e.g. Bennett 2007; Macdonald 2009; Bille 2012; Harrison 2012). John Law, in his discussion of ›assemblage‹ as a process of ›tentative and hesitant unfolding‹, adopts Jacques Derrida's suggestion that we should understand assemblage as ›the complex structure of a weaving, an interlacing which permits the different threads and different lines of meaning – or of force – to go off again in different directions, just as it is always ready to tie itself up with others‹ (Derrida 1982, quoted in Law 2004, 42). Such images of weaving obviously resonate well with my own attempts at analysing reenactors' engagements as processes of ›patchworking‹.

In addressing the intimate relationship between people and things and the ways in which concrete human-material constellations empower and engender particular acts and activities, I am also interested in exploring what philosopher of science Don Ihde (1999; 2004) has called a ›material hermeneutics‹. The basic point, as summed up by Peter-Paul Verbeek (2003, 184), is that »instruments co-constitute the reality studied by scientists. Their role is not simply instrumental, but hermeneutic: they shape people's way of access to reality«. This implies, still according to Verbeek (ibid. 183),

> an expansion of hermeneutics from texts to materiality. Human interpretations of reality are not to be understood in terms of textual and linguistic structures only, but also as mediated by artifacts. In the same vein as Latour, who claims that the social sciences have too exclusively focused on humans and forgot about the nonhumans, it can be said that hermeneutics has only been using half its capacity, occupying itself only with texts and neglecting things.

Ihde's concept was taken up again by historian and historiographer Ewa Domanska (2006a; 2006b). In her work, she specifically seeks to comprehend the role and consequence of such a material hermeneutics for understanding people's relations to the past, configuring her analysis around what she terms ›presence‹ rather than ›representation‹. According to such a view, things do not just signify, they act. Domanska draws further on Latour and Weibel's conceptualisation of a *Res-Publica*, an object-oriented ›democracy‹, focusing on »things that create a public sphere around them« and on »how publics gather around things« (Domanska 2006a, 340; Latour/Weibel 2005).

The reenactors I was embedded with during my field work gathered very much around things; and indeed, I think we may justifiably speak of a particular kind of ›public sphere‹ which could and would not exist without the material particulars and the collective coming together of humans and things at the continuing cycle of reenactment events. To my reenactor friends, the stuff was crucial, and not merely as ›symbols‹, ›illustrations‹ or ›representations‹ of something else – such as ›the Civil War‹ – but as tools that in themselves, to quote Domanska again, »relate and influence the production of knowledge« (2006a, 342; see also Kalshoven 2012, 125–181). The things of reenactment – even if most of them are reproductions – matter in ways that go beyond questions of representation, of symbolism, or of their ability to increase prestige or ›capital‹ for the individual (Bourdieu 1986).

Hence, even if the material elements of a given reenactors' kit are indeed also signs of distinction and status, they are in fact much more than that – they are ›more-than-representational‹ (Lorimer 2005) – they have effect, consequence, agency. To get a better grasp of this extra-symbolic ›more‹ as it unfolds in actual reenactment practice, we may turn again to the concept of ›impression‹ (Fig. 3). Impression has more to it than outward appearance. If you cannot, as it were, embody your material kit with a matching persona and a parallel ›kit‹ of knowledge, skills and devotion, your impression suffers. Dave, the first sergeant of my company, exemplified this to me when we were talking about another group of self-proclaimed ›campaigners‹, calling themselves the Liberty Rifles, or just the ›LR‹. On the one hand, Dave admired their top-notch gear and their picture-perfect appearances, which had earned them several cover shoots on prestigious reenactment journals. However, Dave said, the LR's nice looks were not always backed up by discipline, knowledge and stamina. Indeed, he jokingly referred to them as the »Leave-early Rifles«, indicating that they would often be the first to pack up and leave an event when the going got tough, wet or cold.

Fig. 3	Making an impression. Company of Union soldiers posing at Spangler's Spring, near Gettysburg, summer 2010 (photo by Mads Daugbjerg).

Another leading member of my group, Jeff, brought up the same issue as we were discussing the role of objects: »The stuff is important,« he said, but then went on to point out the difference between what he called »hard core« and »hard cool«. »I mean: are you authentic because it's cool to be authentic? Or are you authentic because it's the right thing to do? You know, I mean, some of these guys with the cool jackets, [going], ›Oh yeah, I got this really cool jacket from Chris Daley‹… it's almost like a fashion statement. ›Look at the stitches… mine's a Jodi Nolan's‹.«[7] (Interview with Jeff on July 3, 2010) Some groups, Jeff told me, had really cool uniforms, »but then when it comes to actually do the work, do the job, they can't do it, cause they were boozing it up the night before.« (ibid.)

Clearly, then, having the right stuff is not enough. There is something beyond, something more, than surface representation. We may call it a thirst for ›experience‹, even ›vicarious‹ experience, as long as we acknowledge that this is very much an ideal striven for rather than something believed, among reenactors, to be actually attained, or even attainable (Crang 1996; de Groot 2009; Daugbjerg 2014). The spectacles staged were thus not understood to be one-to-one reflections of the past, but invariably incomplete in comparison to the historical nodes of references to which they pointed. Mark, a young and energetic reenactor of my company, was rather clear on this sense of lack, unattainability, and of how his own experience (of, say, the battle of Gettysburg) was so much thinner than the real deal of the 1860s. He told me that to him, reenactment was about »respecting men far better than me« (Interview with Mark on July 2, 2010). When I asked him why he had chosen to side with the Confederacy, he elaborated:

The South was agrarian. It was almost chivalric. Almost… a very knightly society. And I can respect that cavalier attitude, and I emulate it in my daily life. And the North, of course, [was] industry, and merchants, and bankers. And I see it as being a conflict between the farmer and the banker, literally. And, well, the rest of history was written by the fact that the bankers and the merchants won. (MD: And you would side with the farmers?) Every time. Anybody that wants to… preserve the countryside as a pristine area – I mean, it's beautiful – trees and creeks and stones, those are beautiful. I think cities are ugly. And stinky, and just… not pleasant places to be. (ibid.)

Reenactment is thus also, as captured in quotes like these, full of absence, of nostalgic yearnings for a past that might never have been – but that might also (or

---

7   These brands are the recognised names of some of the most widely respected manufacturers of quality reenactment gear.

perhaps, according to people like Mark, *should* also) have been (see Schneider 2011, 55).

Mark possessed, as indeed did the rest of our reenactment company, a politically conservative outlook, believing in martial ideals of self-sufficiency, courage, duty, and sacrifice for the common (American) good, all »something that has been in a steady decline in this country« (Interview with Mark on July 2, 2010) as he said to me. This is an example of how a profound deal of criticism of contemporary US culture – politics, urban development, crime rates, divorce rates, the school system, and more – was built into the general outlook of the reenactment community and manifested during events. Often my informants would blame what they saw as a shady, metropolitan, and politically liberal elite who they felt had no idea about the lives and concerns of the common folk. Moreover, and coming back to the issue and role of materiality, they would often describe these ostensibly unpatriotic powers as a left-leaning, urban class of people preoccupied – unlike themselves – with words, rhetoric, and talk, rather than honest things, crafting and action.

Rehabilitation and the Gettysburg ›Experience‹

If, as I have argued, the reenacted American Civil War is attractive to its practitioners partly because of its feel of ›unfinishedness‹, it also serves, at the same time, as an implicit – but, precisely, enacted – critique of more conventional approaches to learning about and exhibiting history and heritage. We have already seen how the (stereotype of) ›the book‹ is generally deemed insufficient as a source of real knowledge. Much the same could be said about reenactors' relationship to other conventional sources of knowledge, including the US school system and the museum as an archetype. This was true even if the museum is, in a sense, all about things. How come?

This is so, I would suggest, because the museum is seen by reenactors as a paragon of representation, of rationality, of the non-experiential. In sharp contrast to the material culture usually exhibited, behind glass, in museums, the materiality celebrated in reenactment is precisely an experienced materiality; a preoccupation with things connected to touch and sensory immersion; not to vision, distance and separation between viewer and viewed (glass cases, ropes, museum attendees etc.). We may say that if reenactment offers participation, agency, unfinishedness, improvisation, and so on, on the other hand the museum – at least when viewed from the campfires of my reenactor informants – signals ›finished‹, untouchable, distanced and glass-cased truths.

Fig. 4   Cleansing the sacred ground. Demolition of the restroom (erected for visitors
during the 1920s) at the key location of Devil's Den, near Gettysburg, in 2010
(photo by Mads Daugbjerg).

While I will not delve deeper into this museum-versus-reenactment contrast
here, I want to introduce and discuss another epistemological position – another
mode of conceptualising the battle and the Civil War past – that was powerfully
enacted during my time in Gettysburg. It revolves around the notion of a ›rehabilitation‹ of the Gettysburg battlefield and has the US National Park Service
(NPS) at its stern, the federal agency that manages the 4,000-acre Gettysburg
National Military Park. As such, it is a dominant and official heritage voice and
agenda. While it is clearly different from the reenactors' immersive take on the
past, the NPS perspective cannot be said to be anti-experiential. Surely, the Park
Service is all for providing visitors with the best possible ›Gettysburg experience‹. But it presents us with a different set of ideas about what experience is or
can be, and how it relates to perception, self, and power.

In the late 1990s, NPS began to draft and implement a series of policies
aiming for a ›purer‹ image of the battlefield (Weeks 2003, 186–194). This new
course can be seen as a reaction against the rather unplanned and carnivalesque
mushrooming of new structures, forms, and rather kitschy genres dedicated to
the memory of the battle that had dominated until then. The aim of this long-term
and still ongoing federal policy is what is officially termed a ›rehabilitation‹ of
the battlefield, that is, a transformation of the current state of affairs aspiring to
bring the field as much in line with its 1863 appearance as possible (Fig. 4).

»Battlefield rehabilitation,« NPS proposes, »is allowing visitors to have a
more accurate understanding of obstacles faced by those on the field as well as

the command decisions made by both armies. Over time, the project will offer new opportunities for visitors to see the battlefield through the soldiers' eyes.«[8] The very term ›rehabilitation‹, imported from the realm of medical care, comes with its own set of connotations. One is to install a normative temporal scale with a clear reference point in time (July 1863) at which the ›patient‹ – or, in this case, the Gettysburg landscape – was assumingly fresh and unpolluted. The intermediate period, in such a discourse, is then invariably associated with illness, suffering, and encroaching degeneration, and with an obscuring of the original, desired state of affairs. Thus the NPS, in this rhetoric of historic rehabilitation, takes on the role not only of protectors and preservationists but also of (good-intentioned) interventionists insistent on cleansing the terrain of impurity in the name of scientific enlightenment, and of not merely halting, but actually reversing, the degeneration.

Aiming to freeze a specific ›sacred‹ or ›hallow‹ moment in time, the rehabilitation principles have been effectuated by tearing down a number of significant buildings, infrastructures, and vegetation areas deemed to be ›non-historic‹. The demolition of a 94-meter modernistic viewing tower, the Gettysburg National Tower, in July 2000, initiated the program in iconic (or, some would argue, iconoclastic) fashion. A large number of other structures, from landmark buildings to less significant fences, dirt roads and orchards, have been razed since then. An ambitious tree-felling scheme, aimed at removing 576 acres of ›non-historic‹ trees and vegetation, has been underway for several years. Another 275 acres are being replanted with trees and orchards supposed to represent those that have disappeared since the battle.

The trees allowed to survive because they can be documented to have been around during the battle (in other words, they are ›historic‹) have been poetically dubbed ›witness trees‹. As Jim Weeks (2003, 223) has noted, »props are being added to the landscape and reminders of intervening decades stripped away for an unmediated face-off with 1863«. It is, of course, hardly ›unmediated‹, except perhaps in the minds of its planners, but involves a huge amount of editorial decision-making and practical landscaping to instil an idea of non-mediation.

The US reenactors largely supported these landscape management initiatives and saw them as a system of patriotic and honest care for the important fields of the Civil War. They also clearly liked the idea of visually turning back time, effectively seeing the rehabilitation program as a tool helping to secure a framework that would further their own experiential engagements. Thus, it was clear that they viewed them mostly as visual backdrops, as ›canvases‹, so to speak,

---

8   See <http://www.nps.gov/gett/parknews/gett-rehab-goals.htm>, accessed April 29, 2015.

Fig. 5   Witness tree at Devil's Den, near Gettysburg (photo from 2013 by Mads Daugbjerg).

laying the groundwork for the ›real‹ experiences to be had by immersing oneself in them. As such (and like museum collections), the landscaping policies were seen as helpful and necessary, but also, mostly, as visual backdrops for their own engagements that required personal, material and multisensory investment (Fig. 5).

Standing in:
Reenactment as Vicarious ›Inspiration‹ and ›Delegation‹

One meaning of the term ›vicarious‹, we learned from the dictionary, centred on qualities such as ›substitution‹ and ›delegation‹, on standing in for something or someone else. Vicarious, in this sense, means »acting or serving in place of someone or something else; substituted« or »committed or entrusted to another, as powers or authority; delegated«.[9] If reenactors mostly seek the outright experiential vicarious thrill – the first of the four dictionary definitions – they also act as stand-ins, or as what Latour would call place-holders or ›lieutenants‹ (from the French ›lieu tenant‹, i.e., holding the place of, for, someone else; Johnson 1995,

---

9   <thefreedictionary.com>, accessed April 29, 2015.

273; and see Latour 1999, 185–190). They do this in several senses: in their own view, they ›stand in‹ for those brave soldiers who went before them, the »men better than me,« as Mark passionately termed them. Or, as Thorsten, a Danish reenactor reviving the 1860s Danish-Prussian wars, explained to me, »I feel like we are some sort of link between those who fell back then, and then our time« (Interview with Thorsten on May 26, 2006). He went on to talk about how as a reenactor he would often feel ›inspired‹ (*besjælet*), filled by the urges and spirits of the places, past events, and memories that he reenacted. In some cases, these ways of relating to the landscape, to specific places and to nature in general, were arguably romantic in character, re-invoking famous postures and stances of high Romanticism. This was the case, for example, when Thorsten told me about the magic of »waking up in the morning at half past five and look across the Vem-mingbund Bay and watch the morning fog lift« (ibid.), referring to a stretch of water adjacent to the key Danish 1864 battlefield of Dybbøl (Düppel). Casper, another reenactor sitting next to us, added, »you can almost see [the 1864 war-ship] Rolf Krake [emerging from the mist]« (Interview with Casper on May 26, 2006). »Yes, almost,« Thorsten continued, »you get inspired« (Interview with Thorsten). Like an echo – or perhaps, even, a reenactment – of Caspar David Friedrich's iconic 1818 Romantic masterpiece *Wanderer above the sea of fog* (*Der Wanderer über dem Nebelmeer*), such overpowering or ›sublime‹ moments of connection with nature and history were cherished as particularly valuable vicarious experiences.

In some cases, reenactors actually ›stand in‹ for named characters, often fa-mous ones, such as Confederate Generals Robert E. Lee or ›Stonewall‹ Jackson, or President Abraham Lincoln (see Daugbjerg 2014, 732–735; on Lincoln imper-sonators, see also Schneider 2011, 45–49). But in the pursuit of the truly ›magic moments‹,[10] the standing-in is more often performed on the level of the ordinary private or grunt, amounting to what Jenny Thompson (2004, 88) has described as a widespread »fascination with this mythic common man«.

But there is another, more critically and politically infused sense in which we may inquire about the vicarious business of reenactment. How, one may ask, and by means of what tools and processes, does this way of materialising and manifesting the American Civil War (or indeed any past) coexist with, take the place of, or ›substitute for‹, other ways of rendering that past intelligible? As I asked in the beginning of my paper: Substituted for what? Delegated by whom?

---

10 The so-called ›magic moments‹ alluded to by my American reenactors are also so-metimes referred to as ›period rush‹ or ›Civil War moments‹. See Handler/Saxton 1988, 245–246; Agnew 2004, 330; Thompson 2004, 167–173; Amster 2007, 19–24; Schneider 2011, 39–42.

Taking seriously the hermeneutic work that materials do, as I have attempted to do here, must also include attending to the considerable explanatory power and authority ingrained in things and physical presence as such, not least in relation to the broader audiences that reenactors perform for and communicate with. As Laurajane Smith (2006, 61) has pointed out, »the ability to equate tradition and memory to material items provides powerful authenticating ›common sense‹ legitimacy« (see also Kirshenblatt-Gimblett 1998, 30). Even if the objects of reenactment are most often, strictly speaking, copies or reproductions, their tangibility and the performative wholes in which they are immersed infuse them with considerable ›common sense‹ authority of this kind. In the eyes of many, things in themselves *warrant* reality, certifying (simply by being objects) that this is »as real as it gets,« to recall Sven's words. Indeed, the marketing ploys of reenactment societies and providers often revolve around the same kind of rhetoric, promising a fuller, better, closer or truer ›experience‹ of the past.

Such claims are part of the reason why, over the years, a continuing stream of scholarship has kept criticising the genres of historical reenactment and living history as providing shallow, romanticised, whitewashed or downright ›false‹ history. In such a critical view, reenacting is often – or, according to some, even generically – characterised by a superficial, commercialised, politically suspicious or otherwise dangerous relation to (or even prostitution of) professional history (e.g. Walsh 1992; Agnew 2004; Cook 2004). In a thoughtful piece of recent work on American Civil War reenactment, historian Brad West (2014) approaches these issues in a way that is more empirically rigorous than many earlier ›ideological‹ critics. His main concern is that US amateur reenactors are often called upon or drawn into what he calls ›secondary performances‹ (ibid. 162) in learning contexts and institutions, such as schools or museums.

Indeed, during my own studies, I registered a clear and arguably increasing tendency to employ reenactors as historical experts, including as part of settings and events – including mediatised ones – that were formally external to their own stagings. In line with my allusion to the ›common sense‹ legitimacy of material culture, the ›expertise‹ which reenactors are understood to possess is in a sense attested by their things. West (2014, 162) critiques this tendency of »allowing participants [reenactors] to lay claim to accurately know the past« by claiming what he terms »affective authority«. Arguably, such currents are connected to a much broader turn towards ›experience‹ as a watchword across the cultural industries (Schulze 1992; Hall 2006; Daugbjerg 2011), developments in which previous modes of knowledge and enlightenment are challenged and in some cases superseded by newer experiential and immersive formats. In such instances, reenactors, providing spectacle and easy tangible ›evidence‹, come to ›stand in‹

for conventional experts and processes of historical learning in ways that are certainly worrying and which risk flattening history instead of deepening it.

Conclusion:
Reenactment as a Responsible Reinvigoration of History

The concerns expressed by West and others are pertinent; clearly, the idea that reenactors possess a special authority – a general historical expertise bestowed upon them on performative, material and affective grounds – is naïve and should be opposed. The question, however, is whether these tendencies are generic to the format. I would like to hope they are not and to suggest, in conclusion, that a qualified and reflexive utilization of reenactment is possible, if it is viewed not so much as a ground of ultimate authority, or a quest for complete authenticity, but instead as a field of reflexive, corporeal engagements with history and memory. Reenactment has the potential to ›dig deeper‹ than many other modes of history and heritage representation, exactly because it includes the sensual, the corporeal and the kinaesthetic. And as I have argued, even though they often fall back on a rhetoric of authenticity (»as real as it gets«), a key ingredient in reenactors' own fascination seems to lie in its ›unfinished‹ open-endedness and explorative possibilities.

In my view, to put it briefly, the haptic and experiential character of reenactment holds promise and potential. I believe that reenactment does not, as argued by some critics – who tend to stay fixed on the level of conventional representation – of and by itself ›distort‹ or ›falsify‹ history or heritage. I also hold that an academically reflexive dialogue and critique – in some cases, even, co-participation – may in fact be productive in shaping fresh awareness, heightened reflexivity, counter narratives, while also generating increased access for new audiences (see also Daugbjerg/Eisner/Knudsen 2014).

What might such a reflexive terrain of potential look like? This is not the place for a protracted discussion of those further issues, but let me just note that a particular kind of inspiration can be found in disciplines such as film studies and performance studies, dominated by a curious and explorative engagement with reenactment as »a process of critical thinking«, as film studies scholar Joram ten Brink (2012, 178) has argued in his re-invigoration of Robin George Collingwood's legacy. A number of cinematographers, performers and other artists have experimented with the use of reenactment, not in pursuit of pure authenticity, but as a method that ruptures and disturbs the neat and taken-for-granted conceptions of temporality, causality and indeed history dominating the heritage sector today. Thus, performance studies scholar Rebecca Schneider (2011, 29) has proposed that reenactment can be said to contest »tightly stitched Enlightenment claims to the forward-driven linearity of temporality«. In her suggestive phrasing, »a reenactment *both* is *and* is not the acts of the Civil War. It is *not not* the Civil War. And, perhaps, through the cracks in the ›not not‹, something cross-temporal, something affective, and something affirmative circulates. Something is touched« (ibid. 43, italics in original).

It is these ephemeral qualities of circulation and touch between different registers of temporality that I believe reenactment, if utilised in sophisticated ways, may allow for. To give a final example of a powerful use of reenactment, we could look to filmmaker Joshua Oppenheimer's award-winning 2012 documentary, »The Act of Killing«, in which he invited former Indonesian gangsters to reenact their mass killings of supposed communists in the 1960s. Here, the idea is not to recreate a past ›as it really was‹ – indeed, the film includes various surreal passages – but to forcibly animate, enliven or ›vivify‹ horrendous memories and collective traumas; to engage with histories, including those of the repressed, through sophisticated affective engagement and disturbing co-authorships (see also Nichols 2008).

Still, it is pertinent to remain acutely aware that many popular reenactment activities today, such as battle reenactments, tend to »perpetuate ideologies rather than question them,« in the words of ten Brink (2012, 184). Echoing this, historian Mark Salber Phillips (2013, 12) states that »[r]e-enactment, it is true, has often served as a vehicle for the politics of traditionalism, but […] it is a mistake to assume fixed correlations between form, affect, and ideology«. I would like to close on an optimistic note, suggesting that such an uprooting of fixed correlations and an explicit interdisciplinary outlook might be worthwhile, and inviting historians, archaeologists and others who may have traditionally viewed reenactment with a solid dose of scepticism, to open up for and allow, if you will, a conscientious ›delegation‹ of parts of their own expertise, responsibility and interpretation of the past.

References

Agnew 2004: Vanessa Agnew, Introduction: What is Reenactment? Criticism 46/3, 2004, 327–339.

Amster 2008: Matthew H. Amster, A Pilgrimage to the Past: Civil War Reenactors in Gettysburg. In: Claire L. Boulanger (Ed.), Reflecting on America: Anthropological Views of U.S. Culture. Boston: Pearson/Allen and Bacon 2008.

Anderson 1984: Jay Anderson, Time Machines: The World of Living History. Nashville: American Association for State and Local History 1984.

Bennett 2007: Tony Bennett, The Work of Culture. Cultural Sociology 1/1, 2007, 31–47.

Bille 2012: Mikkel Bille, Assembling Heritage: Investigating the UNESCO Proclamation of Bedouin Intangible Heritage in Jordan. International Journal of Heritage Studies 18/2, 2012, 107–123.

Bourdieu 1986: Pierre Bourdieu, The Forms of Capital. In: John G. Richardson (Ed.), Handbook of Theory and Research for the Sociology of Education. London: Greenwood Press 1986, 241–258.

ten Brink 2012: Joram ten Brink, Re-enactment, the History of Violence and Documentary Film. In: Joram ten Brink/Joshua Oppenheimer (Eds.), Killer Images: Documentary Film, Memory and the Performance of Violence. New York/Chichester: Wallflower Press 2012, 176–189.

Cook 2004: Alexander Cook, The Use and Abuse of Historical Reenactment: Thoughts on Recent Trends in Public History. Criticism 46/3, 2004, 487–496.

Cooper/Law 1995: Robert Cooper/John Law, Organization: Distal and Proximal Views. In: Samuel Bachrach/Pasquale Gagliardi/Bryan Mundell (Eds.), Research in the Sociology of Organizations. Greenwich, CT/London: JAI Press 1995, 237–274.

Crang 1996: Mike Crang, Magic Kingdom or a Quixotic Quest for Authenticity? Annals of Tourism Research 23/2, 1996, 415–431.

Daugbjerg 2011: Mads Daugbjerg, Playing with Fire: Struggling with »Experience« and »Play« in War Tourism. Museum and Society 9/1, 2011, 17–33.

Daugbjerg 2014: Mads Daugbjerg, Patchworking the Past: Materiality, Touch and the Assembling of ›Experience‹ in American Civil War Reenactment. International Journal of Heritage Studies 20/7&8, 2014, 724–741.

Daugbjerg/Eisner/Knudsen 2014: Mads Daugbjerg/Rivka Syd Eisner/Britta Timm Knudsen, Re-enacting the Past: Vivifying Heritage ›Again‹. International Journal of Heritage Studies 20/7&8, 2014, 681–687.

Derrida 1982: Jacques Derrida, Differánce. In: Jacques Derrida, Margins of Philosophy. Hemel Hempstead: Harvester Wheatsheaf 1982, 1–28.

Domanska 2006a: Ewa Domanska, The Material Presence of the Past. History and Theory 45, 2006, 337–348.

Domanska 2006b: Ewa Domanska, The Return to Things. Archaeologia Polona 44, 2006, 171–185.

de Groot 2009: Jerome de Groot, Consuming History: Historians and Heritage in Contemporary Popular Culture. London/New York: Routledge 2009.

Hall 2006: Martin Hall, The Reappearance of the Authentic. In: Ivan Karp/Corinne A. Kratz/Lynn Szwaja/Tomás Ybarra-Frausto (Eds.), Museum Frictions: Public Cultures/Global Transformations. Durham/London: Duke University Press 2006, 70–101.

Handler/Saxton 1988: Richard Handler/William Saxton, Dyssimulation: Reflexivity, Narrative, and the Quest for Authenticity in »Living History«. Cultural Anthropology 3/3, 1988, 242–260.

Harrison 2012: Rodney Harrison, Heritage: Critical Approaches. London/New York: Routledge 2012.

Hart 2007: Lain Hart, Authentic Recreation: Living History and Leisure. Museum and Society 5/2, 2007, 103–124.

Ihde 1999: Don Ihde, Expanding Hermeneutics: Visualism in Science. Evanston, IL: Northwestern University Press 1999.

Ihde 2004: Don Ihde, More Material Hermeneutics. Yearbook of the Institute for Advanced Study on Science, Technology and Society 2004, 341–350.

Jackson/Kidd 2011: Anthony Jackson/Jenny Kidd (Eds.), Performing Heritage: Research, Practice and Innovation in Museum Theatre and Live Interpretation. Manchester: Manchester University Press 2011.

Johnson 1995: Jim Johnson [aka Bruno Latour], Mixing Humans and Nonhumans Together: The Sociology of a Door-Closer. Social Problems 35/3, 1988, 298–310.

Kalshoven 2012: Petra Tjitske Kalshoven, Crafting »the Indian«: Knowledge, Desire and Play in Indianist Reenactment. New York/Oxford: Berghahn Books 2012.

Kirshenblatt-Gimblett 1998: Barbara Kirshenblatt-Gimblett, Destination Culture: Tourism, Museums, and Heritage. Berkeley, CA: University of California Press 1998.

Latour 1999: Bruno Latour, Pandora's Hope: Essays on the Reality of Science Studies. Cambridge, MA/London: Harvard University Press 1999.

Latour/Weibel 2005: Bruno Latour/Peter Weibel (Eds.), Making Things Public: Atmospheres of Democracy. Karlsruhe: ZKM/Center for Art and Media 2005.

Law 2004: John Law, After Method: Mess in Social Science Research. London/New York: Routledge 2004.

Lorimer 2005: Hayden Lorimer, Cultural Geography: The Busyness of Being »More-Than-Representational«. Progress in Human Geography 29/1, 2005, 83–94.

Macdonald 2009: Sharon Macdonald, Reassembling Nuremberg, Reassembling Heritage. Journal of Cultural Economy 2/1, 2009, 117–134.

Magelssen 2007: Scott Magelssen, Living History Museums: Undoing History Through Performance. Lanham, MD: Scarecrow Press 2007.

McCalman/Pickering 2010: Iain McCalman/Paul A. Pickering (Eds.), Historical Reenactment: From Realism to the Affective Turn. Basingstoke: Palgrave Macmillan 2010.

Miller 2010: Daniel Miller, Stuff. Cambridge: Polity Press 2010.

Nichols 2008: Bill Nichols, Documentary Reenactment and the Fantasmatic Subject. Critical Inquiry 35/1, 2008, 72–89.

Phillips 2013: Mark Salber Phillips, Introduction: Rethinking Historical Distance. In: Mark Salber Phillips/Barbara Caine/Julia Adeney Thomas (Eds.), Rethinking Historical Distance. Houndmills, Basingstoke: Palgrave Macmillan 2013.

Samuel 1994: Raphael Samuel, Theatres of Memory, Vol. 1: Past and Present in Contemporary Culture. London/New York: Verso 1994.

Schneider 2011: Rebecca Schneider, Performing Remains: Art and War in Times of Theatrical Reenactment. London/New York: Routledge 2011.

Schulze 1992: Gerhard Schulze, Die Erlebnisgesellschaft: Kultursoziologie der Gegenwart. Frankfurt a. M./New York: Campus 1992.

Smith 2006: Laurajane Smith, Uses of Heritage. London/New York: Routledge 2006.

Snow 1993: Stephen E. Snow, Performing the Pilgrims: A Study of Ethnohistorical Role-Playing at Plimoth Plantation. Jackson, MS: University of Mississippi Press 1993.

Thompson 2004: Jenny Thompson, War Games: Inside the World of 20th-Century War Reenactors. Washington, DC: Smithsonian Books 2004.

Thrift 2008: Nigel Thrift, Non-Representational Theory: Space, Politics, Affect. London/New York: Routledge 2008.

Verbeek 2003: Peter-Paul Verbeek, Review of: Don Ihde, Expanding Hermeneutics: Visualism in Science. Evanston, IL 1999. Techné 6/3, 2003, 181–184.

Walsh 1992: Kevin Walsh, The Representation of the Past: Museums and Heritage in the Post-Modern World. London/New York: Routledge 1992.

Weeks 2003: Jim Weeks, Gettysburg: Memory, Market, and an American Shrine. Princeton/Oxford: Princeton University Press 2003.

West 2014: Brad West, Historical Re-enacting and Affective Authority: Performing the American Civil War. Annals of Leisure Research 17/2, 2014, 161–179.

Anja Dreschke

Etwas Altes, etwas Neues, etwas Geliehenes...
Zum Erfinden von Ritualen im historischen Reenactment

ABSTRACT

During the last few decades, reenactment practices of imagining, embodying and situating (past) events or periods – both, factual and fictitious – have evolved into a popular leisure time activity on almost a global scale. As performative, experience-based methods, reenactments provide an alternative or ›unorthodox‹ approach to produce, distribute and display knowledge that aims at a corporeal and multisensory experience of alterity. In my article I draw on the ethnographic field research I conducted among the Cologne Tribes, an association of about 80 clubs from the Rhineland (Germany) whose members reenact the historic life worlds of ‹foreign' or ‹indigenous' cultures. Originating from the local carnival traditions, the Cologne Tribes started to delve into the history and culture of namely the Huns and Mongolians in an attempt to reconstruct their material culture as well as their spiritual practices as ›authentically‹ as possible. Thus, they developed a broad variety of ritualistic practices, which are invented and performed by the clubs' shamans as an amalgamation of diverse religious and cultural traditions. Taking up the example of a ›Hun Wedding‹ I explore how these hybrid performances, which oscillate between historical reenactment and meaningful ritual, are perceived from the perspective of the actors.

Im Oktober 2013 wurde ich eingeladen, eine ›hunnische‹ Hochzeit zu fotografieren (Abb. 1). Die Anfrage war für mich zunächst nicht ungewöhnlich, denn im Laufe meiner Feldforschung bei den ›Kölner Stämmen‹, einem Zusammenschluss von rund 80 Vereinen, die in ihrer Freizeit die historischen Lebenswelten der Hunnen und anderer ›fremder‹ und/oder vergangener Kulturen nachahmend darstellen (Hartmann/Schmitz 1991), hatte ich zahlreiche Taufen, Hochzeiten, Kriegerweihen und sogar eine Beerdigungszeremonie dokumentiert.[1] So war

---

1   Im Rahmen meines Forschungsprojektes über die ›Kölner Stämme‹, das an der Schnittstelle von Visueller Anthropologie und Medienethnologie angesiedelt ist, habe ich ausgewählte Vereine über mehrere Jahre mit der Kamera begleitet; so entstand ein

Abb. 1 Zeltschmuck (Foto: Anja Dreschke).

ich inzwischen vertraut mit dem hybriden Charakter dieser Aufführungen, die zwischen improvisiertem Rollenspiel, Living History-Darstellung und schamanischem Ritual changieren. Von den Akteur*innen als eine unterhaltsame Form der Geschichtsvermittlung intendiert, können sie je nach Kontext mal ins Spielerische, mal ins Ernsthafte ›umkippen‹. Besonders war in diesem Fall, dass die Hochzeit nicht wie gewohnt im Rahmen eines der zahlreichen Sommerlager der ›Stämme‹ in Köln stattfand, sondern auf dem »10. Brohler Kromperefest« in Wassenach, einem Dorf in der Eifel. Die meisten der Zuschauer*innen hatten bisher noch nie eine solche Aufführung miterlebt, entsprechend groß war anschließend die Verwirrung. »Haben die jetzt richtig geheiratet oder nur so getan als ob?« wollten die Dorfbewohner*innen von mir und den Mitgliedern der ›Hunnenvereine‹ wissen. So entspann sich unter den Anwesenden eine lebhafte

---

umfangreiches audiovisuelles Feldtagebuch, das als Basis für die Realisation eines ethnographischen Dokumentarfilms diente (»Die Stämme von Köln«, 2011; Dreschke 2015 und im Erscheinen). Darüber hinaus stellte der Einsatz von Fotografie und Video eine zentrale Methodik zur Untersuchung von Reenactments als Medienpraktiken dar. Alle Informationen in diesem Artikel – sofern nicht anders aufgeführt – sind Ergebnisse meiner Feldforschung.

Debatte um die Frage, ob es sich bei dieser Aufführung ›nur‹ um ein Schauspiel oder doch um ein Ritual handelte, das auch über das Ereignis hinaus seine Wirksamkeit entfaltet, die ich in meinem Beitrag entlang des ethnographischen Materials rekonstruieren möchte.

<h1 style="text-align:center">1.</h1>

In meiner Forschung untersuche ich die Aufführungen der ›Kölner Stämme‹ als eine Spielart der popularen Inszenierung historischer Lebenswelten die sich in der zweiten Hälfte des 20. Jahrhunderts zu einem weit verbreiteten Freizeitphänomen entwickelt hat und das meist mit den Begriffen ›historisches Reenactment‹ oder ›Living History‹ bezeichnet wird.[2] Wie die Theaterwissenschaftlerin Rebecca Schneider (2011, 24) betont, lässt sich aktuell ein besonderes Interesse an der Vergangenheit beobachten:

> [W]e certainly seem to chase the past as if memory were the most precious vanishing commodity on earth. From reenactment societies, to heritage museums and theme parks, to historical reality TV shows offering time travel to contemporary contestants, to reenactment in the work of contemporary visual artists – the past is the stuff of the future, laid out like a game show prize for potential (re)encounter.

Allen diesen Phänomenen gemeinsam ist ein immersiver Zugang zu Geschichte, der auf das körperlich-sinnliche Nachempfinden, das ortsbezogene Nacherleben, das ›Wiederdurchdenken‹ oder das Erfahrbarmachen von fiktionalen oder realen

---

2   Da die Begriffe sich aus der Praxis des Hobbyismus entwickelt haben, gibt es keine eindeutige Definition, aber es lässt sich eine grobe Unterscheidung treffen: Danach bezeichnet historisches oder populäres Reenactment mehr oder weniger improvisierte Rollenspiele, mit denen historische Ereignisse – meistens Schlachten – an Originalschauplätzen in zeitgemäßen Kostümen nachgestellt werden. Living History bezeichnet zum einen eine aktuell sehr populäre Form der Geschichtsvermittlung, die insbesondere in Freilichtmuseen zu Einsatz kommt, beispielweise durch Personifizierungen historischer Figuren, die Besucher durch die Ausstellung führen. Living History als performativer Zugang zur Vergangenheit umfasst aber auch Praktiken der Experimentellen Archäologie im wissenschaftlichen Kontext. Unter Hobbyisten wird der Begriff noch einmal anders verwendet: Hier beschreibt er Aufführungen, bei denen die Akteure sich ganz allgemein der Lebenswelt einer bestimmten Epoche widmen. Dazu zählen zum Beispiel die zahlreichen Gruppierungen, die sich gemeinschaftlich ins Mittelalter zurückversetzen, ohne dabei konkrete historische Ereignisse oder Personen nachzuspielen (siehe Roselt/Otto 2012).

Ereigniszusammenhängen zielt. Reenactments als mimetische, performative oder szenographische Verfahren der Auseinandersetzung mit der Vergangenheit werden ungefähr seit der Jahrtausendwende in unterschiedlichen wissenschaftlichen Disziplinen diskutiert wie z. B. in den Geschichtswissenschaften (McCalman/Pickering 2010; Hochbruck 2013), der Theaterwissenschaft (Roselt/Otto 2012), den Performance Studies (Schneider 2011), der Kunstwissenschaft (Bangma/Rushton/Wüst 2005; Lütticken/Allen 2005; Mendelsohn 2006; Himmelsbach 2007) sowie in interdisziplinärer Perspektive (Schlehe/Uike-Bormann/Oesterle u. a. 2010). In der akademischen Auseinandersetzung zeigt sich die Tendenz, populare Reenactments im Bereich der Laien- und Amateurkultur als scheinbar rein affirmativ abzuwerten und so von reflektierten wissenschaftlichen oder künstlerischen Verfahren abzugrenzen (siehe z. B. Arns/Horn 2007). Dagegen steht die These, dass Reenactments nie bloße Wiederholungen sind, sondern immer als kreativ-produktive Prozesse der Reaktualisierung, Transformation, Umdeutung oder Neuschöpfung zu bewerten sind. In diesem Sinne betrachte ich die Aktivitäten der ›Kölner Stämme‹ als erfahrungsbasierte, körperliche, performative Formen der Aneignung, Produktion und Zirkulation von (historischem) Wissen. Wie die Ethnologin Petra Kalshoven (im Erscheinen) hervorhebt, entspricht »amateur engagement [im Hobbyismus] [...] similar epistemological quests in professional, academic circles – but from a rather different methodological angle, predicated on replication.«

Im Gegensatz zu anderen ›Reenactment-Gruppen‹, die an Originalschauplätzen in zeitgemäßen Kostümen historische – meist militärische – Ereignisse aus der US-amerikanischen oder europäischen Geschichte detailgetreu nachstellen, interessieren sich die Mitglieder der ›Kölner Stämme‹ für die vergangenen Lebenswelten mehr oder weniger ›fremder‹ Kulturen. Das Spektrum reicht von asiatische Steppennomaden wie Tartaren, Mongolen und besonders Hunnen, über Völker, die sich historisch belegbar mit der Geschichte Kölns verbinden lassen wie etwa Römer, Wikinger oder Germanen bis hin zu ›Barbaren‹ oder ›Kannibalen‹, die frei aus dem Repertoire kollektiver Imagination vom Primitiven oder Exotischen gestaltet werden und auf den historischen Kontext des Kolonialismus verweisen. Die spezifische Faszination für die Geschichte indigener Kulturen teilen sie mit den in ganz Europa und Nordamerika verbreiteten Indianerhobbyisten, die sich der Rekonstruktion der historischen Kultur nordamerikanischer Indianer widmen (Deloria 1998; Sieg 2002; Kalshoven 2012; Penny 2013). Die Reenactments dieser Hobbyisten-Gruppen basieren im Wesentlichen auf zwei Verfahren, die auf ein multisensorisches Nacherleben von Geschichte zielen: Zum einen auf dem Anfertigen von Repliken von Artefakten aus dem Bereich der Materiellen Kultur, z. B. Kleidung, Waffen oder Zelte (Kalshoven 2012; Daugbjerg 2014) und zum anderen auf der performativen Aneignung durch Verkörperung und Verkleidung, die in der Aufführung von Rollenspielen ihren Ausdruck findet. Beide Verfahrensweisen bedingen sich wechselseitig und sollen nicht nur eine individuelle Fremderfahrung ermöglichen, sondern auch der Geschichtsvermittlung dienen.

Eine Sonderrolle nimmt dabei die Nachahmung der spirituellen Praktiken der indigenen Vorbilder durch die Rekonstruktion von Kultgegenständen sowie der (Wieder-)Aufführung von religiösen Ritualen ein. Diese Reenactments stellen eine besondere Spielart dessen dar, was in ethnologischen und religionswissenschaftlichen Debatten unter den Bezeichnungen ›Neoschamanismus‹, ›Urbaner Schamanismus‹ oder ›Moderner‹/›Westlicher Schamanismus‹ firmiert. Lange Zeit war diese Diskussion vornehmlich mit Fragen nach der (In-)Authentizität und dem Vorwurf der Illegitimität solcher Aneignungen befasst (siehe Welch 2007). Erst jüngere historische Rekonstruktionen des ethnologischen und religionswissenschaftlichen Konzepts Schamanismus (z. B. Flaherty 1992; von Stuckrad 2003; Znamenski 2007) haben die Grundlage für neuere Forschungsansätze geschaffen, die Schamanismus als globales Phänomen auch in ›westlichen‹ Gesellschaften untersuchen (z. B. Lindquist 1997; Voss 2011; Grünwedel 2013).

Im Anschluss daran möchte ich in meinem Beitrag der Frage nachgehen, wie sich die Aneignung spiritueller Praktiken im populären Reenactment ritualtheoretisch fassen lässt. Während Rituale allgemein als formalisierte, repetitive Handlungskomplexe zumeist in Abgrenzung zu ritualisierten Alltagshandlungen einerseits und dem ästhetischen Theater sowie dem Spiel andererseits definiert werden (siehe Schechner 1990), hat sich in der rezenten Ritualforschung ein Bedeutungswandel vollzogen mit dem Aspekte wie die Transformativität, die Prozesshaftigkeit und die Kreativität von Ritualen in den Fokus gerückt sind:

> Rituale werden zunehmend als Angebote von Alternativen und Handlungen verstanden, denen symbolische Bedeutungen zugeschrieben werden. Sie gelten somit als höchst kreative und produktive Elemente der sozialen Interaktion und Sinnstiftung. Althergebrachte Rituale erweisen sich aber auch durch transkulturelle und transnationale Rezeptionen in weltweiten Zirkulationen und Netzwerken als nicht mehr nur den eigenen Traditionen verhaftet, sondern auch als nahezu unerschöpfliches und zunehmend globales Potenzial für Erfindungen neuer Ritualpraktiken. (Brosius/Michaels/Schrode 2013b, 16)

Entsprechend soll hier ein Ritualbegriff produktiv gemacht werden, der den Wandel und die (Um-)Gestaltung ritueller Praktiken bis hin zur Neuschöpfung berücksichtigt, um zu untersuchen wie sie im Kontext historischer Reenactments durch fluide Aushandlungsprozesse gestaltet werden. Dabei soll es jedoch weniger um die theoretische Klärung des Ritualbegriffs gehen, sondern vielmehr um die Frage, welche Handlungsabläufe aus der Akteursperspektive als Rituale gedeutet werden und welche Sinnhorizonte damit verbunden werden.

Dem Vorwurf der Beliebigkeit oder auch der Bedeutungslosigkeit, der häufig insbesondere für Rituale in sogenannten ›posttraditionalen Gemeinschaften‹ in Anschlag gebracht wird,[3] möchte ich hier mit einem medienanthropologischen Ansatz von Erhard Schüttpelz begegnen, wonach Rituale nicht durch ihre Bedeutung, »sondern durch den richtigen Ablauf der Operationen, also *orthopraktisch* organisiert und gegliedert« sind (Schüttpelz 2012, 243, Hervorhebung im Original):

> Das orthopraktische Verhalten und die Einrichtung von orthopraktischen Personen, Dingen und Zeichen – also die Einrichtung der Medien des Rituals – hat mit Sinn und Bedeutung [...] erst einmal nichts zu tun. Der jeweilige Sinn, den man seinen Bestandteilen verleihen will, und erst recht die verschiedenen Funktionen, die man den Abläufen oder der Gesamtlage eines Rituals zuweist, sind extrem variabel und für geradezu konträre Zweckentfremdungen offen [...]. (ebd. 244)

2.

Bei der Betrachtung der Aufführungen der ›Kölner Stämme‹ ist es unumgänglich, ihre enge Bindung an lokale Traditionen zu berücksichtigen. Insbesondere durch ihre Einbettung in die Bräuche des Karnevals, der für das Selbstverständnis und ihre kollektive Identität der Vereinsmitglieder konstitutiv ist, unterscheiden sie sich deutlich von anderen Gruppierungen aus dem Bereich des historischen Reenactments. Tatsächlich sind die meisten ›Stämme‹ aus dem Kölner Straßenkarneval hervorgegangen und die Struktur ihrer sozialen Organisation entspricht in weiten Teilen, der von Veedels[4]- und Familienvereinen oder Stammtischgruppen, welche die lokale Basis der Karnevalstraditionen bilden. Wegen ihrer spektakulären Kostüme sind die Hunnen-, Mongolen- und Wikingervereine äußerst beliebte Teilnehmer bei kleineren Fastnachtsumzügen in ihren jeweiligen Stadtvierteln, in denen sie als Fußgruppen oder Musikzüge, zu Pferde oder auf kleinen Festwagen mitgehen. Im Laufe der Jahre hat sich bei den meisten Vereinen der ›Kölner Stämme‹ ein deutlicher Wandel in der Auseinandersetzung mit der Geschichte und Kultur der Vorbilder vollzogen. Nicht mehr die parodistische

---

3   Zur Debatte um die Bedeutungslosigkeit von Ritualen siehe auch Staal 1979; Humphrey/Laidlaw 1994.

4   Kölner Begriff für ›Stadtviertel‹.

Überhöhung der Karnevalsmaskeraden steht im Vordergrund, sondern eine möglichst ›authentische‹ Rekonstruktion. Ein besonderer Fokus liegt dabei auf dem Erwerb von praktischem Wissen, z. B. von Handwerkstechniken zur Anfertigung von Repliken. Zu diesem Zweck haben einzelne Vereinsmitglieder begonnen, sich ›ernsthafter‹ mit den imitierten Völkern zu befassen und verfügen inzwischen über ein umfangreiches Wissen über historische und kulturelle Hintergründe. So haben sie sich ihre ganz eigenen Versionen der Geschichte der Vorbilder geschaffen. Trotzdem bleibt die Frage, ob die Nachahmung der Vorbilder eher spielerisch-karnevalesk ausgestaltet wird oder den Anspruch einer getreuen Kopie erfüllen soll, die unter den Akteur*innen Gegenstand permanenter Aushandlungsprozesse ist. Die unterschiedlichen Vorstellungen von der ›richtigen‹ Ausübung des Hobbys entwickeln im Vereinsleben oft eine ganz eigene Dynamik und führen nicht selten zu Aufspaltungen und Neugründungen.

Diese Veränderungsprozesse haben auch eine zeitliche Erweiterung des liminalen Erfahrungsraumes des Karnevals, der traditionellerweise auf den Winter beschränkt ist, auf die Sommermonate mit sich gebracht. Von April bis September veranstalten die ›Kölner Stämme‹ nun mehrwöchige Zeltlager in den Parks und Grünanlagen ihres jeweiligen Stadtviertels, um sich gemeinsam mit der Familie, Freunden oder Arbeitskolleg*innen in die historischen Lebenswelten ihrer Vorbilder hineinzuversetzen. Höhepunkte dieser Sommerlager sind die sogenannten ›Spektakel an der Tafel‹ mit denen das Leben am Hofe eines historischen Herrschers in Szene gesetzt wird. Ein wesentlicher Bestandteil dieser ›Tafelspiele‹ sind Aufführungen, die von den Akteur*innen selbst als Rituale bezeichnet und als solche durch eine besondere Rahmung ausgewiesen werden. Diese werden von Ritualexpert*innen vorgenommen, die für die Durchführung aller Aufführungen, sowohl der ›Tafelspiele‹ als auch der Rituale, zuständig sind. Sie nennen sich selbst Schaman*innen, auch wenn ihre Rolle ein weites Spektrum von sehr unterschiedlichen Funktionen im sozialen Gefüge der Vereine umfasst. Während der Aufführungen fungieren sie als Zeremonienmeister, Hofnarren, Kultführer, wobei ihnen nicht unbedingt die ›klassische‹ Schamanenrolle als Vermittler zwischen Diesseits und Jenseits angetragen wird, als vielmehr die Vermittlung zwischen Hobbywelt und Alltagswelt (Dreschke 2013). Auf der Basis ihres detailreichen Expertenwissens gestalten sie sowohl lebenszyklische Rituale wie Hochzeiten, Taufen und Beerdigungen als auch Vereinsrituale wie Initiationen zur Aufnahme von neuen Mitgliedern oder Zeremonien, die einen Statuswechsel in der Vereinshierarchie bewirken, wie Krieger-, Fürsten- oder Königsweihen. Neben diesen öffentlichen kollektiven Ritualen, führen sie in einem eher privaten Rahmen auch individuelle Heilungszeremonien durch.[5] Für die Entwicklung dieser umfangreichen Ritualpraxis greifen die Schaman*innen auf ganz unterschiedliche kulturelle und religiöse Kontexte zurück – von lokalen Karnevalsbräuchen bis zu schamanischen Trancetechniken. In diesem Transferprozess[6] werden Elemente von Ritualen, die als pagan oder magisch gelten, aus ihrem ursprünglichen Zusammenhang herausgelöst, neu »montiert« (Oppitz 1999), d. h. in einen anderen Kontext eingefügt und mit neuen Bedeutungen versehen. Die Wissensgrundlage hierfür bildet eine Vielzahl medialer Repräsentationen wie Spielfilme, TV-Dokumentationen, Ausstellungskataloge, Reisebeschreibungen sowie historische oder ethnologische Fachliteratur. Eine weitere wichtige Quelle liefert die einschlägige Literatur über alternative Spiritualität und Selbsterfahrung, die in der ›Esoterik-Szene‹ zirkuliert.[7] Informationen aus diesen Büchern dienen der Konzeption von Ritualen, und ihre Lektüre bildet einen zentralen Bestandteil des mehrjährigen Ausbildungsprozesses, den die Schaman*innen durchlaufen. Daneben erfolgt die Aneignung von Wissen durch praktische Erfahrung und Nachahmung: Während ihrer Ausbildung dürfen die Noviz*innen bei den Ritualen erfahrener Schaman*innen assistieren, um die Anrufungen von Gottheiten oder rituelle Handlungen wie Räucherungen und

---

5   Die Durchführung von Heilungsritualen ist eine recht neue Entwicklung, die aber in den letzten ca. fünf Jahren stark zugenommen hat. Hauptträgerinnen sind Frauen, die sich auch im Alltag mit alternativen Heilmethoden wie Reiki oder TCM (Traditionelle Chinesische Medizin) befassen, sich zur Heilpraktikerin ausbilden lassen und nebenberuflich schamanisch tätig sind.

6   Ich beziehe mich hier auf das Konzept des Ritualtransfers, das im Kontext des Heidelberger SFB »Ritualdynamik« entwickelt wurde (siehe Brosius/Michaels/Schrode 2013a). »Ritualtransfer findet statt, wenn sich ein oder mehrere Aspekte des Ritualkontextes verändern bzw. ein Transfer von einem in einen anderen Kontext stattfindet. Als Kontextaspekte kann man folgende, empirisch beobachtbare und kulturwissenschaftlich beschreib- und interpretierbare Felder konkretisieren: Medien, in denen das (Prä-)Skript sowie die Ausführung des Rituals gefasst sind (wie orale Tradition, Schrift, Film, Fernsehen und Internet), Geographie/Raum, ökologische Umwelt, Kultur, Religion, Politik, Ökonomie, Gesellschaft sowie die Trägergruppe und Akteure der jeweiligen Ritualtradition.« (Langer/Snoek 2013, 189) Während das Konzept des Ritualtransfers die ›Erfindung‹ von Ritualen als Sonderfall einstuft, argumentiert Lisa Laack (2011), dass gerade diese Praxis in der Esoterik-Szene konstitutiv ist und schlägt hierfür die Einführung der Begriffe ›Ritualkonzeption‹ und ›Ritualinvention‹ vor (siehe auch Langer/Snoek 2013, 188).

7   Um die Bedeutung der Lektüre der Werke z. B. von Michael Harner oder Carlos Castaneda für die praktische Hinwendung zu paganen Formen der Religionsausübung zu verdeutlichen, spricht der Religionswissenschaftler Andrei Znamenski (2007, 214; zu diesem Thema auch 274) von »print culture of modern shamanism«.

Salbungen oder das Trommeln als eine von verschiedenen Trancetechniken zu erlernen. So werden die rituellen Fähigkeiten als eine Form des verkörperten Wissens erworben und tradiert. Aus medienanthropologischer Perspektive lässt sich diese besondere Form der Remediation (Bolter/Grusin 2000) auch als eine komplexe Austauschbeziehung von Zeichen, Personen und Dingen (Schüttpelz 2006) beschreiben, bei welcher der Körper zu einem Medium der Fremderfahrung wird, durch das bildliche, textliche und auditive Inskriptionen in soziale oder rituelle Handlungen und materielle Artefakten übersetzt werden.

Während man hier aus der Außenperspektive Prozesse der kreativen (Medien-)Aneignung, Transformation, Umdeutung und Neuschöpfung im Sinne von »invention of tradition« (Hobsbawm/Ranger 1983) am Werk sieht, sind die Akteur*innen selbst bemüht, Invention von Ritualen zu verschleiern. Deshalb ließ sich während meiner Forschung die Herkunft der Ritualelemente im Einzelnen oft nur schwer nachvollziehen. Generell lässt sich in Esoterik-Szenen die Tendenz beobachten, die eigenen Aktivitäten als Revitalisierung vergangener Religionsformen und nicht selten als Fortführung von oder Anknüpfung an ›ursprüngliche‹ spirituelle Traditionslinien z. B. der eigenen Vorfahren zu deuten (Laack 2011, 234) – auch wenn diese Argumentationen Außenstehenden oftmals nicht wirklich plausibel erscheinen.

Bei den ›Kölner Stämmen‹ existieren verschiedene Strategien, um die Reenactments zu plausibilisieren bzw. zu legitimieren: Zum einen argumentieren die Vereine, dass ihre Heimatstadt seit ihrer Gründung als römische Kolonie immer schon ein Schmelztiegel unterschiedlicher Kulturen gewesen sei, die alle als Teil ›kölscher‹ Traditionen zu betrachten seien und deshalb als Vorbilder für die Reenactments dienen könnten. Bei den Hunnenvereinen gibt es zudem einen spezifischen Rekurs auf die Heilige Ursula, die Schutzpatronin von Köln, die der Legende nach vor den Toren der Stadt von den Hunnen ermordet worden sein soll. Unabhängig davon, dass es sich hier um einen legendären und somit in weiten Teilen fiktionalen Kontext und nicht um eine historische Tatsache handelt, betrachten die ›Stämme‹ die Hunnen als Teil der Kölner Stadtgeschichte, den es wiederzuentdecken und von seinem marginalisierten Status zu befreien gelte. In diesem Sinne verstehen sich die Hunnenvereine auch als Geschichtsvermittler, die den Kölner*innen eine alternative Lesart der Historie ihrer Stadt näher bringen möchten; nicht zuletzt um sie von den Vorurteilen christlicher Ideologie zu befreien. In diesem Anliegen schwingt auch eine Kritik am Christentum mit, das für den Untergang paganer Religionen verantwortlich gemacht wird. So kann letztlich auch das Interesse an paganer Spiritualität bei den ›Kölner Stämmen‹ als eine Kritik an institutionalisierten Religionen und deren Hierarchie- und Machtsysteme gedeutet werden. Viele meiner Informant*innen erzählten mir, dass sie sich zwar noch ihrer römisch-katholischen Konfession verbunden fühlten, sich von der Institution ›Kirche‹ jedoch abgewandt hätten. Stattdessen betrachteten sie den Vereinsschamanen als eine Art Priesterersatz, dessen Rituale ihnen näher stünden, da sie individueller und naturnaher seien als die Liturgie der Katholischen Kirche. Die Beschäftigung mit dem Schamanismus wird dabei nicht als Widerspruch zum christlichen Glauben empfunden, vielmehr verglichen meine Gesprächspartner*innen schamanische Rituale mit Praktiken aus dem Kontext der lokalen Volksfrömmigkeit.

In diesem Grenzbereich zwischen ›fremden‹ paganen und anbindungsfähigen ›eigenen‹ Praktiken gestalten die Schaman*innen Rituale, die auch jenseits des Vereinslebens für die Akteur*innen bedeutungsvoll sind. Das betrifft in erster Linie Hochzeitsfeiern, die zu den häufigsten und beliebtesten Aufführungen bei den ›Kölner Stämmen‹ zählen – vielleicht weil sie sich besonders opulent gestalten lassen.[8]

Bei vielen Paaren ist es üblich, bereits die standesamtliche Eheschließung ›in Gewandung‹[9] durchzuführen. Zu diesem Anlass erscheinen selbst Verwandte und Freunde entsprechend kostümiert – auch wenn sie nicht im Hobby aktiv sind. Vor dem Standesamt nehmen die ebenfalls szenenspezifisch gekleideten Vereinsmitglieder das Brautpaar mit vorbereiteten Hochzeitspielen oder kleinen Scherzen in Empfang.[10] Anstelle einer kirchlichen Trauung folgt anschließend eine hunnische Zeremonie im Rahmen des Sommerlagers des Vereins, die von eine*r*m oder mehreren Schaman*innen durchgeführt wird. Diese Hochzeitsfeiern werden meist mit großem Aufwand von den Schaman*innen vorbereitet und bilden nicht selten den spektakulären Höhepunkt des Lagerlebens, der zahlreiche Besucher*innen sowohl aus dem Kreis der ›Kölner Stämme‹ als auch Freunde und Verwandte des Brautpaares sowie schaulustige ›Zivilisten‹[11] anzieht. Auch

---

8   Das ist möglicherweise auch der Grund dafür, dass die Hochzeiten der Hunnenvereine in der Lokalberichterstattung ein beliebtes Thema darstellen, das 2011 auch überregional vom TV-Sender ProSieben in der Doku-Soap »Wild Wedding – Ja ich will, aber schrill« über die »schrägsten Hochzeiten Deutschlands« aufgegriffen wurde.

9   Um ihre vestimentären Praktiken von denen ›reiner‹ Karnevalist*innen abzugrenzen, verwenden die Mitglieder der ›Kölner Stämme‹ Begriffe wie ›in Gewandung‹, ›Gewand‹ oder ›Tracht‹ an Stelle von ›Verkleidung‹ oder ›Kostüm‹.

10   Eheschließungen in Verkleidung sind auch sonst eine gängige Praxis in Köln. Meistens handelt es sich dabei um Mitglieder von Karnevalsvereinen, bei denen Hochzeitstermine zum Sessionsbeginn am 11.11. im Historischen Rathaus besonders begehrt sind. An diesem Tag kann man dort ganze Hochzeitsgesellschaften antreffen, die komplett z. B. als Clowns verkleidet sind.

11   Personen, die in Alltagskleidung an ihren Veranstaltungen teilnehmen werden bei den ›Kölner Stämmen‹ als ›Zivilisten‹ bezeichnet, vermutlich in Anlehnung an die Korps-

bereits verheiratete Vereinsmitglieder feiern gelegentlich auf diese Weise ihre Hochzeit (nach) oder erneuern so ihr Ehegelübde. Erstaunlicherweise kommt es manchmal vor, dass sich auch Nicht-Mitglieder von Schaman*innen der ›Kölner Stämme‹ trauen lassen. Ein Motiv hierfür ist sicher das ungewöhnliche Ambiente, mit dem sich die Hochzeitsgäste beeindrucken lassen, scheint der schamanischen Zeremonie doch eine besondere ›Aura des Authentischen‹ anzuhaften, die Außenstehende zu seinem solchen Schritt bewegt. So erzählte mir ein Schamane, dass des Öfteren Nicht-Mitglieder-Paare an ihn herantreten, die nach einer Beziehungskrise eine ganz besondere Form suchten, um ihre Verbindung zu erneuern oder zu bekräftigen. Auch bei den Vereinsmitgliedern gelten hunnische Hochzeiten als besonders bindend, wie mir eine hunnische Braut erklärte: »Wenn Du einmal hunnisch geheiratet hast, kannst Du nie wieder hunnisch heiraten. Die Kiste ist zu. Das ist schlimmer als in der Katholischen Kirche.«[12]

3.

Ungefähr seit den 1990er Jahren lässt sich eine Verbreitung der ›Kölner Stämme‹ auch über die Grenzen der Stadt hinaus beobachten, und insbesondere die Hunnenvereine erfreuen sich wachsender Beliebtheit im gesamten Rheinland. So gibt es inzwischen ›Stämme‹ in verschiedenen kleineren Ortschaften rund um Köln, in Bonn, Koblenz oder Aachen, aber auch in den Niederlanden wurde Mitte der 2000er Jahre ein Verein ins Leben gerufen. Diese neu gegründeten Gruppen pflegen einen regen Austausch mit den älteren ›Kölner Stämmen‹, indem sie sich mit wechselseitig Besuchen und anderen Aktivitäten unterstützen. Inzwischen sind die Hunnenvereine vielerorts in der Region ähnlich in das gesellschaftliche Leben integriert wie Karnevals- oder Schützenvereine und zu einem Teil der Rheinischen Brauchlandschaft geworden[13] – eine Entwicklung, die im Kontext der zahlreichen Brauchverschiebungen, -umdeutungen und -neubildungen in der Region im ausgehenden 20. Jahrhundert steht (Döring 2007). Vor diesem Hintergrund möchte ich nun auf die eingangs erwähnte hunnische Hochzeit in der Eifel

---

    gesellschaften, die militärische Uniformen tragen.

12 Interview aus »Die Stämme von Köln«, TC 00:35:00.

13 Wie sehr sich die Hunnenvereine inzwischen in der Region etabliert haben, zeigt sich beispielsweise daran, dass das LVR-Institut für Landeskunde und Regionalgeschichte dem Phänomen eigens eine Filmdokumentation gewidmet hat. Auf dem Klappentext der DVD »Die verwegene Horde« findet sich der Hinweis auf die Verankerung der darin porträtierten ›Hornpötter Hunnen‹ in der »Kultur von Stadt und Viertel« sowie ihrer »Bedeutung für regionale Identitätsbildung und ihre wichtige Rolle im Kontext von bürgerschaftlichem Engagement«.

zurückkommen, die ich gemeinsam mit Gisa besuchte, die als Schamanin die Zeremonie durchführen sollte.[14]

An einem herbstlichen Samstagnachmittag fahre ich gemeinsam mit ihr und ihrer Freundin Marianne in Richtung Eifel. Beide sind bereits ›in Gewandung‹ und entsprechend auffällig geschminkt; Gisa trägt einen schlichten schwarzen Umhang, während Marianne in einer aufwendigen Lederrüstung mit Metallnieten die staunenden Blicke der Passant*innen in den anderen Autos auf sich zieht.[15] Unterwegs erfahre ich nähere Details zur bevorstehenden Hochzeit: Getraut werden Stefan und Martina, zwei Mitglieder eines noch recht jungen Hunnenvereins, der 2005 in einer kleinen Ortschaft etwas 20 km südlich von Bonn gegründet wurde. Die beiden sind schon länger ein Paar, aber eine standesamtliche Trauung ist nicht vorgesehen; stattdessen möchten sie ihre Verbindung mit einer hunnischen Zeremonie bekräftigen und haben sich dafür an eine Ritualexpertin eines Kölner Vereins gewandt. Zur Vorbereitung des Rituals ist Gisa bereits eine Woche vorher nach Wassenach gefahren, um »den Ort auf sich wirken zu lassen«, wie sie es ausdrückte. Allerdings war sie ziemlich enttäuscht, weil sie einen Ritualplatz in der Natur erwartet hatte und stattdessen einen asphaltierten Dorfplatz vorfand. Als wir in Wassenach ankommen, verstehe ich ihre Enttäuschung: Die Hochzeitszeremonie soll auf einer Art Mehrzweck-Bühne stattfinden, auf der bereits eine Band ihr Equipment aufgebaut hat und gerade ihren Soundcheck durchführt. Auch sonst ist der Platz eher zweckmäßig als schön. Neben der Bühne stehen zwei Hunnenzelte und ein Bierwagen mit entsprechenden Holzbänken. An einer Häuserwand prangt über allem ein weiteres, riesiges Plakat mit der Aufschrift »Attila und die Hunnen«. Auf einem kleineren Werbeplakat für das »10. Brohler Kromperefest«[16] verspricht eine Tombola, »leckere Kartoffelgerichte«, einen Auftritt von Fernsehkoch Johann Lafer und »ab 18 Uhr Hunnenlager auf dem Sommepy-Platz. Taufe, Hochzeit, Schwertkampf und Bauchtanz nach altem Hunnenbrauch«.

Ansonsten ist noch nicht viel los. Nur vor den beiden Hunnenzelten sind ein Dutzend Mitglieder des gastgebenden Vereins dabei, sich zu schminken und ihre Gewänder anzuziehen. Der Vorsitzende und Attila-Darsteller des Hunnenvereins begrüßt uns überschwänglich und führt uns auf die Bühne, um mit Gisa den Ablauf der Aufführungen durchzusprechen (Abb. 2). Dort ist bereits eine lange

---

14 Die Namen wurden für diesen Artikel geändert.

15 Marianne ist eine der wenigen Frauen bei den ›Kölner Stämmen‹, die eine Männerrolle angenommen hat. Gender-Crossdressing ist bei den Vereinen eher eine Ausnahme, aber z. B. die Rolle der Schamanin bietet eine gewisse Gender-Neutralität, ein Grund, der Rita dazu bewogen hat, sich für diese Rolle zu entscheiden.

16 Der Begriff ›Krompere‹ meint im Eifler Dialekt ›Kartoffel‹.

Abb. 2 Attila auf Bühne/Spielebrett (Foto: Anja Dreschke).

Holztafel mit zahlreichen klobigen Thronen errichtet worden, auf denen später Attila und die Fürsten des Vereins Platz nehmen werden. Das Szenario wirkt jedoch eigenartig unpassend, wie eine Filmkulisse; ein Eindruck, der durch die Tatsache verstärkt wird, dass der Bühnenboden als ein riesiges ›Mensch ärgere Dich nicht‹-Spielebrett gestaltet ist, das man notdürftig mit einem für diesen Zweck viel zu kleinen Perserteppich zu verdecken versucht hat.

Inzwischen sind zahlreiche Dorfbewohner*innen eingetroffen und die Hunnen beginnen ihr Programm – wie auf dem Plakat angekündigt – zunächst mit einer ›Namensgebung‹[17]: ein neues Mitglied wird vom Vorsitzenden ›getauft‹, d. h. es erhält einen ›hunnischen‹ Namen und wird so in den Verein aufgenommen. Es folgen ein Schaukampf sowie eine Bauchtanz-Vorführung. Als Schamanin Gisa endlich die Bühne betritt, um auf einem kleinen Tischchen ihren Altar zu errichten und die für das Ritual erforderlichen Paraphernalien anzuordnen, ist es schon fast dunkel. Zum Auftakt der Hochzeitszeremonie wird die festlich gekleidete Braut von den Frauen des Vereins mit einem feierlichen Fackelzug auf die Bühne geführt. Der Bräutigam folgt zu Pferde. Die eigentliche Zeremonie beginnt mit dem Ziehen eines Schutzkreises rund um das Brautpaar, das nebeneinander auf

---

17 Als ›Namensgebung‹ oder ›Taufe‹ bezeichnen die ›Kölner Stämme‹ das Initiationsritual, mit dem ein neues Mitglied in den Verein aufgenommen wird, indem es einen neuen Namen erhält.

der Bühne Platz genommen hat. Es folgen verschiedene rituelle Praktiken: eine Reinigungsräucherung, Salbungen mit Fett, die Gabe symbolischer Geschenke in Form eines Schwertes für den Bräutigam und einer Schale mit Getreide für die Braut sowie ein gemeinsamr Umtrunk mit den Trauzeugen und der Schamanin. Anschließend bindet Gisa die Hände des Paares mit zwei *khadak* genannten, weißen, buddhistischen Gebetstüchern zusammen. Am Ende werden – ganz konventionell – die Ringe ausgetauscht und die anwesenden Freunde und Verwandten strömen auf die Bühne, um dem Paar zu gratulieren und ihre Hochzeitsgeschenke zu überreichen.

Nach der Hochzeitszeremonie gehen die Reaktionen der Anwesenden und der Mitwirkenden deutlich auseinander. So wurde die Polyvalenz der Aufführung offensichtlich, die den Raum für unterschiedliche Deutungsmöglichkeiten bot.

Besonders bei der Familie der Braut, die aus Wassenach stammt, herrschte große Verwirrung über die Bedeutung der Aufführung. Martinas Mutter war kurz zuvor verstorben und für den Tag der Hochzeitszeremonie war das Sechswochenamt angesetzt. Deshalb hatte sie zunächst überlegt, die Hochzeit abzusagen – auch um die Gefühle ihrer Angehörigen, besonders ihres Vaters, nicht zu verletzen. Doch dem Verein zuliebe sei sie dabei geblieben, erzählte sie mir nach der Zeremonie. Deshalb hatte sie ihrer Familie bei der Einladung mitgeteilt, dass es sich nur um ein Schauspiel handele, das sie mit und für den Verein aufführte, nicht um eine echte Hochzeit. Ihr Vater jedoch sei von der Zeremonie ganz ergriffen gewesen und habe vor lauter Rührung sogar geweint. Anschließend habe er seine Tochter umarmt und ihr gratuliert, weil sie »ja doch richtig geheiratet« habe, wie er es ausdrückte.

Wie die Ethnologin Petra Kalshoven im Rückgriff auf Gregory Batesons (1983) Theorie zum Spiel als Metakommunikation argumentiert, lassen sich die Handlungen von Hobbyist*innen nicht durch eindeutige Rahmungen als Spiel oder Nicht-Spiel klassifizieren, sondern folgen vielmehr der Prämisse »Is this Play?«, was nicht selten zu Ambivalenzen und Missverständnissen führt (Kalshoven 2005). Sie bezieht sich dabei auf Erving Goffmanns (1974) in Anlehnung an Bateson entwickelte Rahmenanalyse, der zufolge Rahmen kommunikativ etabliert, sozial geteilt werden und signalisieren sollen, ob eine Handlung als Spiel oder Alltagshandlung zu verstehen ist. Dennoch kann es vorkommen, dass eine Aufführung von einer Person als Ritual, aber von einer anderen als Schauspiel aufgefasst wird oder dass Handlungen aufgrund unterschiedlicher Rahmungen ineinander verschränkt vorliegen. Dieses Konzept der *nested frames* (Handelman 2004, 12) scheint sich auch für die Aufführung der hunnischen Hochzeit anzubieten, da sich hier ganz unterschiedliche Rahmungen überlagern. Für den

Verein ist die Aufführung ein spektakuläres, öffentliches Event mit dem sich eine breitere Öffentlichkeit erreichen lässt und das gleichzeitig den Vereinsmitgliedern die Möglichkeit zur Identifizierung mit kollektiven Identitäten bietet. Darin eingebettet ist ein Ritual, das für das Brautpaar eine besondere Form der individuellen religiösen Hochzeitszeremonie darstellt und nicht zuletzt eine rituelle Schwellenerfahrung, die mit einem Statuswechsel verbunden ist, der auch über das Vereinsleben hinaus bedeutungsvoll ist. Die Schaman*innen wiederum können ihre Fähigkeiten erproben und ihre Expertise zeigen, die sie in einer doppelten Rolle als Kultführer*innen einerseits und als Vermittler*innen von Wissen andererseits ausweisen.

In unserem Fallbeispiel waren diese unterschiedlichen Rahmen der Aufführung für das Publikum nicht einfach zu deuten, was zu *misframings* und *frame disputes* (Goffman 2005) in Form von lebhaften Debatten um die Frage nach der Wirksamkeit der Hochzeitszeremonie führte, welche die meisten Zuschauer*innen positiv entschieden.

Möglicherweise erweisen sich hier die scheinbar so ›fremden‹ schamanischen Praktiken für die anwesenden Eifler*innen als durchaus anbindungsfähig an die ›eigenen‹ Traditionen und Vorstellungen: Nach der Zeremonie erinnerte ich mich an ein Gespräch mit einem Mitglied eines Mongolenvereins, das aus der Schneeeifel stammte. Wir sprachen über die möglichen Gefahren, die von der falschen Ausführung der Rituale für die Vereinsschaman*innen ausgehen könnten und er erzählte, dass es in seinem Heimatdorf einen Sonderling gegeben habe, der von allen nur »dat Jüppchen« genannt worden sei und der durch Handauflegen hätte heilen können. Allerdings sei das für ihn selbst nicht angenehm gewesen und es habe dann auch ein böses Ende mit ihm genommen. Diese Erzählung deckt sich mit den von Walter Hanf (2007) in jahrelangen Recherchen zusammengetragenen Berichten über Heiler*innen in der Eifel. Hanf (ebd. 30) geht davon aus, dass es auch heute noch zahlreiche solcher Helfer*innen gibt, seinen Schätzungen zufolge sind »in jedem Dorf mindestens einer, wenn nicht gar mehrere Heiler tätig«. Beschrieben werden unterschiedliche rituelle Praktiken wie Handauflegen, Anhauchen, Salben, Besprengen und vor allem Besprechen, die zur Heilung von Verbrennungen, Hautausschlag, Gelenkschmerzen und anderen Krankheiten bei Menschen und Tieren angewandt werden. Bezeichnenderweise vermischen sich in den meisten Heilverfahren pagane, magische und christliche Elemente; Gebete werden zu Zauberformeln und Zauberformeln können Teile von Gebeten enthalten (ebd. 21). Diese Fähigkeit zu Heilen wird als »de Konst« bezeichnet und von den Betroffenen als eine Gabe Gottes angesehen, die aber nur dann ihre Wirksamkeit entfalten kann, wenn die Patient*innen an die Kunst des Helfers glauben (ebd. 18). Wie genau »dat Jüppchen« aus dem Heimatdorf meines Ge-

Abb. 3　Schamanin am Feuer (Foto: Anja Dreschke).

sprächspartners geheilt und welche Strafe ihn für seine Gabe ereilt hatte, wusste er nicht zu berichten, aber er verglich die Fähigkeiten dieses dörflichen Heilers mit denen eines Schamanen.

Abschließend sei angemerkt, dass Schamanin Gisa (Abb. 3) selbst starke Zweifel hegte, ob das Ritual überhaupt funktioniert habe. Sie hielt es letztlich für nicht gelungen, weil es zu viele Ritualfehler gegeben habe, die sie an der Bühnenhaftigkeit des Settings und insbesondere an der Tatsache festmachte, dass sie während der gesamten Zeremonie in ein Mikrofon habe hineinsprechen müssen, das sie auch noch selbst festhalten musste. Wie wir jedoch von Claude Lévi-Strauss (1978) wissen, können (Heilungs-)Rituale auch dann ihre Wirksamkeit entfalten, wenn die Schaman*innen selbst ihre Handlungen eher skeptisch betrachten (Schüttpelz 2012; Dreschke 2013).

Herzlichen Dank an die Organisator*innen und Teilnehmenden der Konferenz »Geschichte als Erlebnis: Performative Praktiken in der Geschichtskultur« im Juli 2014 am Zentrum für Zeithistorische Forschung Potsdam und des Workshops »Towards an Anthropology of Blessing« des Research Lab »Transformations of Life«, a.r.t.e.s. Graduate School for the Humanities, Universität zu Köln, für ihre Kommentare und Anregungen.

Literatur

Arns/Horn 2007: Inke Arns/Gabriele Horn (Hrsg.), History Will Repeat Itself: Strategien des Reenactment in der zeitgenössischen (Medien)-Kunst und Performance. Frankfurt a. M.: Revolver 2007.

Bangma/Rushton/Wüst 2005: Anke Bangma/Steve Rushton/Florian Wüst (Hrsg.), Experience, Memory, Re-enactment. Frankfurt a. M.: Revolver 2005.

Bateson 1983: Gregory Bateson, Eine Theorie des Spiels und der Phantasie. In: Ders., Ökologie des Geistes: Anthropologische, psychologische, biologische und epistemologische Perspektiven. Frankfurt a. M.: Suhrkamp 1983, 241–261. [Originalausgabe unter dem Titel »Steps in an Ecology of Mind: Collected Essays in Anthropology, Psychiatry, Evolution an Epistemology«. San Francisco: Chandler 1972.]

Bolter/Grusin 2000: Jay David Bolter/Richard Grusin, Remediation: Understanding New Media. Cambridge, MA: MIT Press 2000.

Brosius/Michaels/Schrode 2013a: Christiane Brosius/Axel Michaels/Paula Schrode (Hrsg.), Ritual und Ritualdynamik. Göttingen: Vandenhoeck & Ruprecht 2013.

Brosius/Michaels/Schrode 2013b: Dies., Ritualforschung heute – ein Überblick. In: Brosius/Michaels/Schrode 2013a, 9–24.

Daugbjerg 2014: Mads Daugbjerg, Patchworking the Past: Materiality, Touch and the Assembling of ›Experience‹ in American Civil War Reenactment. International Journal of Heritage Studies 20/7&8, 2014, 724–741.

Deloria 1998: Philipp J. Deloria, Playing Indian. New Haven: Yale University Press 1998.

Döring 2007: Alois Döring, Rheinische Bräuche durch das Jahr. Köln: Greven Verlag 2007.

Dreschke 2013: Anja Dreschke, »Die Bibel der Schamanen«: Zur Aneignung und Transformation »fremder« spiritueller Praktiken bei den Kölner Stämmen. Paideuma 59, 2013, 127–148.

Dreschke 2015: Dies., »Der hunnische Blick«: Ethnologische Forschung mit und über audiovisuelle Medien. In: Cora Bender/Martin Zillinger (Hrsg.), Methoden der Medienethnographie. Berlin: Reimer 2015, 257–278.

Dreschke im Erscheinen: Dies., »Kölner Stämme«. Medienethnographie einer mimetischen Kultur. Bielefeld: transcript im Erscheinen.

Flaherty 1992: Gloria Flaherty, Shamanism and the 18th Century. Princeton/New York: Princeton University Press 1992.

Goffman 1974: Erving Goffman, Frame Analysis: An Essay on the Organization of Experience. Cambridge, MA: Harvard University Press 1974.

Goffman 2005: Ders., Wir alle spielen Theater: Die Selbstdarstellung im Alltag. München/Zürich: Piper 2005. [Engl. Originalausgabe unter dem Titel »The Presentation of Self in Everyday Life«. New York u. a.: Anchor Books 1959.]

Grünwedel 2013: Heiko Grünwedel, Schamanismus zwischen Sibirien und Deutschland: Kulturelle Austauschprozesse in globalen religiösen Diskursfeldern. Bielefeld: transcript 2013.

Handelman 2004: Don Handelman, Re-Framing Ritual. In: Jens Kreinath/Constance Hartung/Annette Deschner (Hrsg.), The Dynamics of Changing Rituals: The Transformation of Religious Rituals within Their Social and Cultural Context. Toronto Studies in Religion 29. New York/Berlin u. a.: Peter Lang 2004, 9–20.

Hanf 2007: Walter Hanf, Dörfliche Heiler: Gesundbeten und Laienmedizin in der Eifel. Köln: Greven Verlag 2007.

Hartmann/Schmitz 1991: Petra Hartmann/Stephan Schmitz, Kölner Stämme: Menschen, Mythen, Maskenspiel. Köln: Vista Point 1991.

Himmelsbach 2007: Sabine Himmelsbach, Playback: Simulierte Wirklichkeiten. Heidelberg: Kehrer 2007.

Hobsbawm/Ranger 1983: Eric Hobsbawm/Terence Ranger (Hrsg.), The Invention of Tradition. Cambridge: Cambridge University Press 1983.

Hochbruck 2013: Wolfgang Hochbruck, Geschichtstheater: Formen der »Living History«. Eine Typologie. Historische Lebenswelten in populären Wissenskulturen 10. Bielefeld: transcript 2013.

Humphrey/Laidlaw 1994: Caroline Humphrey/James Laidlaw, The Archetypical Actions of Ritual: A Theory of Ritual as Illustrated by the Jain Rite of Worship. Oxford: Clarendon Press 1994.

Kalshoven 2005: Petra Tjitske Kalshoven, Is this Play? Reframing Metaphoric Action on Indianist Playgrounds. Kroeber Anthropological Society Papers 91, 2005, 66–88.

Kalshoven 2012: Dies., Crafting »the Indian«: Knowledge, Desire and Play in Indianist Reenactment. New York/Oxford: Berghahn Books 2012.

Kalshoven im Erscheinen: Dies., Epistemologies of Rehearsal: Crow Indianist Reflections on Re-enactment as Research Practice. In: Anja Dreschke/Ilham Huynh/Raphaela Knipp/David Sittler (Hrsg.), Reenactments: Medienpraktiken zwischen Wiederholung und kreativer Aneignung. Bielefeld: transcript im Erscheinen.

Laack 2011: Isabel Laack, Rekursivität, Invention und Ritualdesign in den *Sacred Dramas* der *Goddess of People of Avalon* (England). Zeitschrift für Religionswissenschaft 19/1&2, 2011, 212–242.

Langer/Snoek 2013: Robert Langer/Jan A. M. Snoek, Ritualtransfer. In: Brosius/Michaels/Schrode 2013a, 188–196.

Lévi-Strauss 1978: Claude Lévi-Strauss, Der Zauberer und seine Magie. In: Ders. Strukturale Anthropologie I. Frankfurt a. M.: Suhrkamp 1978. [Franz. Originalausgabe unter dem Titel »Anthropologie structurale«. Paris: Plon 1958.]

Lindquist 1997: Galina Lindquist, Shamanic Performance on the Urban Scene: Neo-Shamanism in Contemporary Sweden. Stockholm: Alquist Wissel 1997.

Lütticken/Allen 2005: Sven Lütticken/Jennifer Allen (Hrsg.), Life, Once More: Forms of Reenactment in Contemporary Art. Rotterdam: Witte de With, Center for Contemporary Art 2005.

Mendelsohn 2006: Adam E. Mendelsohn, Be here Now: On the Ultimate High – the Retrieval of History Through Re-enactment. Art Monthly 300, 2006, 13–20.

McCalman/Pickering 2010: Iain McCalman/Paul A Pickering (Hrsg.), Historical Reenactment: From Realism to the Affective Turn. Basingstoke: Palgrave Macmillan 2010.

Oppitz 1999: Michael Oppitz, Montageplan von Ritualen. In: Corinna Carduff/Johanna Pfaff-Czarnecka (Hrsg.), Rituale heute. Berlin: Reimer 1999, 73–95.

Penny 2013: Glenn H. Penny, Kindred by Choice: Germans and American Indians since 1800. Chapel Hill: University of North Carolina Press 2013.

Roselt/Otto 2012: Jens Roselt/Ulf Otto (Hrsg.), Theater als Zeitmaschine: Zur performativen Praxis des Reenactments. Theater- und kulturwissenschaftliche Perspektiven. Theater 45. Bielefeld: transcript 2012.

Schechner 1990: Richard Schechner, Theater-Anthropologie. Hamburg: Rowohlt 1990.

Schlehe/Uike-Bormann/Oesterle u. a. 2010: Judith Schlehe/Michiko Uike-Bormann/ Carolyn Oesterle/Wolfgang Hochbruck (Hrsg.), Staging the Past: Themed Environments in Transcultural Perspectives. Historische Lebenswelten in populären Wissenskulturen 2. Bielefeld: transcript 2010.

Schneider 2011: Rebecca Schneider, Performing Remains: Art and War in Times of Theatrical Reenactment. London/New York: Routledge 2011.

Sieg 2002: Katrin Sieg, Ethnic Drag: Performing Race, Nation, Sexuality in West Germany. Ann Arbor: The University of Michigan Press 2002.

Schüttpelz 2010: Erhard Schüttpelz, Die medienanthropologische Kehre der Kulturtechniken. Archiv für Mediengeschichte 6, 2006, 87–110.

Schüttpelz 2012: Ders., Die Referenz des Schamanen. In: Ludwig Jäger/Gisela Fehrmann/Meike Adam (Hrsg.), Medienbewegungen: Praktiken der Bezugnahme. Paderborn: Fink 2012, 243–259.

Staal 1979: Frits Staal, The Meaninglessness of Ritual. Numen 26/1, 1979, 2–22.

von Stuckrad 2003: Kocku von Stuckrad, Schamanismus und Esoterik: Kultur- und wissenschaftsgeschichtliche Betrachtungen. Gnostica 4. Leuven: Peeters 2003.

Voss 2011: Ehler Voss, Mediales Heilen in Deutschland: Eine Ethnographie. Berlin: Reimer 2011.

Welch 2007: Christina Welch, Complicating Spiritual Appropriation: North American Indian Agency in the Western Alternative Spiritual Practice. Journal of New Age & Alternative Spiritualities 3, 2007, 97–117.

Znamenski 2007: Andrei A. Znamenski, The Beauty of the Primitive: Shamanism and Western Imagination. Oxford: Oxford University Press 2007.

Filmographie

»Die Stämme von Köln«. Regie: Anja Dreschke. Dokumentarfilm, 90 Min., DVD. Köln: Realfiction Filmverleih 2011.

»Die verwegene Horde: Ein Jahr mit den Hornpötter Hunnen«. Regie: Dagmar Hänel/Berthold Heizmann. Filmdokumentation, 42 Min. Bonn: LVR-Institut für Landeskunde und Regionalgeschichte 2011/12.

»Wild Wedding – Ja ich will, aber schrill«. Doku-Serie, ProSieben. D 2011.

René Gründer

Spirituelles Reenactment?

Atmosphären-Management und Emergenzerfahrung in den Ritualen neopaganer Asatru-Gruppen

Abstract

Based on findings from ethnographic fieldwork conducted amongst neopagan groups (Asatru) in Germany, this paper examines the importance of historical ›reconstructionism‹ in the broader context of ›management of atmospheres‹ in group-rituals. The argumentation points out the relevance of common forms of visualising and performing ›ancient/archaic‹ moods and atmospheres, both within reenactment/living history events and within religious rituals of neopagan Asatru-groups. Because of this affinity between spiritual and secular approaches towards the performance of the medieval past, which seem to be rooted in a very similar symbolic cosmos, the German discussion on the exclusion of any religious (pagan) interpretations from living history performances needs to become more differentiated.

Einleitung

Wie ›spirituell‹ bzw. wie ›religiös gefärbt‹ dürfen Living History und Reenactment-Darstellungen (früh-)mittelalterlicher Lebensverhältnisse heute im öffentlichen Raum sein? Diese Frage scheint sich für Darstellungen mittelalterlichen Christentums weit weniger zu stellen, als angesichts der Repräsentation ›magischer‹ oder ›vorchristlich-heidnischer‹ Kulturelemente. Warum ist das so? Spätestens seit der Veröffentlichung der »Aachener Erklärung für Living History« im Jahre 2008 existiert zum Verhältnis von völkisch-esoterischem Neuheidentum und seriöser bzw. säkularer Living History eine Kontroverse, die aufgrund der Sichtbarkeit völkisch-germanophiler Akteure im Mittelalter-Reenactment zuvor die massenmedialen Aufmerksamkeitsschranken durchbrochen hatte (siehe Mölders/Hoppadiez 2007, 44; Schlegelmilch 2008). Die Living History-Szene reagierte auf die Problematisierung einer ›drohenden Unterwanderung von rechts‹ mit einer weit reichenden Verpflichtung auf ›religiöse und weltanschauliche Neutralität‹ und einer Distanzierung von »jeder politischen, religiösen oder ideologischen Einflussnahme durch die Handelnden selbst oder durch Dritte« (Sturm/Beyer 2008), die mittlerweile von über 250 Gruppierungen und Akteuren unterzeichnet wurde. Der europäische Verband der Freilichtmuseen (EXARC) reagierte differenzierter, indem der Ausschluss explizit nationalsozialistischer Ideologie gefordert wurde: »[…] acting out living history should not involve propagating of or flirting with political ideas, especially if these ideas refer to National Socialistic philosophy« (EXARC 2008, 2).

Kann aber jedwede »religiöse oder ideologische Einflussnahme« im Feld der dargestellten Geschichte wirklich immer ausgeschlossen werden? Dieser Frage soll an dieser Stelle in Umkehrung der Perspektive nachgegangen werden, indem die Bedeutung und Funktion von re-inszenierter Geschichte für die Konstitution neopaganer bzw. neuheidnischer Spiritualität am Beispiel germanischgläubiger Asatru-Gruppen untersucht wird. Unter Spiritualität sollen hier im Anschluss an Hubert Knoblauch (2009, 124–130) jene Entwicklungstendenz des religiösen Feldes verstanden werden, die durch neue Formen individualisierter Bindungsverhältnisse an transzendente Weltdeutungen gekennzeichnet ist und deren Merkmal vor allem ein Schwinden der institutionellen Einbindung ihrer Mitglieder bei zunehmender Bedeutung von persönlichen Erfahrungen und einer ›Ganzheitlichkeitsorientierung‹ im religiösen Wissen bestimmt wird. Als neuheidnisch bzw. neopagan sollen dabei solche Ausprägungen von Spiritualität verstanden werden, die in ihrem Wissenssystem auf vorchristliche Stammesreligionen Europas (keltisch, germanisch, slawisch usw.) rekurrieren und sich einer Wiederbelebung bzw. Rekonstruktion ›naturreligiöser‹ Weltsichten, Mythen und Ritualpraxen im Alltag der modernen Gesellschaft widmen (siehe Pearson 2006). Im Unterschied zu Living History/Reenactment steht dabei nicht die Rekonstruktion historischer Lebenswelten für Zuschauer im Vordergrund, sondern das individuelle und kollektive Erleben spiritueller Wirklichkeiten – etwa im Gruppenritual.

Obgleich im Titel des vorliegenden Beitrags von (Mittelalter-/Wikingerzeit-) Reenactment als Wiederaufführung bzw. Re-Inszenierung konkreter historischer Ereignisse die Rede ist, werden auch Aspekte der sachlich hiervon abzugrenzenden Living History als ›gelebter Geschichte‹ im Sinne einer Darstellung historischer Lebensweisen und Kulturtechniken durch Reproduktion Materieller Kultur und historischer Interaktionsformen in der Gegenwart aufgegriffen.

Auf Grundlage von Interview- und Beobachtungsdaten aus einem religionsethnographischen Feldforschungsprojekt zur »Inszenierung des ›Germanischen‹ im Neuheidentum der Gegenwart« (Universität Freiburg, 2006–2009) sollen die Funktionen einer Semantik des ›Authentischen‹ im germanischen Neuheidentum deutschsprachiger Asatru-Gruppen untersucht werden. Die Kernthese zum Verhältnis von spirituellen (Neuheidentum) und säkularen (Reenactment/Living

History) Formen der Geschichtsdarstellungen lautet dabei, dass beide Formen letztlich auf eine gemeinsame ›Ikonographie des Archaischen‹ (*Archa-Ikonik*) zurückgreifen, die im Zuge inszenierter Aufführungen im Umgang mit rekonstruierten Artefakten als Element eines ›Atmosphären-Managements‹ (siehe van Gulik 2014) verstanden werden kann, dem wiederum kontextspezifisch bestimmte soziale Funktionen zukommen. Säkulare (wissenschaftsorientierte) und spirituelle (esoterische, weltanschauliche) Akteure unterscheiden sich dabei beispielsweise im Hinblick auf die Interpretation von Emergenzphänomenen, die im Kontext performativer Praxen regelmäßig auftreten.

Auf der Grundlage der Befunde zu neuheidnischen Gruppenritualen als ›spirituellem Reenactment‹ soll abschließend die Frage diskutiert werden, inwiefern eine Ausschließung neopaganer bzw. spirituell motivierter Akteure von ›seriösen‹ Geschichtsdarstellungen in Living History oder Frühmittelalter-Reenactment überhaupt realistisch ist und ob eine Eliminierung sämtlicher ›ideologisierbarer‹ Gehalte (z. B. ›germanisch-heidnische‹ Symbole, Rituale, Artefakte) in Living History-Darstellungen nicht ebenfalls zur Vermittlung eines verzerrten ›pseudosäkularen‹ Mittelalterbildes beiträgt.

Neuheidnische Gruppenrituale als ›spirituelles Reenactment‹?

Im Zentrum stehen hier Gruppierungen des Neopaganismus bzw. Neuheidentums und deren Bezugnahme auf (Früh-)Mittelalter-Reenactments bzw. der Living History, insofern diese sich einer Nachstellung von nord- und mitteleuropäischen Kulturverhältnissen zwischen Völkerwanderung und dem Hochmittelalter (ca. 375 bis zur Mitte des 13. Jahrhunderts) widmen. Der gemeinsame historische Sinnhorizont ist also im Wesentlichen durch den Prozess der Christianisierung Europas bestimmt.

Das Spektrum neuheidnischer Spiritualität Mitteleuropas ist Teil eines alternativreligiösen Feldes am Übergang von New Age-Esoterik und weltanschaulichen (völkischen) Vergemeinschaftungsformen. Es ist überwiegend szeneförmig (im Sinne des Szenebegriffs von Hitzler/Niederbacher 2010) strukturiert und wird durch die Aktivitäten einzelner Leitfiguren (Buchautoren, Ritualleiter, Organisatoren von Events) integriert. Die dabei, oftmals implizite, Semantik des ›Germanisch-Heidnischen‹ markiert ein spezifisches Sinnfeld, das vor allem als eskapistische Distanznahme gegenüber spätmodernen Lebensweltzumutungen verstanden wird. Dabei können sowohl ökologische, christentumskritische, linksalternative wie auch völkisch-rassistische Weltbilder den weltanschaulichen Hintergrund dieser Distanznahme bilden (siehe Gründer 2008, 81–87). Als Folge des Formierungszusammenhanges neuheidnischer Strömungen im frühen 20.

Jahrhundert wird darin bis heute auf Sujets und Deutungsmuster aus der Antimoderne und der Lebensreform bzw. der Esoterik des 20. Jahrhunderts zurückgegriffen. Dies führt zu einer oftmals undifferenzierten öffentlichen Wahrnehmung neuheidnischer Gruppen als regressive völkisch-chauvinistische Vergemeinschaftungen, die Religion und Spiritualität lediglich als Deckmantel rechtsextremistischer Ideologisierung instrumentalisierten. Allerdings finden sich im selben Feld mittlerweile zunehmend liberale, ökologische und antirassistische Selbstdeutung der Akteure (siehe Schrupp 1997, 32 f.; Gründer 2014, 266–270). Als ›völkisches Neuheidentum‹ sind daher heute solche Gruppen und Glaubenswelten anzusprechen, die sich entweder selbst explizit in die Tradition entsprechender Vorgängerbewegungen im frühen 20. Jahrhundert stellen (Deutschgläubige, Artgläubige, Ariosophen) oder aber einer Deutung von Neuheidentum als ethnischer, blutgnostischer ›Volkstumsreligion‹ anhängen – mithin die Religionszugehörigkeit ethnisierend auf Angehörige eines konkreten Kollektivs (Nation, ›Rasse‹, ›Volk der Deutschen als Erbe der Germanen‹ usw.) beschränken (zur Nationalreligion siehe Eßbach 2014, 519–522; zum Konzept ›Blut-Gnosis‹ völkischer Neuheiden siehe Gründer 2010a, 247–250).

Durch die sozialen Netzwerkmedien sind universalistisch-naturreligiöse Interpretationen von Neopaganismus seit der Jahrtausendwende global verbreitet (z. B. nordgermanisch-heidnische Asatru-Gruppen in Argentinien und Brasilien, und Anhänger polynesischer Naturreligion unter ›deutschstämmigen‹ Berlinern) und offen für alle spirituell Interessierten (siehe Gründer 2008, 89 f.).

Neben kulturalistischen und biologistischen Deutungen einer kollektive Identitäten fundierenden ›Stammesreligion‹ gingen im 20. Jahrhundert auch esoterische bzw. okkultistische Vorstellungen und Praktiken in die Konstruktion neuheidnischer Religionsentwürfe ein. Auf dem Gebiet der Ritualistik wird diese historische Verortung im Traditionsfeld der *Westlichen Esoterik* (etwa durch Anleihen der Ritualgestaltung bei Freimaurertum, Theosophie und Ritualmagie; siehe Pearson 2006, 865) überdeutlich.

Asatru-Neopaganismus zwischen Religionsrekonstruktion und Erfahrungsreligion

Der isländische Neologismus ›Asatru‹ (übersetzbar mit Asen-Treue bzw. Asen-Glaube, d. h. religiöse Bindung an die nordischen Götter) wird seit Beginn der 1970er Jahre – zunächst in Island, den USA und Skandinavien, seit den 1990er Jahren auch in Deutschland – als Selbstbezeichnung von Gruppen genutzt, die ihre religiösen Weltbilder an der polytheistischen Götterwelt der altisländischen Saga- und Edda-Literatur des 13. Jahrhunderts orientieren. Aus Sicht seiner Anhänger ist Asatru eine einheimische, vor- bzw. außerchristliche, polytheistische Erfahrungsreligion, die ihren Ausdruck in der rituellen Feier von Jahreskreisfesten sowie in einer Ethik der Selbstverantwortung findet. In den Worten eines Protagonisten gesagt: »Germanisches Neuheidentum, Asatru, auch alte Sitte oder Ahnensitte, ist der Versuch, die religiösen Vorstellungen der vorchristlichen Germanen möglichst genau nach Quellenlage wiederzubeleben – als eine moderne Religion für die heutige Zeit« (Stilkam 2005, 23). Sofern es diesem Anspruch folgt, ist das Neuheidentum der Asatru als eine Form von religiösem bzw. spirituellem Reenactment anzusehen. Die Akteure wissen dabei recht genau um die Problematik der Legitimation ihres Glaubens durch Rekurs auf historische Quellen, die zumeist von ›nicht-heidnischen‹ bzw. christlichen Autoren verfasst wurden. Das Schlüsselkonzept, das vermittelnd zwischen dem Authentizitätsanspruch einer (auf Grundlage von Quellfragmenten) rekonstruierten vorchristlichen Religion und deren Aktualisierung und Plausibilisierung in der Gegenwart steht, ist das Konzept der ›Erfahrungsreligion‹.

In der (emischen) Konzeption von ›Unverified Personal Gnosis‹ (UPG) als ›nicht durch historische Quellen gestützte persönliche Offenbarung (paganer Gottheiten)‹ wurde um die Jahrtausendwende eine Entwicklung sichtbar, die bereits seit den späten 1970er Jahren zur Ablösung völkischer bzw. ›blutgnostischer‹ Deutungen im Neuheidentum durch einen hochgradig individualisierten, eklektizistischen Universalismus der Glaubensinhalte zwischen unterschiedlichsten ›Wegen‹ des jüngeren Neopaganismus geführt hatte (siehe Gründer 2008, 99–101). Persönliche Epiphanien aufgrund spezifischer Erlebensverarbeitung wurden zunächst in den jüngeren Strömungen der neopaganen ›Hexenreligion‹ des Wicca zu Quellen neuheidnischer Spiritualität aufgewertet (siehe MacMorgan 2005, 25 f.). Aus der Wicca-Religion diffundierte die Akzeptanz von UPG als Grundlage neuheidnischen Religionswissens auch in die universalistische Asatru-Bewegung, in der völkisch-ideologische sowie auf religiöse Führungspersonen orientierte Gruppierungen seit den 1990er Jahren an Bedeutung verloren (siehe Gründer 2008, 98).

Was bedeutet diese erfahrungsreligiöse Wende bzw. dieser *spiritual shift* innerhalb neuheidnischer Religionsverständnisse für das Verhältnis neuheidnischer Akteure zum Feld von Mittelalter-Reenactment und Living History? Anhand ausgewählter Feldforschungsbefunde zu neuheidnischen Asatru-Gruppen soll dieser Frage im Folgenden nachgegangen werden.

›Doing Paganism‹ – Befunde religionsethnographischer Feldforschung

Im Rahmen der Feldforschung zur ›Inszenierung des Germanischen im Neuheidentum‹ wurden neben teilnehmenden Ritualbeobachtungen auch 26 ausführliche Interviews mit langjährigen leitenden Mitgliedern germanisch-heidnischer Asatru-Gruppen durchgeführt. In diesem Zusammenhang berichteten etwa ein Viertel aller Befragten unterschiedliche Verbindungen zur Living History-Szene sowie als Referenzmodelle zur Abgrenzung der eigenen Spiritualität. Anhand von drei Beispielen werden diese Referenzierungen typisiert.

Typus 1: Wechselseitige Verstärkung neopaganer und auf das Reenactment bezogener Motivationslagen:

> Wir haben ja angefangen mit dem Mittelalter, dann gab es bei mir eine bestimmte spirituelle Entwicklung und dann bin ich durch meinen Freund richtig ins Reenactment reingekommen. […] Und also vermutlich ist es meistens so, dass man anfängt: Mhm, Heidentum – interessant, sich da drüber informiert, dann so ein bissel auf Mittelaltermärkte geht, in die Mittelalter-Szene einsteigt und so zum Reenactment kommt könnte ich mir vorstellen. (weiblich, Mitglied im Eldaring e.V.)

Typus 2: Wikinger-Reenactmentgruppen als neopagane ›Parallelwelt‹ zu institutionalisierten Neuheiden-Gruppen:

> Reenactment, also die Leute, die zum Beispiel die Wikinger-Zeit nachspielen, indem sie sich genauso kleiden, ganz historisch treffen, soweit man das rekonstruieren kann mit den entsprechenden Waffen und und Zeltlager und so was, veranstalten – und da werden auch Rituale abgehalten. Die halten die dann aber für sich ab, weil sie selbst auch an die germanischen Götter glauben, also auch Asatruer sind. (männlich, Verein für Germanisches Heidentum e.V.)

Typus 3: Living-History-Events als Freizeit-/Erlebniswelt neopagener Akteure:

> Wir sind auf Mittelaltermärkten und auch auf Wikingermärkten gewesen. In letzter Zeit aber weniger. […] Wir haben da Sachen verkauft, ich hab da auch mal Runen-Orakel gemacht, andere haben aus der Hand gelesen, manchmal waren wir da halt auch nur als Gäste da […] aus dieser Zeit haben wir auch

noch ein Wikinger-Zelt. Hatten wir uns auch mal selbst genäht. (männlich, Heidnische Gemeinschaft Berlin e.V.)

Belege für eine Personalunion germanisch-neuheidnischer Akteure und Leitungsfunktionen in Reenactment/Living History-Gruppen wurden nicht gefunden. Es besteht im Gegensatz dazu sogar eine Tendenz der (meist als Vereine institutionalisierten) heidnischen Religionsgemeinschaften, sich von ›bloßem Reenactment‹ dezidiert abzugrenzen und stattdessen die individuelle religiöse Bindung an die Gottheiten im Gegensatz zu einer reinen ›Germanen-Kostümierung‹ zu betonen. Living History bildet jedoch a) einen kulturellen Rahmen, innerhalb dessen neopagane Biographieentwürfe entwickelt werden und b) einen Handlungsraum, in dem neopagane Akteure ihre – spirituell geprägten – Freizeitinteressen sowohl als ›Anbieter‹ wie als ›Konsumenten‹ ästhetischer Erlebnisse (z. B. Mittelaltermärkte) realisieren. Als Desiderat ethnographischer Forschung verbleibt der Hinweis auf Reenactmentgruppen, in denen möglicherweise alle oder auch nur einzelne Beteiligte abseits öffentlicher Darstellungen ihre neopagane Religiosität in Ritualen praktizieren.

Innerhalb der in Deutschland etwa 3000 bis 5000 Akteure umfassenden Asatru-Szene besteht eine Grenzziehung in der Ritualgestaltung zwischen *Rekonstruktionisten*[1] (*reconstructionists*) und *Eklektizisten* (*ecclectic pagans*), die quer zu den weltanschaulichen Lagern (völkisch vs. universalistisch) liegt. Dabei reagiert der Ansatz einer rekonstruktionistischen Asatru auf die oben explizierten Individualisierungstendenzen nach ›Unverified Personal Gnosis‹ und legitimiert – in Abwehr jeder eklektizistischen ›Beliebigkeit‹ der Religionskonstruktion – religiöse Wissensbestände weitestgehend durch die ›Authentizität‹ rituellen Handelns auf der Basis historischer Quellen. Ein solches Verständnis von Heidentum als traditionale, mithin klar von der Moderne unterschiedene (ökologische, naturverbundene, archaische, traditionelle) Lebensweise impliziert die Forderung nach einer weitgehenden Rekonstruktion der historischen Kultur, eines ›umfassenden heidnischen Lebensstils‹ nach ›alter Sitte‹ (etwa wikingerzeitlicher Kulturverhältnisse). In diesem Sinne bedeutet Heidentum für seine Anhänger weit ›mehr‹ als nur eine persönliche Spiritualität die punktuell in Gruppenritualen ausgelebt wird. Eklektizisten im neopaganen Spektrum stellen hingegen den Au-

---

1   Im Folgenden wird der emische Begriff des rekonstruktionstischen Heidentums zur Kennzeichnung jener Unterströmungen verwendet, die die Stärke und Wirksamkeit ihres spirituellen Weltbildes primär durch eine rekonstruktive Grundhaltung in Bezug auf im rituell/religiösen Kontext verwendete Artefakte, Symbole und Sprachregelungen begründen. Angenommen wird dabei etwa, dass die Anrufung germanischer Gottheiten mit zahlreichen ihrer in der eddischen Dichtung überlieferten Beinamen (*kenningar*) besonders wirksam sei.

thentizitätsanspruch der Rekonstruktionisten generell in Frage und reflektieren den Synkretismus vieler religiöser Handlungen im Neuheidentum (etwa in der Ritualgenese auf Grundlage isländischer Sagas, Freimaurerrituale und den Kulten magischer Ordensgemeinschaften). Sie betonen dabei die Individualität des ›Weges zu den Göttern‹ – etwa über die persönliche Aktivierung innerpsychischer (bzw. eine Öffnung für archetypische) Energien.

Die Liturgie eines Asatru-Rituals entstammt in ihrer Grundstruktur ritualmagischen Prinzipien älterer Traditionen der *Westlichen Esoterik* sowie überlieferten Praktiken (etwa Schilderungen höfischer Umtrünke und Opferfeste) aus der mittelalterlichen isländischen Sagaliteratur. Es beinhaltet folgende Elemente, deren Abfolge in den meisten Fällen gruppenübergreifend ähnlich ist (Gründer 2008, 73):

1. Einhegung/Einhaselung (symbolische Herstellung eines ›Heiligen Raumes‹);
2. Eröffnungsritus (Eröffnung des Rituals durch einen Ritualleiter);
3. Anrufung (Begrüßung und Einladung der Götter, Wesenheiten, Menschen zum Ritual);
4. Blót (symbolische Opferhandlungen zur Stärkung der Verbindung von Menschen und Göttern);
5. Sumbel (ritueller Umtrunk mit ›Toasts‹ auf Götter, Ahnen und Teilnehmende);
6. Verabschiedung (der angerufenen Götter und Wesenheiten);
7. ›geselliger Teil‹ bzw. ›Kultmahl‹ (Feier mit Essen, Musik, Gesang usw.).

Zentral für das Verständnis der religiöse Bedeutung dieser, meist in Kleingruppen (2 bis 20 Teilnehmende) abgehaltenen Blót-Rituale (Opferfeiern) ist die Aktualisierung der Beziehung zu spirituellen Entitäten (Göttinnen, Göttern und Wesenheiten der nordisch-germanischen Mythologie). Gottheiten wie Odin, Thor und Freyja werden zumeist als machtvolle, jedoch anthropomorphe und unsichtbar präsente Wesen aufgefasst, die ins Leben ihrer Anhänger eingreifen können, sofern zu ihnen eine gute Beziehung (Freundschaft, Friede) unterhalten wird. Das Blót ist dabei eine symbolische Opferhandlung, bei der (selbst hergestellte) Speisen oder kleinere Artefakte in Verbindung mit einem Wunsch oder Dank ins Feuer gegeben werden.

Bei der sprachlich-liturgischen Ritualgestaltung wird auf ein, in der Asatru-Szene mittlerweile weitgehend als kanonisiert anzusehendes, Konvolut von Textüberlieferungen (Sagas, Edda, Merseburger Zaubersprüche, Tacitus, Missionsberichte usw.) zurückgegriffen, um dem rekonstruktionistischen Anspruch an Ritualtexte gerecht zu werden (siehe Gründer 2010b, 225–236). Daneben können auch die Gestaltung von Artefakten (Ritualkleidung, Kultgegenstände) und andererseits die Verwendung von Sprache als Indikatoren einer rekonstruktionistischen Haltung angesehen werden.

a) Ritualpragmatische versus rekonstruktionistische Gestaltungsweisen von Ritualgegenständen:

Kultgegenstände zur Durchführung von germanisch-neuheidnischen Asatru-Ritualen sind der Ritualhammer, der – in Referenz auf den magischen Hammer *Mjölnir* des Gottes Thor – zur symbolischen Weihung bzw. ›Hegung‹ des Ritualplatzes genutzt wird und das Trinkhorn, dessen Verwendung im Trinkritual die Gemeinschaft der Gruppe mit den germanischen Göttern und Ahnen symbolisiert (Abb. 1). Bei der Herkunft und Gestaltung beider Artefakte zeigen sich Unterschiede entlang einer Dichotomie von entweder eher ›funktional/pragmatischen‹ oder eher ›symbolisch/ästhetischen‹ Gestaltungsweisen.

Hier können etwa Gruppen, deren Ritualhämmer aus massivem Eisen geschmiedet bis zu sechs Kilogramm schwer sind von jenen unterschieden werden, die einen mehr oder weniger dekorierten Fäustel-Hammer aus dem Baumarktsortiment im Ritual nutzen.

Alle Gruppen verwenden Trinkhörner aus dem Mittelaltermarkt-Sortiment (meist von afrikanischen Rindern stammend); bei der Größe und ornamentaler Gestaltung der Trinkhörner gibt es jedoch große Unterschiede, die sowohl ritualpragmatisch erklärbar sind – große Gruppen brauchen voluminöse Hörner, da innerhalb eines Rundtrunkes das Horn nicht geleert werden sollte – als auch durch die Verteilung ästhetischer Präferenzen und handwerklicher Kompetenzen in den Gruppen (Abb. 1 und 2).

b) Gestaltung von Ritualbekleidung:

Analog zur Verwendung entweder ›praktischer‹ gekaufter, oder aber selbst hergestellter Ritualgegenstände kommt der Bekleidung der Ritualteilnehmerinnen und -teilnehmer eine symbolische Funktion zu, die einerseits als Repräsentation des eigenen Verständnisses (als ›Rekonstruktionist‹ mit besonders hoher Identifikation mit dem spirituellen Weltbild der Asatruar) nach außen wirkt, aber auch nach innen als Form der subjektiven Selbstvergewisserung über den Eintritt in die Sonderwelt des heidnischen Rituals, das von vielen Befragten explizit als nichtalltägliche ›Auszeit‹ bzw. als spirituelle Sonderwelt zur Kommunikation mit Göttern und Ahnenwesen empfunden wird. Da in den untersuchten sechs Gruppierungen keine einheitlichen Be-

Abb. 1 Asatru-Ritualhämmer − pragmatisch/funktionale Gestaltung auf Grundlage von Fäustel-Hämmern aus dem Baumarktsortiment; rechts mit Trinkhorn.

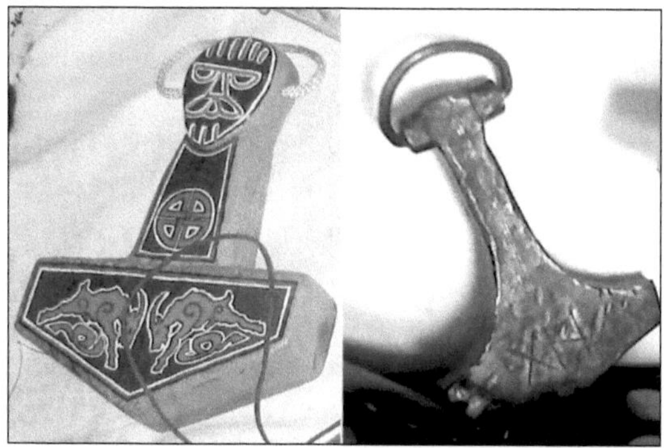

Abb. 2 Asatru-Ritualhämmer − rekonstruktionistische/ästhetische Gestaltung; links Holzschnitzarbeit mit farbiger Lackierung, rechts handgeschmiedetes Eisen, jeweils ca. 20 cm hoch.

kleidungsvorschriften existierten, konnten bei allen Ritualen sowohl Personen in Alltagskleidung (Jeans, T-Shirt) als auch Teilnehmende in mittelalterlicher Gewandung beobachtet werden. In der Regel korrespondierte die Präferenz von historischen Bekleidungsformen jedoch mit der Rolle der Person innerhalb des Rituals. Dort wo es eine oder einen expliziten Ritualleiter gab, trug diese/r auch häufiger eine im Sinne des heidnischen Rekonstruktionismus ›authentische‹ Bekleidung, etwa nach wikingerzeitlichem Vorbild.

Sowohl die Aussagen befragter Ritualleiter als auch die Befunde teilnehmender Beobachtung bei sechs Gruppenritualen unterschiedlicher germanischer Neuheidengruppen legen die Vermutung nahe, dass die Affinität zur Nutzung von Reenactment-Strategien (Herstellung authentischer mittelalterlicher Ritualkleidung) quer zu den weltanschaulichen Strömungen im Neuheidentum verbreitet ist. Die rekonstruktionistischen Unterströmungen unterscheiden sich jedoch hinsichtlich des jeweiligen Symbolkosmos, der als Vorlage der Rituale dient: Völkische Gruppen orientieren sich eher an Elementen bäuerlicher Trachten des 19. Jahrhunderts, ökospirituelle Gruppen orientieren sich oft an (früh-)mittelalterlichen bzw. wikingerzeitlichen Vorlagen und in jüngeren universalistischen Gruppen besteht ein nachhaltiger Einfluss durch Rollenspielerbekleidung aus der Life-Action-Role-Player-Szene[2] (LARP), also einer Orientierung an einem nicht historischen ›Fantasy-Mittelalter-Stil‹.

›Atmosphären-Management‹ in neuheidnischen Gruppenritualen

Bei neopaganen Asatru-Ritualen handelt es sich um soziale Interaktionen vom Typus der Aufführung/Performance, nämlich um »körperlich vollzogene Handlungen im Raum [...], die von mindestens einem anderen wahrgenommen werden« (Fischer-Lichte 2012, 54) und folglich durch die vier Dimensionen von a) Beziehungen zwischen Handlungsausführenden und Handlungswahrnehmenden, b) Handlungsraum, c) Handlungsvollzug sowie d) Handlungswahrnehmung im Hinblick auf deren spezifische Performativität bestimmt werden (siehe ebd.). Mit ›Performativität‹ ist dabei auf das Wissen um den Aufführungscharakter – hier: den in den Kontext der religiösen Sonder-Sinnwelt ›eingeklammerten Wirklichkeitsstatus‹ der beobachteten Ritualhandlungen als solche – von Seiten der Teilnehmenden verwiesen. Zentral für die Abgrenzung zu ›klassischen‹ Reenactments oder Living-History-Szenen erscheinen mir vor allem zwei Aspekte: 1. Die Bedeutung des ›Atmosphären-Managements‹ für die Wirkung bzw. den ›Erfolg‹ des Gruppenrituals aus Sicht der Teilnehmenden sowie 2. die instrumentelle Einbindung von Kontingenz- bzw. Emergenzeffekte bei der Umsetzung der Ritualinszenierung (dem ›Script‹ bzw. der ›Liturgie‹) im Sinne des religiösen Wissenssystems im Neuheidentum. Aus dem Spannungsverhältnis zwischen Intentionalität (Planung) und Emergenz (unvorhergesehene, aus dem

---

2 Beim Life-Action-Role-Play (LARP) handelt es sich um eine szeneförmig organisierte Freizeitbeschäftigung, bei der Personen in fantastischen Kostümen (z. B. Elfen, Zauberer, Trolle, Berserker) Szenen in Anlehnung an Fantasy-Literaturwelten (etwa aus J. R. R. Tolkiens »Der Herr Der Ringe«) oder Adventure-Computerspielen nachspielen.

Performancekontext resultierende Abweichungen vom Skript; siehe Fischer-Lichte 2012, 56) resultieren Möglichkeitsräume spiritueller Evidenzerfahrung im Neuheidentum – etwa, wenn Wettereinflüsse den Ritualablauf verändern und als Zeichen ›göttlicher Präsenz‹ gedeutet werden.

Die Dimension der Räumlichkeit tritt im neopaganen Gruppenritual in zwei Weisen in Erscheinung. Einerseits als physischer Raum, der als ›Bühne‹ einer Aufführung ›bespielt‹ wird, andererseits als räumliche Ordnung des Interaktionszusammenhanges, die erst durch Akte der Platzierung (*placing*) von Artefakten und Akteuren und in deren synthetischer Perzeption unter einem kollektiven Deutungsrahmen (*spacing*) durch die Teilnehmer/Zuschauer realisiert wird (siehe Löw 2001; Fischer-Lichte 2012, 58 f.). Darüber hinaus beinhalten Atmosphären als »Sphären von Anwesenheit« (Fischer-Lichte 2012, 59) weitere kontingente, einer Inszenierung nur bedingt zugängliche Eigenschaften, die auf die Erscheinungsweisen/Ekstasen der Dinge im Raum abzielen und mithin unterschiedliche sensorische Qualitäten (Farben, Gerüche, Laute, Ausdehnungen, Formen) der Perzeption adressieren. »Die Ekstase der Dinge führt dazu, dass diese nach außen wirken und dem sie Wahrnehmenden in besonderer Weise als gegenwärtig erscheinen – sich seiner Aufmerksamkeit geradezu aufdrängen« (ebd.).

Interessanterweise gerät in der jüngeren religionspsychologischen Forschung gerade die Bedeutung von Atmosphären für die Konstitution religiöser/spiritueller Erfahrungsmöglichkeiten immer mehr ins Blickfeld. Im Anschluss an die Bestimmung von Religion nach Clifford Geertz (1993, 90)[3] erkennt Léon A. van Gulik (2014, 2) gerade im ›Management von Atmosphären‹ einen performativen Wesenskern von Religion überhaupt: »Atmospheres are the often unacknowledged experiential envelopments that coincide with or rare inherently present in an either acquired or developed conception of objects, (and this is important!) be they places, people, artifacts, or ideas«. Mithin definieren Atmosphären die subjektiven Perspektiven, unter denen Dinge innerhalb eines als ›religiös‹ gerahmten Kontextes erscheinen können, und sind daher als Voraussetzung für die Erzeugung jener Stimmungen (*moods*) anzusehen, die nach Geertz so zentral für den Religionsbegriff sind. Mehr noch: Es ist gerade das latente ›In-Rechnung-Stellen‹ möglicher Atmosphärenwirkung in Ritualen, das zur ›Einkleidung‹ (*clothing*) religiöser Weltdeutungen in eine Aura von ›höherer Wirklichkeit‹ beiträgt. Wenn van Gulik nun einerseits zur Recht auf die Differenz zwischen singulären ästhetischen Qualitäten (von Dingen) und der Komplexität und Am-

---

3   »[A] *religion* is: (1) a system of symbols which acts to (2) establish powerful, pervasive, and long-lasting moods and motivations in men by (3) formulating conceptions of a general order of existence and (4) clothing these conceptions with such an aura of factuality that (5) the moods and motivations seem uniquely realistic.«

biguität von Atmosphären (als Rahmen der Erscheinungsweise von Dingen für jemanden) hinweist, und andererseits eine »theory on the management of atmospheres in contexts of the sacred« (van Gulik 2014, 1) formuliert, dann stellt sich die Frage, wie sich ein solches (intentionales) ›Management‹ von Atmosphären im Ritual vollzieht. Am Beispiel von Interviewauszügen von erfahrenen Ritualleitern germanisch-neuheidnischer Asatru-Gruppen können diese Sachverhalte zunächst empirisch aufgezeigt und schließlich analysiert werden. Ein langjähriger Ritualleiter einer Berliner Heidengruppe (Heidnische Gemeinschaft e.V.) erklärte 2008 zur Durchführung des Einhegungs-Ritus (Einhaseln genannt) zum Ritualbeginn:

> Im Grimnirsmal [einer altisländischen Edda-Dichtung aus dem 13. Jahrhundert; R.G.] werden die zwölf Götterburgen beschrieben und diese zwölf Strophen verwenden wir, um die zwölf einzelnen Pflöcke abzuschreiten und bei jedem eine Strophe zu singen. Und dann entsprechend die Gottheit herbei zu rufen oder zu begrüßen, sagen wir mal zu begrüßen, die da genannt wird. Also: »Heil Thor!« zum Beispiel bei dem ersten, beim zweiten wäre es dann Ullr oder Freyr und so weiter, nicht? Das ist ja auch ein ritueller Teil, der sorgt sehr stark dafür, dass der Alltag ausgeblendet wird und die Leute auch geistig ankommen bei dem Fest. Man merkt den deutlichen Unterschied zwischen der Stimmung am Anfang des Einhaselns und am Ende. Ich finde es auch sehr gut, es gibt ja verschiedene Gruppen, die verschiedene Rituale haben, um ein Fest zu beginnen, ich finde dieses Ritual auch deshalb sehr gut, weil man einmal um seinen Kultplatz herum schreitet, weil dieses Ritual auch eine Weile dauert natürlich, was weiß ich, zehn Minuten ist man dann schon unterwegs. (Ritualleiter, Heidnische Gemeinschaft 2008).

Im Kontext einer Ritualbeobachtung eben dieser Gruppe konnte eine fokussierende Wirkung dieses Umschreitens des Ritualplatzes, bei dem an zwölf Pflöcken kleine Teelichte in der nächtlichen Dunkelheit entzündet wurden, beobachtet werden. Der Ritualleiter erklärte dazu, dass der Ritus dem ›Ankommen im Ritual‹ diente. Die Teilnehmenden sollten sich dadurch ›wie auf dem Marktplatz von Asgard‹ (der germanischen Götterwohnstatt) fühlen.

Auf individueller Ebene dürfte das Anlegen der ›Kultkleidung‹, welches von einigen Teilnehmenden erst nach Ankunft am Ritualplatz vollzogen wurde, dieser Transgressionsfunktion (vom Alltag ins Ritual) entsprechen. Mithin tragen die Gestaltung der Ritualgegenstände, die Ritualleitung, das liturgische Skript und die Wahl des Ortes (abgeschiedene Waldlichtung) sowie die Ritualzeit (nach Einbruch der Abenddämmerung) zur gemeinschaftlichen Erzeugung (bzw. dem ›Management‹) einer ›Emergenzsituationen‹ für Erlebniszusammenhänge bei, die als Ritualatmosphäre das Auftauchen von Eindrücken begünstigt, die wiederum in das religiöse Weltbild integriert werden und dies stärken.

Die Notwendigkeit eines ›Managements der Ritualatmosphäre‹ für das Gelingen eines neuheidnischen Kultfestes wird sowohl aus den Daten teilnehmender Beobachtung wie aus den Interviewdaten deutlich. Dabei ist allerdings zwischen den Ritualteilnehmern verfügbaren und nicht verfügbaren Aspekten zu unterscheiden. Die Gestaltung und Verwendung von Dingen und Anordnungen unterliegen beispielsweise in stärkerem Maße dem intentionalen Zugriff der Inszenierung als die Einflüsse von Witterungsbedingungen, Grundstimmungen und Alltagsstress der Ritualteilnehmer sowie daran gekoppelte Gelingensbedingungen für Interaktionen im Ritualablauf (Versprecher, Handlungskoordination usw.). Allgemein verbreitet ist etwa die Norm, Rituale stets im Freien und in terminlicher Nähe zu den vier bzw. acht Festen des Jahreskreises (Sonnenwenden und Äquinoktien) abzuhalten. Dies bedeutet für die Teilnehmenden (meist Stadtbewohner), dass hiermit stets die Chance einer Exposition unter ›außeralltägliche‹ Umstände (Winternächte im Wald etc.) verbunden ist. Diese Norm definiert einen Möglichkeitsraum für die Emergenz von Phänomenen, die als Ausdruck einer Präsenz und Wirksamkeit germanischer Götter und mythologischer Wesenheiten in der Welt gedeutet werden können. Im folgenden Beispiel soll dieser Zusammenhang von religiösem Wissen, Atmosphären-Management im Ritual und kollektiver Evidenzerfahrung einer Präsenz unsichtbarer (Natur-)Götter für eine Asatru-Gruppe expliziert werden.

Ernste Spiele: Immanente Transzendenzerfahrungen im neopaganen Ritus

Wie laufen Prozesse der spirituellen Deutung von Emergenzerfahrungen (als UPG) im Ritual der Asatru im Detail ab? Das hierfür grundlegende Wissen besteht einerseits in der Annahme der Existenz unsichtbar anwesender Götter und Wesenheiten, die aus der beseelten Natur hervorgehen bzw. diese als symbolische Referenten auf Naturkräfte repräsentieren (der germanische Gott Thor als Gewittergott steht in der Asatru für den Fruchtbarkeit bringenden Regen) und zum anderen in der kollektiv geteilten Vorstellung, dass Gottheiten im Ritual an- und herbeigerufen werden können. Die Beziehung zwischen Inszenierung und Aufführung kann im Asatru-Ritus als ein ›ernstes Spiel‹ beschrieben werden. Dabei definiert das Atmosphären-Management der Ritual-Inszenierung explizite ›Freistellen‹ für die Emergenz von Phänomenen, die von den Teilnehmenden wiederum im Sinne ihres neopaganen Weltbildes gedeutet werden können. Als Beispiel sei auf ein bei Gründer (2012, 453) analysiertes Transkript eines Ritualmitschnittes verwiesen, in dem unmittelbar mit den letzten Worten eines verlesenen Anrufungstextes, der sich vor allem an die Wettergottheit Donar (Donnergott) richtete, ein heftiger Platzregenschauer von lediglich 20 Sekunden ereignete. Zunächst interpretierten die Ritualteilnehmer das Naturphänomen als Störung des Ritualablaufs und reagierten mit einer kurzen Unterbrechung und der Suche nach Schutz vor dem Regen, als allerdings der Regenguss nach 20 Sekunden ebenso abrupt geendet hatte, wie er einsetzte, kam es zu einer kollektiven Neuinterpretation der Erfahrung durch die Gruppe. Eine Teilnehmerin rief (zum Himmel hinauf): »Ihr solltet nicht alle auf einmal kommen!! Nacheinander! (lacht)«, eine andere ergänzte: »Ja, wenn das jetzt kein Zeichen war!« der Ritualleiter unterstützte: »Ja, genau«. Und schließlich erklärte eine Teilnehmerin sachlich: »Sie sind der Einladung gefolgt«. An diesem Beispiel kann – in Verbindung mit zahlreichen ähnlichen Schilderungen Befragter im Interviewmaterial – auf die zentrale Bedeutung des Atmosphären-Managements für die Funktionsweise neuheidnischer Spiritualität als ›Erfahrungsreligion‹ geschlossen werden.

Neopagane Mitspieler in Living History und Mittelalter-Reenactment: Exkludieren oder Akzeptieren?

Albrecht Jockenhövel machte im Mai 2008 auf die Problematik einer Unterwanderung der Frühmittelalter-Reenactmentszene durch völkisch-esoterische Akteure aus dem neuheidnischen Spektrum aufmerksam (Jockenhövel 2008). Die Bearbeitung dieser Problematik in der ›Aachener Erklärung für Living History‹ im Gestus rigider formaler Abgrenzung – Living History soll »frei sein von jeder politischen, religiösen oder ideologischen Einflußnahme durch die Handelnden selbst oder durch Dritte« – erscheint allerdings kaum praktikabel, wie bereits Doreen Mölders und Ralf Hoppadietz (2007, 45 f.) hinsichtlich der Existenz gemeinsamer semantischer Felder mythischer Vergangenheitsinszenierung zwischen der Eventkultur im Freilichtmuseum und der Ritualistik heidnisch-esoterischer Gruppen hervorgehoben haben. Im Ergebnis der vorliegenden Feldforschung zu Neuheidengruppen ist davon auszugehen, dass das Konzept eines ›Archa-Ikonischen Atmosphärenmanagements‹ sowohl bei der Inszenierung musealen Spektakels wie auch bei der Inszenierung neuheidnischer Kulte eine wesentliche Rolle spielt. Mithin existiert sowohl für die Akteure einer weltanschaulich ›neutralen‹ Living History wie auch neopagan-spirituell geprägter Gruppen ein gemeinsames Sinnfeld von *Archa-Ikonen*, die in Verbindung mit der Beobachtung und Deutung von Emergenzphänomenen vor dem Hintergrund unterschiedlicher Wissenssysteme (spirituell vs. säkular) zur subjektiven Sinnstiftung einladen. Grundsätzlich unterscheiden sich also – abgesehen von der konkreten Ausgestaltung und Zielsetzung performativer Akte – spirituelles und

›säkulares‹ Mittelalter-Reenactment auf der Ebene subjektiver ästhetischer Erfahrungen kaum voneinander. Auch die sozialen Funktionen (Ausstieg aus dem Alltag, Eintritt in eine Sonderwelt mit eigenen Normen usw.) sind in beiden Feldern sehr ähnlich. Neuheidnische Gruppen wie auch die Szenen von Mittelalter-/Wikinger-Reenactmentgruppen und Living History dürften daher von einer kritischen Reflexion ihrer Erfahrungswelten und der Implikationen für abzulehnende ideologische Weltbilder stärker profitieren als durch eine rigide Ausgrenzungsrhetorik gegenüber jedweder ›religiösen oder ideologischen Einflussnahme‹. Ganz abgesehen davon, dass eine rigide Durchsetzung der ›Aachener Erklärung‹ zu einem ebenfalls verzerrten – nämlich ›pseudo-atheistischen‹ – Bild vergangener Lebenswelten beitrüge.

Literatur

Eßbach 2014: Wolfgang Eßbach, Religionssoziologie: Glaubenskrieg und Revolution als Wiege neuer Religionen. Paderborn: Fink 2014.

EXARC 2008: EXARC, Year Report 2008: Draft, to be Presented at the AGM, March 28th, 2009. <http://exarc.net/system/files/exarc_year_report_2008.pdf> [18.03.2015].

Fischer-Lichte 2012: Erika Fischer-Lichte, Performativität: Eine Einführung. Edition Kulturwissenschaft 10. Bielefeld: transcript 2012.

Geertz 1993: Clifford Geertz, Religion as a Cultural System. In: Ders., The Interpretation of Cultures: Selected Essays. London: Fontana Press 1993, 87–125. Auch unter <http://isites.harvard.edu/fs/docs/icb.topic152604.files/Week_4/Geertz_Religon_as_a_Cultural_System_.pdf> [18.03.2015].

Gründer 2008: René Gründer, Germanisches (Neu-)Heidentum in Deutschland: Entstehung, Struktur und Symbolsystem eines alternativreligiösen Feldes. PeriLog: Freiburger Beiträge zur Kultur- und Sozialforschung 2. Berlin: Logos 2008.

Gründer 2009: Ders., Asatru in Deutschland: Strömungen einer alternativreligiösen Bewegung. In: Ders./Michael Schetsche/Ina Schmied-Knittel (Hrsg.), Der andere Glaube: Europäische Alternativreligionen zwischen heidnischer Spiritualität und christlicher Leitkultur. Grenzüberschreitungen 8. Würzburg: Ergon 2009, 77–100.

Gründer 2010a: Ders., Blutgnostische Heilslehren – Erkundungen zur Bedeutung des Blutes in neopaganen Alternativreligionen. In: Christine Knust/Dominik Groß (Hrsg.), Blut: Die Kraft des ganz besonderen Saftes in Medizin, Literatur, Geschichte und Kultur. Kassel: Kassel University Press 2010, 229–254.

Gründer 2010b: Ders., Blótgemeinschaften: Eine Religionsethnografie des ›germanischen Neuheidentums‹. Grenzüberschreitungen 9. Würzburg: Ergon-Verl 2010.

Gründer 2012: Ders., Riskiertes Verstehen: Lebensweltanalytische Religionsethnografie alternativreligiöser Gemeinschaften am Beispiel der ›Asatru‹. In: Norbert Schröer/Volker Hinnekamp/Simone Kreher/Angelika Poferl (Hrsg.), Lebenswelt und Ethnographie: Beiträge der 3. Fuldaer Feldarbeitstage 2./3. Juni 2011. Essen: Odib 2012, 445–460.

Gründer 2014: Ders., Neo-Pagan Traditions in the 21st Century: Re-Inventing Polytheism in a Polyvalent World-Culture. In: Judith Schlehe/Evamaria Sandkühler (Hrsg.), Religion, Tradition and the Popular: Transcultural Views from Asia and Europe. Historische Lebenswelten in populären Wissenskulturen 12. Bielefeld: transcript 2014, 261–281.

van Gulik 2014: Léon A. van Gulik, What is the Stuff Religious Experiences are Made of? A Theory on the Management of Atmosphere in Contexts of the Sacred. Paper Presented at the 12th Conference of the European Association for the Study of Religions, Groningen, the Netherlands. <http://www.academia.edu/7060017/ What_is_the_stuff_religious_experiences_are_made_of_A_theory_on_the_management_of_atmosphere_in_contexts_of_the_sacred>   [zugangsbeschränkt; 18.03.2015].

Hitzler/Niederbacher 2010: Ronald Hitzler/Arne Niederbacher, Leben in Szenen: Formen juveniler Vergemeinschaftung heute. Erlebniswelten 3. Wiesbaden: VS Verlag für Sozialwissenschaften [3]2010.

Jockenhövel 2008: Albrecht Jockenhövel, Erklärung zu »Facharchäologie und Reenactment« vom 14.05.2008. 6. Archäologentag in Mannheim. Mannheim. <http://www.uni-muenster.de/UrFruehGeschichte/aktuelles/mannheimererklaerung.html> [23.01.2015].

Knoblauch 2009: Hubert Knoblauch, Populäre Religion: Auf dem Weg in eine spirituelle Gesellschaft. Frankfurt a. M./New York: Campus 2009.

Löw 2001: Martina Löw, Raumsoziologie. Frankfurt a. M.: Suhrkamp.

MacMorgan 2003: Kaatryn MacMorgan, Wicca 333: Advanced Topics in Wiccan Belief. New York/Lincoln/Shanghai: iUniverse 2003.

Mölders/Hoppadietz 2007: Doreen Mölders/Ralf Hoppadietz, »Odin statt Jesus!« Europäische Ur- und Frühgeschichte als Fundgrube für religiöse Mythen neugermanischen Heidentums? Rundbrief der AG Theorie in der Archäologie 6/1, 2007, 32–50.

Pearson 2006: Joanne E. Pearson, Neopaganism. In: Wouter J. Hanegraaff (Hrsg.), Dictionary of Gnosis and Western Esotericsm. Leiden/Boston: Brill 2006, 828–866.

Schlegelmilch 2008: Dana Schlegelmilch, Making History: Bericht zur Podiumsdiskussion »Lebendige Wissenschaft oder verdeckte Propaganda? Germanendarstellung zwischen experimenteller Geschichtsforschung und völkischem Gedankengut«. Archäologische Informationen 30/2, 2007, 67–71. [Auch unter <http://dx.doi.org/10.11588/ai.2007.2.11165> (23.01.2015).]

Schrupp 1997: Antje Schrupp, Die Neuheiden: Von neuen Heiden und alten Göttern. Forum – Streifzüge durch die Welt der Religionen 11. Frankfurt a. M.: Gemeinschaftswerk der Evangelischen Publizistik 1997.

Stilkam 2005: Stilkam [Volker Wagner], Asatru – eine alte Religion in modernem Gewand. Schwarz & Magisch: Magazin-Reihe für Magie und okkultes Wissen 1/1, 2005, 23–24.

Sturm/Beyer 2008: Andreas Sturm/Sybille Beyer, Aachener Erklärung für Living History. Aachen. <http://www.livehistory.de/aachener_erklaerung/index.html> [13.03.2015].

Sven Kommer

Von ›Braveheart‹ zur Archivarbeit

Die Wissenskultur der Mittelalterszene als performative Selbstermächtigung

Abstract

Performing enactments of the medieval ages contribute considerably to a popular reconstruction of historical environments. These are predominantly supported by the active members of the medieval scene, which in this paper is presented and analysed as a ›knowledge culture‹. Empirically grounded and based on four qualitative interviews, four types are identified of which two will be presented. Furthermore, this paper discusses the use of Bourdieu's *Theory of Social Fields* for analysing a »field of constructing medieval times«.

Für Tanja

Ganz im Sinne des Hochbruck'schen ›Chronosyndroms‹ (Hochbruck 2013) boomt die performative Inszenierung von ›Mittelalter‹ noch immer. Auch wenn kaum belastbare Daten vorliegen, zeigt schon der Blick in die einschlägigen Veranstaltungskalender, dass dem Publikum über das Jahr vielfältige Varianten von ›Mittelalter-Imaginationen‹ präsentiert werden, die heute möglicherweise mehr zur geschichtskulturellen Konstruktion von ›Mittelalter‹ beitragen als die mühsame Forschung der Geschichtswissenschaften und anderer akademischer Disziplinen. Das scheint mir – so viel sei hier schon einmal angemerkt – von universitärer Seite aus durchaus als Verletzung ihrer ›Hoheitsrechte‹ empfunden zu werden. Zumal die Events im Wesentlichen durch die Aktiven der Mittelalterszene gestaltet werden, die im Folgenden als Form einer nichtakademischen Wissenskultur im Zentrum stehen.

Drei Beispiele aus dem Feld

Zwei ›Szenen‹ aus der Feldforschung und eine Beobachtung aus dem akademischen Feld veranschaulichen, was der Ausgangspunkt der weiteren Überlegungen war und ist.[1]

Wolle, Spindeln und Spinnerin

Ein früher Samstagmittag auf einem Mittelaltermarkt: Im Lager der Gruppe N. steht das ›Spinnweib‹ vor ihrem mit verschiedenen Sorten ungefärbter und gefärbter Wolle, Spindeln und gesponnener Wolle ansprechend ausstaffierten Stand. Um sie herum, den Blick auf sie und die in ihrer Hand befindliche Spindel und Wolle gerichtet, einige durch ihre mehr oder weniger ›authentische‹ Kleidung erkennbare Szeneangehörige und Besucher. Was genau das Thema dieser Stehrunde ist, verrät das zur Dokumentation der Veranstaltung aufgenommene Foto nicht eindeutig. Die Analyse der Blicke und Gesten sowie die Erinnerung des Beobachters weisen aber deutlich auf das Themenfeld ›Wolle/Spinnen/Spindel‹ als Gegenstand hin. Die seit vielen Jahren auf Märkten und anderen Veranstaltungen der Szene aktive ›Spinnerin‹, die sich in diesen Jahren ein umfangreiches und, soweit durch den Verfasser bewertbar, profundes Wissen im Bereich der mittelalterlichen Wollverarbeitung, des Spinnens und der einschlägigen Werkzeuge (Spindel und Spinnwirtel etc.) angeeignet hat, ist demnach gerade wieder einmal dabei, ihr theoretisches und praktisches Wissen an andere weiterzugeben und möglicherweise zugleich weiteres Wissen zu akquirieren.

Gut möglich, dass es gerade wieder einmal um das Thema ›Spinnräder‹ und die Frage geht, ob es diese im mitteleuropäischen Mittelalter gab, und wenn ja, in welcher Form. Vielleicht erklärt die ›Spinnerin‹ auch gerade wieder einmal, was denn nun die Spindel sei, an der sich Dornröschen gestochen hat. Es kann

---

1   Die den Überlegungen zugrundeliegenden Daten entstammen einem Projekt, das im Rahmen der DFG-Forschergruppe »Historische Lebenswelten in populären Wissenskulturen der Gegenwart« an der Universität Freiburg angesiedelt war (siehe Kommer 2011). Ausgangspunkt für die Auswertung sind dabei 22 leitfadengestützte, qualitative Interviews. Die meisten von diesen wurden im Jahr 2008 auf verschiedenen Mittelaltermärkten durchgeführt, einige aber auch im ›Nachgang‹ in der Hochschule oder in privaten Räumen der Aktiven. Ausgewertet wurden die Interviews in Anlehnung an die ›rekonstruktive Methode‹ von Bohnsack und die Grounded Theory, zentrales Werkzeug war dabei MAXQDA. Die ›Wissenskultur der Mittelalterszene‹ stellt einen wichtigen, aber nicht den einzigen Aspekt der Analyse dar. Fragen nach den Gründen der Faszination, nach Form der Beteiligung und des Erlebens etc. werden in nachfolgenden Veröffentlichungen bearbeitet.

aber auch um Färbetechniken gehen, um mittelalterliche Schafsrassen und deren Wolle, um die Qualität der gewebten Stoffe oder um die Frage, wie sich die Rolle der Frau unter den Bedingungen mittelalterlicher Lebenswelten darstellt. Die Blicke und Gesten der Beteiligten zeigen, dass der Austausch sehr intensiv ist, dass Neugier und Interesse besteht – und dass das soeben Erfahrene möglicherweise schon bald an anderer Stelle wiederum weitergegeben wird.

Der ›nicht-authentische‹ Bändchen-Webstuhl

Eine andere Szene, hier existiert kein Foto, dafür aber eine Tonaufzeichnung: Die seit Jahren in der Mittelalterszene aktive Gruppe N. hat sich stilgerecht auf einer als Jugendherberge genutzten Burg zu ihrem Jahrestreffen versammelt. In den mehrstündigen Besprechungen an denen alle Anwesenden teilnehmen, geht es unter anderem um die zukünftige inhaltliche Ausrichtung: Diskutiert wird darüber, ob zukünftig eine noch stärkere ›authentische‹ Ausrichtung bei Museumsevents angestrebt werden soll, oder aber mehr Fantasy zwecks breiterer Publikumsansprache auf Märkten zugelassen wird.

An einer Stelle kulminiert die Debatte um die Qualität der Ausstattung – festgemacht an der Frage, ob es für die Gegenstände etc. ›Belege‹ aus der Fachwissenschaft gibt – und der zukünftigen Darstellung. Es geht um die Frage, ob ein Brettchenwebstuhl, wie ihn eine der Aktiven gebaut hat, für den es aber keine Belege gibt, bei einer ›authentischen‹ Darstellung zulässig sei. T., die die Diskussion mit angeregt hat und seit längeren für eine Orientierung an Museumsstandards plädiert, verweist auf die Ambivalenz dieses Projekts, wenn sie zum einen ihr Interesse an diesem Experiment betont, zum anderen aber einen quasi objektiven Beweis für das Vorhandensein eines solchen Webstuhls in der mittelalterlichen Lebenswelt einfordert: »[…] aber noch lieber wärs mir wenn sie sagen würde, hey ich hab da ne Abbildung gefunden […]«[2].

M., die den Webstuhl gebaut hat, verteidigt ihr Projekt mit der Argumentation, dass der Bau eines solchen mit den Mitteln und Materialien des Mittelalters ohne weiteres möglich gewesen wäre. Die Existenz eines derartigen Webstuhls wäre also durchaus aus pragmatischen Gründen, u. a. wegen des Platzbedarfs beim ›normalen‹ Bändchenweben, aus ihrer Sicht nicht unwahrscheinlich.

Im weiteren Verlauf der thematisch schweifenden Diskussion wird das Thema noch mehrfach aufgegriffen und die beiden zentralen Positionen ›erlaubt ist nur, was belegbar ist‹ vs. ›erlaubt ist, was (gut begründet) möglich gewesen wäre‹ argumentativ untermauert. Dabei wird auch verhandelt, was jeweils unter einer ›experimentellen Erprobung‹ von Aspekten der mittelalterlichen Lebens-

---

2 Diskussionsrunde der Gruppe N. im Januar 2009.

welt zu verstehen sei. Eine von allen Beteiligten akzeptierte Lösung findet sich aber nicht, die Diskussion wird also bei der nächsten Gelegenheit weitergehen.

Frage eines Historikers

Eine dritte Momentaufnahme: Nachdem der Verfasser dieser Zeilen auf einer Historiker-Tagung einige Beschreibungen und Analysevorschläge zur Mittelalterszene vorgetragen hat, kommen aus dem Publikum einige Nachfragen. Eine von diesen bleibt in der Erinnerung besonders präsent: Ein im Bereich der Mediävistik lehrender Professor fragt den Vortragenden, welche Deutungsmuster er für das Phänomen hat, dass Studierende inzwischen immer wieder mit der Frage an ihn herantreten, ob ein bestimmter Aspekt der sachkulturellen Ausstattung, die sie für die Teilnahme an Events der Mittelalterszene nutzen, so ›wirklich‹ korrekt wären. Vor welchem Hintergrund – und mit welchem Sinn – diese Fragen gestellt wurden, war für ihn sichtlich ›fragwürdig‹.

Fragestellung und Gegenstand

Diesen drei, aus den vielfältigen Beobachtungen und Erfahrungen im Rahmen des Forschungsprojekts ausgewählten Szenen wohnt ein gemeinsamer Kern inne: Es geht um das Wissen über das Mittelalter sowie um Fragen nach Formen und Status von an verschiedenen Orten hervorgebrachten (Re-)Konstruktionen einer historischen Lebenswelt. Nicht zuletzt geht es auch um die Legitimation von historischen Wissensbeständen.

Ausgehend von der Analyse qualitativer Interviews mit Aktiven der Mittelalterszene untersucht der vorliegende Beitrag zunächst einmal den Umgang mit Quellen im Spannungsfeld (medial vermittelter) Populärkultur und legitimer (sensu Bourdieu) akademischer Wissenskonstruktion. Die hier zu beobachtende performative Etablierung einer Wissenskultur wird dabei als Form einer von einer frühmodernen Epistemologie unterlegten Selbstermächtigung zum Wissen-Schaffen interpretiert, die den Kampf um die Macht im ›Feld der Mittelalterdeutungen‹ aufnimmt.

Die ›Mittelalterszene‹

Bevor ich mich der ›Wissenskultur‹ zuwende, erscheinen mir einige Hinweise zum Forschungsfeld ›Mittelalterszene‹ notwendig: Zunächst einmal ist die Heterogenität des Feldes kaum zu unterschätzen. Sowohl ›die Mittelalterszene‹ wie auch ›der Mittelaltermarkt‹ existieren so nicht. Vielmehr findet sich eine kaum zu überschauende Bandbreite von Veranstaltungen und individueller bzw. gruppenspezifischer Ausformung (siehe Kommer 2011). Verallgemeinernde Darstellungen (Hochbruck 2013) greifen hier deutlich zu kurz, da sie tendenziell immer einen Teil der empirisch vorfindbaren Varianten ignorieren.

Weiterhin ist daran zu erinnern, dass es sich bei der Mittelalterszene um eine soziale Formation handelt, die in den grundlegenden Diskursen zur Geschichtskultur (Rüsen 1994) wie auch zur Erinnerungskultur (Assmann 2007) kaum thematisiert wird. Werden Mittelaltermärkte und andere Events der Mittelalterszene in diesen Diskursen doch einmal benannt, so meist mit einem kaum zu überlesenden pejorativen Unterton. Hier wird – so mein Eindruck – das Fortwirken eines hegemonialen Konzepts sichtbar, das auf einer klaren Distinktion zwischen ›legitimen‹ (sensu Bourdieu) Wissen, erzeugt im akademischen Wissenssystem, und einer populärkulturellen, patchworkartigen und nicht zuletzt ästhetischen sowie performativen Anverwandlung dieser Wissensbestände basiert.

Auch im Konzept der *historical culture* (Grever 2009) findet sich zwar weiterhin eine Unterscheidung zwischen »high and popular historical culture« (ebd. 54), eine Wertung wird hier aber vermieden, die Perspektive zielt eher auf Differenzen. *Popular historical culture* ist in dieser Perspektive fraglos ein Gegenstand der Analyse der *historical cultures*.

In einen erziehungswissenschaftlichen Diskurs übersetzt bedeutet dies, dass hier neben den formalen, primär von entsprechenden Institutionen getragenen Bildungsprozessen auch die vielfältigen Facetten informeller Bildung in den Blick geraten. Die Relevanz solcher non-formalen Bildungsprozesse wird in den letzten Jahren zunehmend deutlich (siehe Overwien 2005).

Wissenskultur

Die Akkumulation von Wissen über die historische Epoche ›Mittelalter‹ – wie auch die performative Umsetzung von diesem – stellt ein zentrales Thema der Aktiven auf den Märkten und bei anderen Szene-Events dar. Ausgangspunkt für die Beobachtung ist dabei die von Karin Knorr Cetina ausgearbeitete Theorie der ›Wissenskulturen‹ (Knorr Cetina 2002; siehe auch Fried/Kailer 2009).

Folgt man der Autorin, so handelt es sich bei einer Wissenskultur »um diejenigen Praktiken, Mechanismen und Prinzipien, die, gebunden durch Verwandtschaft, Notwendigkeit und historische Koinzidenz, in einem Wissensgebiet bestimmen, *wie wir wissen, was wir wissen*« (Knorr Cetina 2002, 11). Wissenskulturen, so Knorr Cetina (ebd.), »generieren und validieren Wissen«. Diese – wie auch weitere – Untersuchungen zu Wissenskulturen fokussieren dabei nahezu ausschließlich auf akademische Felder oder zumindest Räume des ›legitimen

Wissens‹ (sensu Bourdieu) beziehungsweise auf historische Wissenskulturen (siehe Fried/Stolleis 2009).

Die ›Wissenskultur der Mittelalterszene‹ ist hier deutlich anders gelagert: Auch wenn die Aktiven sich selber die Aufgabe zuschreiben, ›Wissen‹ weiterzugeben, sind sie als ›populäre‹ (Laien-)Kultur (siehe Hochbruck 2013) keineswegs eindeutig einer ›legitimen Wissenskultur‹ zuzuordnen. Und anders als dem System der Wissenschaft geht es den Aktiven nicht primär darum, neues Wissen zu schaffen und in die Diskurse der (legitimen) Wissenschaftskulturen einzuspeisen.

Die Wissenskultur der Mittelalterszene

Das ›Was‹ einer Wissenskultur trägt wesentlich dazu bei, diese zu konstituieren. Ausgehend von den Interviews und den Beobachtungen im Feld unterscheide ich bisher fünf Wissensfelder, die für Befragten und deren Wissensprozesse von unterschiedlicher Relevanz sind. Die Analyse erlaubt vertiefte Einblicke in die feinen Unterschiede der Wissenskultur und ist zugleich eine Grundlage für die spätere Typenbildung:

Für die performative Inszenierung der Mittelalter-Imaginationen steht bei den Befragten das Wissen um die *Sachkultur* unübersehbar im Vordergrund. So bezieht sich die Frage nach der ›Authentizität‹ der Darstellung zum überwiegenden Teil auf die Auseinandersetzung mit dieser. Die auf ›Authentizität‹ abonnierte Fraktion fragt dann auch ununterbrochen danach, inwieweit die einzelnen Elemente der Ausstattung – insbesondere der Bekleidung – der dargestellten Zeit und dem Ort entsprechen. Der angestrebte Idealfall ist dabei der Bezug auf einen archäologischen Fund, um so jeglichen ›Fantasy-Verdacht‹ im Keim zu ersticken.

Das Wissensfeld, dass ich hier provisorisch als *sozialhistorisch* bezeichne, spielt eine weitaus geringere Rolle. Dies gilt insbesondere mit Blick auf die Form der Inszenierung: Nur in wenigen Ausnahmefällen – die dann auch schnell zu einer Irritation innerhalb der Szene führen – werden auch die sozialen Rollen ›authentisch‹ dargestellt. Dies liegt sicher auch darin begründet, dass sich im 21. Jahrhundert in einer freiwillig zusammengekommenen Gruppe nur unter besonderen Spielbedingungen die gesellschaftlichen Formen und Interaktionen einer mittelalterlichen Gesellschaft re-inszenieren lassen.

Mit Blick auf die ›Kämpfe im Feld‹ (sensu Bourdieu, s. u.), aber auch auf die Formation der Wissenskultur ist die Beobachtung der *Konstruktionen von Wissenschaft* bei den Aktiven von grundlegender Bedeutung – wie auch deren epistemologisches Selbstverständnis. Aber auch die Frage, inwieweit die Methoden, Diskurse und Befunde des akademischen Feldes bekannt sind.

Um Mittelalter-Imaginationen zu *performen*, bedarf es zum einen vielfältiger, nicht nur handwerklicher Kompetenzen, deren Aneignung und Re-Kreierung aufwendig sein kann. Darüber hinaus müssen die Aktiven aber auch über ausreichende performative Kompetenzen verfügen, um Publikum und Mit-Spieler im Spiel zu halten.

Der von mir als *Szene-Wissen* benannte Bereich meint den ›internen‹ Klatsch und Tratsch wie auch szeneinterne Erzählungen und Mythen zur eigenen Geschichte und nicht zuletzt das Wissen um den ›Wert‹ der ›Authentizität‹, aufs engste verbunden mit den darauf bezogenen Images verschiedener Gruppen.

Typologie der Wissensakkumulation

Die zu beobachtende Heterogenität ›der‹ Szene macht es aus meiner Sicht notwendig, auf verallgemeinernden Beschreibungen zu verzichten. Stefanie Samida (2012) beobachtete bereits innerhalb der einen von ihr untersuchten Gruppe deutliche Unterschiede beim Umgang mit Wissen. In der von mir untersuchten Stichprobe treten die Unterschiede noch offensichtlicher zu Tage. Um die Divergenzen und individuellen Ausprägungen herauszuarbeiten und erkenntnisgenerierend darzustellen, wurde in Anlehnung unter anderem an Ralf Bohnsack (2003) eine Typenbildung vorgenommen. Diese hilft, die verschiedenen Akteure und Rollen innerhalb der Wissenskultur sichtbar zu machen. Ausgehend von dem empirischen Material konnten induktiv vier Typen gebildet werden: Experten, Rechercheure, Interessierte und Lurker.

Im Folgenden skizziere ich vor allem die ersten beiden Typen, da diese, auch wenn sie zahlenmäßig keinesfalls die Mehrheit repräsentieren, das Geschehen in der ›Wissenskultur der Mittelalterszene‹ dominieren.

Die ExpertInnen

Auch wenn sie nur wenige sind, kommt den ›ExpertInnen‹ innerhalb der Szene bei der Wissensakquise und der Wissensvermittlung eine zentrale und hegemoniale Rolle zu. Sie sind diejenigen, die sich am intensivsten, über einen längeren Zeitraum und mit einer gewissen Breite in die Materie eingearbeitet haben. In den Interviews wie auch in den beobachteten Handlungspraxen wird deutlich, dass sie über ein umfängliches und aktuelles Wissen verfügen – und dieses auch gerne weitergeben. Dabei sind die ExpertInnen stets daran interessiert, ihre Wissensbestände nochmals zu erweitern und im Zweifelsfall auch einmal zu revidieren. Die Wissensaneignung stellt sich für sie als prozesshaft dar, ein Abschluss der Lernphase ist nicht in Sicht. Eher im Gegenteil: Jede Recherche, jede Handlungspraxis führt zu neuen Fragen und Problemlagen, die der Beantwortung und Lösung bedürfen.

Innerhalb der Szene haben sich diese Personen längst einen Ruf erarbeitet und werden von Seiten der anderen Aktiven immer wieder als AnsprechpartnerInnen für Fragen benannt. Damit sind die ExpertInnen nicht zuletzt die zentralen Innovatoren für die Wissensbestände der Szene. Als zentrale Merkmale sind vor allem die folgenden zu benennen:

- Die meisten ExpertInnen verfügen über einen höheren Schulabschluss und haben studiert, die Studienfächer sind dabei meist in dem Bereich der Humanities angesiedelt. Damit sind sie zumindest ein Stück weit in diesem Wissenschaftsfeld sozialisiert, kennen also die hier gängigen Diskurse, Argumentationsmuster, Paradigmen und nicht zuletzt die fachspezifischen Interaktionsrituale.
- Wer dagegen anders sozialisiert wurde, hat sich diesem Milieu zwischenzeitlich selbstsozialisatorisch stark angenähert. Das Expertentum ist dann aber tendenziell enger fokussiert, oftmals steht hier ein sehr spezifischer Gegenstand oder Themenbereich im Vordergrund.
- Die Nähe zu den akademischen Wissenskulturen bestimmt dann auch das ›Wie‹ des Wissenserwerbs. So ist der Umgang mit der einschlägigen Fachliteratur längst habitualisierte und alltägliche Handlungspraxis und die Universitätsbibliothek ist noch immer eine wichtige Anlaufstelle. Fachzeitschriften werden ebenso rezipiert wie die eine oder andere graue Literatur. Das Internet ist dabei Werkzeug und Quelle (z. B. für Scans von Quellen) zugleich. Aufgrund ihrer akademischen Sozialisation verfügen die ExpertInnen über die Kompetenz, sich mit einschlägigen Texten erfolgreich auseinanderzusetzen und nehmen subjektiv keine Zugangsbarrieren war.
- Die ›gefühlte‹ Nähe zur Scientific Community, die Beherrschung der einschlägigen Sprach- und Kommunikationsspiele (sensu Bourdieu; Meder 2004), das Wissen um die Gepflogenheiten und nicht zuletzt eine offene Selbst-Positionierung mit einer positiven Erwartungshaltung erleichtert es diesen Aktiven, mit den VertreterInnen der Fachwissenschaften ins Gespräch zu kommen und so bei Bedarf auch auf diesem Weg Informationen zu erhalten. So konstruieren die ExpertInnen ›die Wissenschaft‹ dann auch nicht als das ›ganz Andere‹.
- Das große Feld der populären Medien spielt für die ExpertInnen als Quelle für historisches Wissen keine Rolle. Dies bedeutet aber keinesfalls eine vollständige Abwendung von Darstellungen der Populärkultur. Der Rezep-

tionsmodus ist dann aber von der eigenen Expertise geprägt: So wird in den Interviews immer wieder betont, dass entsprechende Darstellungen vor allem aus Spaß an der hoffentlich guten Unterhaltung rezipiert werden. Verwertbare Informationen oder gar Wissen über das Mittelalter werden hier gar nicht erst erwartet.

- Insbesondere bei einigen der Professionellen findet sich noch ein weiteres, distanziert-reflexives Rezeptionsmuster der populären Medien: Diese werden als Ideengeber für die eigene performative Inszenierung im Sinne von Spannungsaufbau, narrativen Formen etc. gelesen. Oder aber als Grundlage der Mittelalter-Konstruktionen auf Seiten der Marktbesucher, an denen sich die eigene Darstellung zielgruppenorientiert abarbeiten kann.
- Die langjährige Auseinandersetzung mit dem Themenkomplex hat bei den ExpertInnen letztendlich dazu geführt, dass sie ihre eigene Rolle wie auch die Möglichkeiten und Grenzen einer performativen Epochenimagination kritisch reflektieren. Deutlich klarer als die anderen Aktiven sind sie sich der Tatsache bewusst, dass ihre Darstellung über weite Strecken letztendlich immer eine Konstruktion historischer Vergangenheit bleibt, bei der viele Fragen offen bleiben müssen.
- Trotz aller Nähe zur akademischen Welt entspricht die epistemologische Erwartungshaltung über weite Strecken nicht den aktuellen Diskursformationen der Kulturwissenschaften: Am Ende erwarten die ExpertInnen dann doch klare, objektive und zunächst unumstößliche Aussagen, ob eine Darstellung ›richtig‹ oder ›falsch‹ ist – und keinesfalls eine Dekonstruktion ihrer Erwartung.

Die ExpertInnen stellen dann auch ein wichtiges Bindeglied zwischen den akademischen Wissenskulturen und der Wissenskultur der Mittelalterszene dar. Sie sind die personalen Medien der Popularisierung von wissenschaftlichem Wissen. Eingebunden in vielfältige Kommunikationsnetzwerke kommt den ExpertInnen und ihrem Wissen eine wichtige Rolle für die Meinungsbildung und Ausrichtung der gesamten Szene zu. Sie stellen einen wirkmächtigen Motor für die Weiterentwicklung (und auch gelegentliche Neuausrichtung) dar. Nicht zuletzt werden die ExpertInnen von allen Aktiven gerne funktionalisiert, wenn es darum geht, nach außen hin die Ernsthaftigkeit der eigenen Bemühungen um eine ›authentische‹ Darstellung zu unterstreichen. So obliegt ihnen oft die Aufgabe, in der Außenkommunikation die ›Qualität‹ der Gruppe darzustellen.

Die RechercheurInnen

Wie die ExpertInnen verfügen auch die RechercheurInnen über ein vielfältiges Wissen in ihrem Feld und über die Kompetenzen und die Ausstattung, um eine im Sinne der Szene ›authentische‹ Darstellung zu realisieren. Gegenüber Neulingen oder auch Besuchern präsentieren sie gerne ihr Wissen – und auch innerhalb der Szene sind sie durchaus angesehen.

In der Analyse werden allerdings relevante Unterschiede sichtbar: So finden sich hier etwas anders gelagerte Bildungsbiographien mit einer größeren habituelle Distanz zu den Kulturen der Fachwissenschaften. Darüber hinaus lassen sich andere Formen der Selbstdarstellung und Selbstreflexion beobachten. Auch hier eine Skizze anhand der zentralen Merkmale:

- In den Bildungsbiographien sind erste ›feine Unterschiede‹ auszumachen: Die ebenfalls häufigen Hochschulabschlüsse sind meist in Fächern und Fakultäten erworben, die nicht den Humanities zuzuordnen sind. Aktuell sind die RechercheurInnen Ingenieure und Kaufleute, aber auch Verwaltungsleiter etc. Die wissenschaftliche Sozialisation ist damit von ›anderen‹ Fach- und Wissenskulturen geprägt. Ausgehend von ihren Aktivitäten sind aber Annäherungen zu beobachten. So haben sich einige wenige als Gasthörer in den Geschichtswissenschaften eingeschrieben – nähern sich also den Kulturen der Humanities an. Auffällig ist, dass sich die Aktiven dieses Typs in den Interviews immer wieder einmal selbst als ›Amateure‹ bezeichnen. Sie sind sich also durchaus einer Distanz bewusst und definieren sich auch über diese.
- Auf der stetigen Suche nach neuem Wissen betonen auch die RechercheurInnen die Qualität der Quellen und des Materials als Auswahlkriterium. Ihr Anspruch ist hoch und an den Usancen des akademischen Feldes orientiert. Die Umsetzung dieses Anspruchs weißt in ihrer Gesamtkonstitution aber deutliche Unterschiede zu den ExpertInnen auf. Zunächst einmal sind auch die RechercheurInnen auf Texte orientiert, die dem Wissenschaftssystem entstammen. Universitätsbibliotheken mit ihren Sammlungen, aber auch Ausstellungskataloge und Ausstellungen werden immer wieder als relevante Quellen genannt. Die (sensu Bourdieu) legitime Kultur der Fachwissenschaften gilt über weite Strecken als das Maß aller Dinge, die Selbstdefinition als ›Laien‹ findet einen auffälligen Ausdruck in der mehr oder weniger explizit benannten Ehrfurcht vor der ›richtigen‹ Wissenschaft. Wesentlich häufiger als bei den ExpertInnen finden sich hier dann aber einschränkende Anmerkungen, was die Tiefe und den Zeitaufwand der Auseinandersetzung mit dieser Art von Texten angeht. So wird von einigen der GesprächspartnerInnen betont, dass ›man‹ nur sehr selektiv lese, sich vor allem auf die Ausschnitte

beschränke, die in einem engeren Zusammenhang mit der eigenen Fragestellung stehen etc.

- Im Verlauf der Auswertung verfestigt sich der Eindruck, dass es nicht nur der schiere Umfang wissenschaftlicher Publikationen ist, der die RechercheurInnen davon abhält, sich mit den entsprechenden Texten intensiver auseinanderzusetzen. Es sind eben auch die Sprachspiele und Distinktionsmuster der akademischen Welt, die eine weitergehende Rezeption erschweren oder gar verhindern. In der Folge entstehen Rezeptionsbarrieren, die durchaus als Mittel der Distinktion wahrgenommen werden. Wer nicht innerhalb des Systems (lese-)sozialisiert ist, wird so schnell von der Rezeption und Anschlusskommunikation ausgeschlossen. Am Ende entsteht (und verfestigt sich) anhand solcher Exklusionserfahrungen bei den Aktiven der Eindruck, dass die Kommunikation mit den ›gebildeten Laien‹ gar nicht gewünscht ist.

- Um den selbstgestellten Ansprüchen an die Darstellung wie auch an die Qualität ihrer Quellen trotzdem gerecht zu werden, suchen sich die RechercheurInnen Wege jenseits der akademischen Fachveröffentlichungen. Zunächst einmal sind da die diversen Funde, Gegenstände und Grabungsberichte. Entweder im Original oder als Abbildungen geben sie vielfältige Einblicke auf der Ebene der Sachkultur. Diese erscheinen hilfreich, lässt sich doch anhand dieser das eigene Equipment ›authentisch‹ gestalten. Auffällig ist dabei die starke Fokussierung auf Bilder und graphische Darstellungen. Analysierende und komplexe Zusammenhänge beleuchtende Begleittexte werden dagegen oft nur kursorisch rezipiert. Die Gegenstände oder ihre Abbildungen scheinen hier ausreichend für sich selber zu sprechen. Ob ihrer scheinbaren Eindrücklichkeit suggerieren sie den RechercheurInnen einen leichteren Zugang. Die Auseinandersetzung mit den komplexen Sprachspielen der Fachwissenschaft kann auf diesem Weg vermieden werden, ohne dass die als unbedingt notwendig empfundene Nähe zu den Funden und anderen Quellen der Sachkultur verlorengeht. So sind die RechercheurInnen dann auch treue BesucherInnen der vielen einschlägigen Ausstellungen und Museen.

- Eine weitere, für die ›RechercheurInnen‹ sehr zentrale Form der Wissensgewinnung ist die Kommunikation mit den Peers in der Szene – und hier insbesondere denjenigen, die als ExpertInnen gelten. Diese werden, so es sie gibt, zunächst einmal innerhalb der eigenen Gruppe kontaktiert und ihr Wissen abgefragt. Ein oftmals sehr intensiver Austausch findet darüber hinaus im Rahmen der verschiedenen Szene-Events statt. Die ExpertInnen werden im Verlauf der Veranstaltung immer wieder gezielt aufgesucht und um Hinweise, Meinungen und Urteile gebeten.

- Populäre Medien spielen für die RecheurcheurInnen als ernsthafte Quellen kaum (mehr) eine Rolle. Die Position der direkt auf die Szene zielenden Zeitschrift *Karfunkel* bleibt dabei ambivalent. Sie wird zwar von einem Teil der RecheurcheurInnen mehr oder weniger regelmäßig gelesen, die ihr entgegengebrachten Zuschreibungen zeigen aber, wie problematisch es für diese Aktiven ist, ihr im Spannungsfeld zwischen wissenschaftlichen Veröffentlichungen auf der einen Seite und populärwissenschaftlichen oder gar populären Materialien auf der anderen eine klare Position zuzuschreiben. Letztendlich dominiert hier aber eine distanzierende Position.

- Auch wenn immer wieder darauf insistiert wird, dass die populären Medien für sie keine relevanten Quellen sind, werden sie als Unterhaltung rezipiert. Für viele der Befragten dieses Typs spielen insbesondere historische Romane und einschlägige Filmproduktionen in ihrer alltäglichen Mediennutzung eine große Rolle.

- Die Beziehung der RecheurcheurInnen zu den Fachwissenschaften als VertreterInnen der legitimen Kultur (sensu Bourdieu) ist weniger entspannt als im Falle der ExpertInnen. In den Tiefenstrukturen der Interviews werden immer wieder Ambivalenzen sichtbar, die ihre Ursache in einer unklaren Positionierung zur akademischen Kultur haben. Deren Status als hochgeachtete legitime Wissenskultur – der ›man‹ sich nicht zugehörig fühlt – steht außer Frage. Im Gegenzug erwarten die Aktiven von dieser dann auch eine Legitimierung ihrer Mühen und die Würdigung der Ernsthaftigkeit ihrer Bemühungen um eine ›authentische‹ Darstellung. Dies gilt insbesondere für ihre praktischen und performativen Kompetenzen. Hier positionieren sie sich dann auch gerne als diejenigen, deren Praxis Wissen validiert – oder eben auch nicht.

- Zwischen den Zeilen der Interviews deutet sich darüber ein auffälliges Deutungsmuster an, das noch einmal die Distinktion gegenüber den Fachwissenschaften betont: Diesen fehlt möglicherweise die ›Leidenschaft‹ für den Gegenstand die man für sich selber reklamiert. Dass damit vor allem ein lange tradiertes Klischee von der ›kalten‹ Beobachterperspektive der Wissenschaft reproduziert wird, dürfte dabei kaum bewusst sein. Die identitätsstiftende Funktion einer solchen Aussage erscheint dem Beobachter dagegen offensichtlich.

Die RecheurcheurInnen kommen dem traditionellen Bild der ›engagierten Laien‹ (siehe Hochbruck 2013) am nächsten. Sie sind engagiert und bereit, Zeit, Energie und Geld zu investieren. Dabei verfügen sie durchaus über vielfältige Wissensbestände, nicht selten haben sie sich sehr tief in – von ihnen als relevant empfundene – Teilbereiche, z. B. in Fragen der Bekleidung, eingearbeitet. Dabei positionieren sie sich – denkt man in ›Leveln‹ – klar unterhalb der ExpertInnen und

stellen die Hegemonie der Fachwissenschaften als der ›legitimen Macht‹ im Feld
in der Regel nicht in Frage. Irritationen treten allerdings dann auf, wenn deren in
den einschlägigen Texten verbreiteten Befunde nicht mit ihren handlungsprakti-
schen Erfahrungen im Feld, z. B. bei der Reinszenierung einer Handwerkspraxis,
übereinstimmen. Dann wird auch noch einmal die vor allem ›moderne‹ epistemologische Erwartungshaltung sichtbar: Von Seiten ›der‹ Wissenschaft werden
Wahrheiten erwartet, auf die man sich dann beziehen kann.

Für beide Typen gilt: Der für die Recherche und Aneignung betriebene
Aufwand zielt kaum darauf, aus den geschichtskulturellen Überlieferungen
Folgerungen für das Leben im 21. Jahrhundert zu ziehen oder relevante poli-
tisch-historische Bildung als Grundlage der adäquaten Teilhabe an der aktuellen
Gesellschaft zu erwerben. Der ›Wert‹ der erworbenen Wissenspartikel ergibt sich
in erster Linie aus der Wertschätzung, die diesen und der auf ihnen beruhenden
Ausstattung der eigenen Darstellung innerhalb der Szene zugeschrieben wird –
und damit nicht aus den Zuschreibungen, wie sie von Seiten der ›legitimen Kultur‹ (sensu Bourdieu) produziert werden.

Die weiteren Typen

Bei den weiteren Typen (Interessierte, Lurker) spielt die Wissensarbeit eine zunehmend geringere Rolle, die Verwurzelung in der um ›Authentizität‹ kreisen-
den Wissenskultur erweist sich als deutlich weniger ausgeprägt. Für die aktive
Beteiligung an der Szene sind andere Aspekte ausschlaggebend, hier rücken vor
allem der soziale Zusammenhalt und das gemeinsame Tun ins Zentrum. Die ›Interessierten‹ partizipieren dabei noch ein gutes Stück weit an den Wissensbeständen der beschriebenen Typen, für die Vertreter des vierten Typus steht vor
allem der Spaß an der Teilhabe im Zentrum. Die Orientierung an der ansonsten
so zentralen ›Authentizität‹ wird hier schon einmal auch als ›Spaßbremse‹ oder
Mechanismus der Exklusion wahrgenommen.

Die hier noch sehr skizzenhafte Analyse der ›Wissenskultur der Mittelalterszene‹ zeigt, dass eine Auseinandersetzung nicht nur mit »popular historical culture« (Grever 2009) deutlich an Tiefenschärfe gewinnt, wenn sie nicht pauschal
erfolgt, sondern nach den Prozessen, Akteuren und der Performanz der Konstruktionen fragt. Damit wird dann auch die Komplexität einer solchen Szene sichtbar
– und nicht zuletzt die permanent performativ rekreierten Abgrenzungen.

Das Feld der Mittelalterdeutungen

Um die Beobachtungen zur Wissenskultur in ihrer sozialen Funktion theoretisch zu rahmen, erscheint mir der unter dem Label ›Feldtheorie‹ bekannte Ansatz, den Pierre Bourdieu (1930–2002) vor allem in seinen späteren Schriften ausgearbeitet hat, äußerst hilfreich.[3] Mit einer solchen Perspektive lässt sich zum einen die Positionierung der einzelnen Aktiven, wie auch einzelner Gruppen innerhalb der Szene beschreiben. Zum anderen bietet eine solche ›Lesart‹ darüber hinaus eine hilfreiche Grundlage, um erste Beobachtungen zum Spannungsverhältnis der ›Wissenskultur der Mittelalterszene‹ und den akademischen Fachkulturen zu bearbeiten.

Bourdieus ›Feld‹ hat unübersehbare Ähnlichkeiten mit den Spielfeldern diverser Sportarten, es wird konstituiert durch die Grenze, innerhalb derer seine Regeln gelten und zugleich permanent re-konstituiert durch die aktiv Spielenden mit ihren performativen Akten:

> Ein Feld ist nicht nur ein Spiel mit Regeln, Ziel und Illusio, sondern es umfasst auch die Spielenden mit ihrem Habitus und Kapital. Die Spielenden befinden sich zu jedem gegebenen Zeitpunkt in einem bestimmten Kräfteverhältnis zueinander [...] Grundsätzlich ist für Bourdieu das soziale Feld ein Bereich sozialer Kämpfe. Die Akteure streben nach den bestmöglichen Positionen auf dem Feld. Zu diesem Zweck setzen sie alles ein, worüber sie verfügen und was auf dem Feld zählt. Gleichzeitig versuchen sie die Regeln des Feldes so zu verändern, dass das, worüber sie verfügen, am besten zur Geltung kommt. (Rehbein/Saalmann 2009, 100 f.)

Ohne dies weiter zu vertiefen, habe ich bereits vorgeschlagen, zumindest heuristisch von einem ›Feld der Mittelalterdeutungen‹ zu sprechen (Kommer 2011). Dieses ist bestimmt durch die Relationen der AkteureInnen zueinander und durchzogen von Strukturen der Macht. Dass es auch eine Arena für Kämpfe sein kann wird beispielsweise immer dann sichtbar, wenn die aktuellen Positionierungen beispielsweise von neuen MitspielerInnen in Frage gestellt werden. Aufgespannt würde dieses Feld von einer – zugegebenermaßen nicht immer einfach zu klassifizierenden – Anzahl von AkteureInnen. Zwei für die folgenden Überlegungen zentrale Akteure sind dabei die historischen Wissenschaften und die Aktiven der ›Mittelalterszene‹, die hier möglicherweise die Rolle der ›neuen‹ MitspielerInnen innehaben. Weiterhin sind die diversen Medien, Geschichtsvereine und vielleicht auch die Schulen im Blick zu behalten. Mehr oder weniger intendiert und mehr oder weniger explizit beteiligen sich alle diese Akteure an

---

3   Hier grundlegend: Bourdieu 2005.

den ›Konstruktionen von Mittelalter‹, die sich dann in den Köpfen der Rezi-
pientInnen, also der MarktbesucherInnen etc. konstituieren.

›Authentizität‹ als Positionierung im Feld

Was wird nun sichtbar, wenn die Brille der bourdieuschen Theorie für die Beobachtung genutzt wird? Eine erste Auseinandersetzung mit der innerhalb der Szene hoch relevanten ›Authentizitäts-Frage‹ soll hier die Möglichkeiten andeuten.
Die ›A‹-Frage steht in der Szene immer wieder im Zentrum intensiver, oft auch
emotional geführte Debatten. Die aufwendig betriebene Wissensakquise dient
den Aktiven dazu, sich hier weiter zu entwickeln, den gefühlten und von außen
wahrgenommenen Grad von ›Authentizität‹ der eigenen Darstellung zu steigern.
Dies zielt auf ein immer schwer zu greifendes Ideal der ›korrekten und authentischen‹ Präsentation.[4]

›Authentisch‹ wird dabei im Sinne der emischen Diskurse verstanden: Es
bedeutet, dass Details der Ausstattung wie auch der weiteren Darstellung ›wissenschaftlich abgesichert‹ sind. Es soll also z. B. für den gewählten Trinkbecher
einen Beleg, im besten Fall einen archäologischen Fund, geben, durch den er der
dargestellten Epoche und Region zugewiesen werden kann etc.[5]

- Der Grad der ›Authentizität‹ wird – so die Beobachtung – von einem relevanten Teil der Szene als wesentliche ›Währung‹ etabliert, wobei es natürlich
  auch Gegenbewegungen gibt. Aktive und Gruppen, deren Darstellung als
  besonders ›A‹ gelten, genießen innerhalb der Szene ein hohes Ansehen und
  könne sich einer besonderen Aufmerksamkeit sicher sein. Diese Positionierung in einem informellen Ranking muss allerdings stets neu begründet und
  gegen aufstrebende Newcomer verteidigt werden. Das ›Spiel‹ um Status und
  Aufmerksamkeit ist also durchaus ›ernst‹. Insbesondere dann, wenn es für die
  Gruppen um das ›Bespielen‹ attraktiver Locations geht.
- So entsteht zugleich eine – wenn auch unscharfe und fluide – Grenze zwischen den ›ernsthaften‹ (mit Bourdieu: legitimen) Aktiven und denjenigen,
  die dann intern als ›Spaßfraktion‹ oder gar als ›Mittelaltercamper‹ und ›Ge-
  wandsäufer‹ negativ gelabelt werden. Schärfer und vielleicht noch wichtiger

---

4 Wie oben bereits angedeutet fällt bei der Analyse der Interviews auf, dass hier in den
   allermeisten Fällen der Umgang mit der Sachkultur als Maßstab gilt. Eine ›authentische‹ Darstellung des sozialen Lebens spielt nur in wenigen Fällen eine Rolle. In
   besonderem Maße gilt dies für die Einbindung religiöser Akte.
5 In der folgenden Analyse geht es aber nicht mehr darum, ob die ›Authentizität‹ jeweils zu Recht zugeschrieben wird, sondern darum, welchen Gewinn sich die Spie-
   lerInnen im Feld von dem Rekurs auf Authentizität erwarten.

ist die Grenze gegenüber all denen, die es mit ›dem Mittelalter‹ nicht so genau nehmen und die Linie zur Fantasy überschreiten. Mit dem ›A‹-Argument lassen sich diese hervorragend ausgrenzen, womit eine Schließung nach innen realisiert werden kann. ›Wir‹ und ›Ihr‹ können so performativ konstituiert werden.

- Gegenüber den ›gemeinen MarktbesucherInnen‹, die gerne auch als ›Touris vulgaris‹ verunglimpft werden, erlaubt es das angeeignete Wissen nicht nur, ein Überlegenheitsgefühl zu entwickeln, es grundiert auch die Selbstermächtigung zu verschiedensten ›pädagogischen‹ Handlungsformen, die auf die Vermittlung eines ›richtigen‹, nicht von ›Hollywood‹ verzerrten Mittelalterbildes zielen. Damit – und erst recht, wenn einzelne Gruppen oder einzelne Aktive nicht nur aus Gründen der Ästhetik auf Auftritte in Museumsdörfern etc. zielen, oder zumindest ihr ›Lager‹ museumsmäßig mit erklärenden Schildern versehen, dringen sie in ein bisher von ausgebildeten Professionellen und etablierten Museums-Institutionen legitimiertes und beherrschtes Feld ein. Die Aktiven der Mittelalterszene werden damit unübersehbar zu Akteuren im ›Feld der Mittelalterdeutungen‹. Damit treten sie – insbesondere in der von allen am Spiel beteiligten antizipierten ›Lesart‹ der ›Laien‹, also der MarktbesucherInnen etc. – in eine Konkurrenz mit den bisher dominanten und legitimen Kulturen ein.

- So können die immer wieder beobachtbaren ›Abwertungen‹ oder gar das Ignorieren der Szene durch die akademische Welt möglicherweise auch als Reaktion auf eine als Bedrohung der eigenen hegemonialen Position empfundene Konkurrenz gelesen werden. Dabei wird die hegemoniale Position ›der‹ Wissenschaft von den Aktiven in der Regel gar nicht in Frage gestellt. Im Gegenteil: Gerade die VertreterInnen einer besonders A-orientierten Ausrichtung erwarten von den Fachwissenschaften in einem eher ›modernen‹ als ›postmodernen‹ Wissenschaftsverständnis ›wahre‹ Aussagen und die ›Absegnung‹ ihrer Darstellung, die damit szeneintern an ›Wert‹ gewinnt. Die Legitimationskraft des akademischen Betriebs erscheint damit über weite Strecken ungebrochen. Erst dann, wenn die eigenen, performativ-praktischen Erfahrungen bisher als gültig gesetzte Befunde problematisch erscheinen lassen, wird auch über die Grenzen des ›Elfenbeinturms‹ nachgedacht.

- Die ›Authentizitäts-Orientierung‹, die streckenweise fast fetischhaft betrieben wird, kann so auch als ein Einsatz im Spiel des Feldes interpretiert werden: Die Orientierung an archäologischen Funden und dem ›Stand der Forschung‹ bei der sachkulturellen Ausstattung dient dann dazu, die Unterstellung einer ausschließlich laienhaften, fantasy-grundierten Inszenierung zu widerlegen und so als ›ernsthafte‹ Akteure wahrgenommen zu werden.

Wird diese Anstrengung von den VertreterInnen der akademischen Seite nicht gesehen und ernst genommen, so wird das als grundlose Missachtung und Demütigung empfunden. ›Man‹ hat sich doch alle Mühe gegeben, den wissenschaftlichen Standards zu entsprechen und empfindet einen Anspruch auf Anerkennung. Hier wird dann auch eine geradezu fatale Fehldeutung sichtbar: Die vor allem sachkulturelle ›Authentizitätsorientierung‹, die aus Sicht der Mittelalter-Aktiven quasi ›Goldstandard‹ ist, erscheint aus Sicht der historischen Wissenschaften streckenweise eher als laienhafte Pedanterie – und wird damit zum ›falschen Fuffziger‹.

Fazit

Die Auseinandersetzung mit der ›Wissenskultur der Mittelalterszene‹ zeigt, dass erst eine differenzierte und empirisch grundierte Analyse die Heterogenität, Komplexität und Struktur einer solchen, nicht akademischen Wissenskultur erhellen kann. Dabei wird dann auch deutlich, dass pauschalisierende, auf scheinbare Homogenität schließende Darstellungen deutlich zu kurz greifen und bestenfalls der Abgrenzung dienen, dem Phänomen aber nicht gerecht werden.

Die Orientierung an der Feldtheorie Bourdieus hilft dann dabei herauszuarbeiten, welchen Wert und welche Funktion die ›Wissensarbeit‹ innerhalb der Szene hat – nicht umsonst beschreiben die Aktiven vielfach den Aufwand, der nötig war, von einer ersten Begeisterung nach der Rezeption von Filmen wie »Braveheart« (USA 1995) zu einer durch Archivarbeit gestützten ›authentischen‹ Darstellung zu kommen. Bourdieus Ansatz hilft weiterhin, das spannungsgeladene ›Feld der Mittelalterdeutungen‹ mit seinen unterschiedlichen Doxa, Illusio und Habitualisierungen reflektiert zu analysieren – und so letztendlich vielleicht zu erkennen, dass es unter Beibehaltung der unterschiedlichen Spiele durchaus auch gemeinsame Interessen gibt.[6] Denn: Während die Mediävistik nicht ganz zu Unrecht Angst davor hat, in die Bedeutungslosigkeit zu versinken (siehe Buck/ Brauch 2011), können sich die Events der Szene meist nicht über ZuschauerInnenmangel beklagen.

---

6   Siehe die Anregungen der *citizen science* bei Finke (2014).

Literatur

Assmann 2007: Aleida Assmann, Geschichte im Gedächtnis: Von der individuellen Erfahrung zur öffentlichen Inszenierung. Krupp-Vorlesungen zu Politik und Geschichte am Kulturwissenschaftlichen Institut im Wissenschaftszentrum Nordrhein-Westfalen 6. München: C. H. Beck 2007.

Bohnsack 2003: Ralf Bohnsack, Rekonstruktive Sozialforschung: Einführung in qualitative Methoden. Opladen: Leske + Budrich ⁵2003.

Bourdieu 2005: Pierre Bourdieu, Die Regeln der Kunst: Genese und Struktur des literarischen Feldes. Frankfurt a. M.: Suhrkamp 2005.

Buck/Brauch 2011: Thomas N. Buck/Nicola Brauch (Hrsg.), Das Mittelalter zwischen Vorstellung und Wirklichkeit: Probleme, Perspektiven und Anstöße für die Unterrichtspraxis. Münster/New York u. a.: Waxmann 2011.

Finke 2014: Peter Finke, Citizen Science: Das unterschätzte Wissen der Laien. München: Oekom Verlag 2014.

Fried/Kailer 2009: Johannes Fried/Thomas Kailer, Einleitung: Wissenskultur(en) und gesellschaftlicher Wandel: Beiträge zu einem forschungsstrategischen Konzept. In: Dies. (Hrsg.), Wissenskulturen: Beiträge zu einem forschungsstrategischen Konzept. Wissenskultur und gesellschaftlicher Wandel 1. Berlin: Akademie 2009, 7–20.

Fried/Stolleis 2009: Ders./Michael Stolleis (Hrsg.), Wissenskulturen: Über die Erzeugung und Weitergabe von Wissen. Frankfurt a. M.: Campus 2009.

Grever 2009: Maria Grever, Fear of Plurality: Historical Culture and Historiographical Canonization in Western Europe. In: Angelika Epple/Angelika Schaser (Hrsg.), Gendering Historiography: Beyond National Canons. Frankfurt a. M.: Campus 2009, 45–64.

Hochbruck 2013: Wolfgang Hochbruck, Geschichtstheater: Formen der Living History. Eine Typologie. Historische Lebenswelten in populären Wissenskulturen 10. Bielefeld: transcript 2013.

Knorr Cetina 2002: Karin Knorr Cetina, Wissenskulturen: Ein Vergleich naturwissenschaftlicher Wissensformen. Frankfurt a. M.: Suhrkamp 2002.

Kommer 2011: Sven Kommer, Mittelaltermärkte zwischen Kommerz und Historie. In: Buck/Brauch 2011, 183–200.

Meder 2004: Norbert Meder, Der Sprachspieler: Der postmoderne Mensch oder das Bildungsideal im Zeitalter der neuen Technologien. Schriften zur wissenschaftlichen Pädagogik 2. Würzburg: Königshausen & Neumann 22004.

Overwien 2005: Bernd Overwien, Stichwort: Informelles Lernen. Zeitschrift für Erziehungswissenschaft 8/3, 2005, 339–355.

Rehbein/Saalmann 2009: Boike Rehbein/Gernot Saalmann, Feld. In: Gerhard Fröhlich/Boike Rehbein (Hrsg.), Bourdieu-Handbuch: Leben – Werk – Wirkung. Stuttgart/Weimar: J. B. Metzler 2009, 99–103.

Rüsen 1994: Jörn Rüsen, Was ist Geschichtskultur: Überlegungen zu einer neuen Art, über Geschichte nachzudenken. In: Klaus Füßmann/Heinrich Theodor Grütter/Jörn Rüsen (Hrsg.), Historische Faszination: Geschichtskultur heute. Köln/Weimar/Wien: Böhlau 1994, 3–26.

Samida 2012: Stefanie Samida, Re-Enactors in archäologischen Freilichtmuseen: Motive und didaktische Konzepte. Archäologische Informationen 35, 2012, 209–218.

MIRIAM SÉNÉCHEAU

Living History, Archäologie und NS-Propaganda

Der ›Germanenzug‹ zur Sonnwendfeier im Berliner Grunewaldstadion 1933

ABSTRACT

During the National Socialist era, archaeology as a science, the dissemination of archaeological knowledge, and political propaganda merged into a particular coalition, as is evidenced by extensive historical-cultural testimony of the time. The forms of presenting history that we designate as ›living history‹ are well known from the ›Third Reich‹, in particular with respect to the realms of film and museums. This article focuses on a ›Germanic procession‹, which was planned in 1933 by the NSDAP in cooperation with researchers within the framework of a midsummer celebration at the Grunewald Stadium in Berlin. The ›eyewitness report‹ of an archaeologist involved in the planning can serve as a starting point for reconstructing the particular characteristics, features, intention and impact of such a ›Germanic procession‹: With a marked claim to authenticity, but simultaneously integrated in a politically exploited Germanic ideology, quasi-sacral elements of ›Germanic‹ pre- and early history became a performance event. The self-produced result moved the scientist emotionally and, as he stated, the actors not only »identified with their role, but lived it«.

Einleitung: Eine besondere Quelle

Etwa 500 Germanen sollten teils zu Fuß teils zu Pferde erscheinen. Ein ganzer Reitersturm wurde in Aussicht gestellt. Fußvolk in unbegrenzter Zahl. Die Germanen sollten sich am Schlusse des Festzuges um zwei Riesenaltäre scharen, während die vorher aufgetretene Hitlerjugend und der Bund deutscher Mädchen nach Tanzvorführungen sich um acht kleinere Altäre lagerten. Sprechchöre würden dem Ernst der Stunde angemessene Texte zu Gehör bringen, Reichsminister Dr. Göbbels [sic] war Festredner der Veranstaltung und ein gewaltiges Feuerwerk sollte den Abend beschließen. Es wurde nie daran gezweifelt, daß alle zur Verfügung stehenden Plätze des Stadions (50.000) für diesen Abend ausverkauft sein würden. (Kiekebusch 1933a, 179)

So beschreibt der Berliner Prähistoriker Albert Kiekebusch (1870–1935) den Rahmen eines ungewöhnlichen Vorhabens: Anlässlich einer von der NSDAP organisierten Sonnwendfeier sollte er Teilnehmer eines Festzugs als Germanen ausstatten und diese in eine Großveranstaltung zur Sommersonnwende im Berliner Grunewaldstadion (Deutsches Stadion Berlin) integrieren. Dank eines mehrseitigen Berichtes, den er in einer archäologischen Fachzeitschrift veröffentlichte (Kiekebusch 1933a), ist es möglich, den ›Germanenzug‹ relativ genau zu rekonstruieren. Kiekebuschs Beitrag bildet neben Zeitungsberichten die Hauptquelle zu dieser Veranstaltung.[1]

Der Archäologe beschreibt sowohl Vorbereitungsarbeiten als auch Details bei der Durchführung, darunter besondere Herausforderungen und praktische Schwierigkeiten. Dadurch ist diese Quelle in mehrfacher Hinsicht bemerkenswert: Es handelt sich um einen ›Augenzeugenbericht‹ über eine Veranstaltung, die in den Bereich der Living History fällt. Kiekebusch schildert seine Überlegungen und Intentionen, die Wirkung des Germanenzugs auf ihn selbst während der Feier, sowie Interaktionen zwischen ihm und den beteiligten Darstellern bzw. hinzugezogenen Kostümbildnern. Der Prähistoriker beschreibt ein Beispiel der Popularisierung von Geschichte, das sowohl in den Kontext populärwissenschaftlichen Arbeitens in der NS-Zeit als auch in den größeren Rahmen der NS-Germanenideologie gut eingebettet werden kann. Wir erfahren am konkreten Fall Grundlegendes über Propagandaarbeit in der NS-Zeit und den Versuch, den Inhalten nationalsozialistischer Ideologien unter Zuhilfenahme der Archäologie einen sakralen Charakter zu verleihen. Insgesamt wird an diesem Beispiel von Living History deutlich, wie in der NS-Zeit Wissenschaft, Politik und öffentlich inszenierte Geschichte teilweise untrennbar miteinander verbunden waren.

Im Folgenden geht es darum, zunächst die politisch ideologisierte Interpretation von ›Germanen‹, den Rahmen der Veranstaltung als Sonnwendfeier und den Hintergrund der beteiligten Wissenschaftler knapp zu umreißen. Dann wird der Blick auf Details in der Ausstattung des Germanenzugs gelenkt, auf Geschehnisse während des Ablaufs, auf die Hinweise, die der Bericht des Archäologen über Emotionen enthält, sowie vergleichbare Veranstaltungen in der NS-Zeit. In ei-

---

1   Für die Durchsicht von Archivalien danke ich folgenden Institutionen und Personen sehr herzlich: Cornelia Gentzen (Märkisches Museum, Berlin); Horst Junker (Museum für Vor- und Frühgeschichte, Berlin); David Felthaus (Universität Freiburg); Bärbel Reißmann (Landesmuseum Kultur und Geschichte Berlin); Stefanie Samida (ZZF Potsdam); Nils Seethaler (Berliner Gesellschaft für Anthropologie, Ethnologie und Urgeschichte). Heiko Wegmann (Freiburg) machte mich auf das Foto in der Freiburger Zeitung aufmerksam.

nem Fazit werden schließlich wesentliche Elemente des *doing history* in diesem speziellen Rahmen zusammengefasst.[2]

Der Kontext: Völkisches Denken und NS-Germanenideologie

Gegen Ende des 19. und zu Beginn des 20. Jahrhunderts erlebte das wissenschaftliche und öffentliche Interesse an den ›Germanen‹[3] einen bisher ungekannten Aufschwung. Insbesondere völkisch motivierte Kreise, die sich ab etwa 1890 formierten, verknüpften das damals zirkulierende Wissen über die vermeintlichen Vorfahren der Deutschen mit einer ideologisch geprägten Weltanschauung, die unter anderem auf rassekundlichen, antisemitischen, heimat- und volkstümelnden sowie verschiedenen religiösen Konzepten basierte (siehe Puschner 2004).

Ab 1933 wurde aus einer allgemein verbreiteten Germanenbegeisterung unter Rückgriff auf völkische Ideologeme eine regelrechte Germanenideologie: In der nationalsozialistischen Weltanschauung galt die germanische Kultur (bzw. die ›nordische Rasse‹) als Wiege der abendländischen Zivilisation. Diesem Verständnis folgend wurde sie gegenüber anderen Kulturen stark überhöht. Dazu gehörte auch, ihre Wurzeln so weit als möglich in die Vergangenheit zurückzuführen: von den Zeiten um Christi Geburt, für die die Germanen schriftlich überliefert sind (Ältere Römische Kaiserzeit, 15 v. Chr. bis 150 n. Chr.), über die Vorrömische Eisenzeit (800 bis 15 v. Chr.) und die Bronzezeit (2200 bis 800 v. Chr.) – »das Heroenzeitalter der nordisch-germanischen Kultur« (Kiekebusch 1933b) – bis zu deren vermeintlichen Ursprüngen in der Jungsteinzeit (5500 bis 2200 v. Chr.). Auch die Geschichte und Kultur ›germanischer‹ Stämme späterer Epochen – von der Jüngeren Römischen Kaiserzeit über die Völkerwanderungszeit bis zum Frühmittelalter – sowie die ›nordische‹ Kultur der Wikingerzeit

---

2   Der Beitrag basiert auf Texten für ein Buch über ›Germanendarstellungen‹ in der Living History (Sénécheau/Samida 2015), das im Rahmen meines Projektes in der DFG-Forschergruppe 875 »Historische Lebenswelten in populären Wissenskulturen der Gegenwart« entstand. Ich danke Hubert Fehr (Universität Freiburg) sowie den Herausgebern für zahlreiche Anregungen und die kritische Durchsicht des Manuskripts, außerdem Ginny Dittrich (Tübingen) für Übersetzungshilfen.

3   Welche Völkerschaften der Antike konkret unter ›Germanen‹ zu fassen sind, ist in der Forschung umstritten. Auch der Begriff ›germanisch‹ wird von den verschiedenen Disziplinen unterschiedlich definiert. Heutige Auffassungen, was als ›germanisch‹ bezeichnet bzw. zur Kultur der ›Germanen‹ zu zählen sei, decken sich zudem nur teilweise mit denjenigen der NS-Zeit. Die Begriffe wären im Folgenden daher stets in einfache Anführungszeichen zu setzen. Zu Gunsten der besseren Lesbarkeit des Textes habe ich darauf verzichtet, bitte aber darum, sie stets mitzudenken.

(siehe Zernack 2001) zählte man in einen umfassenden Germanenbegriff hinein (z. B. Lechler 1936). Solche Konstrukte dienten mit zur Begründung von Gebietsansprüchen (siehe Musées de Strasbourg/Musées de Metz 2001; Kuhnen 2002; Focke-Museum 2013).

In diesem Zusammenhang spielten die Arbeiten des Berliner Prähistorikers Gustaf Kossinna (1858–1931), dem akademischen Lehrer Kiekebuschs, eine wichtige Rolle (zu Kossinna siehe Steuer 2004, 377–392): Mit der von ihm entwickelten ›Siedlungsarchäologischen Methode‹ schloss er von Verhältnissen der Gegenwart und der jüngeren Geschichte auf Zustände in prähistorischer Zeit, um die ethnisch-nationale Historie mit Hilfe archäologischer Hinterlassenschaften möglichst weit in die Vergangenheit hinein zu verlängern. Dabei legte er eine Deckungsgleichheit von Land, Volk, Sprache und Materieller Kultur zu Grunde. Sein Konzept der ›Kulturprovinzen‹ beinhaltet die – heute aus fachwissenschaftlicher Sicht nicht mehr haltbare (siehe Brather 2004) – Vorstellung, man könne archäologisch definierte Kulturen mit Stämmen und Völkern gleichsetzen und dadurch auch ursprüngliche Siedlungsgebiete von Völkern archäologisch nachweisen (siehe z. B. Kossinna 1912).

Diese kulturgeschichtlich argumentierende Abgrenzung wurde im Nationalsozialismus mit Lehrmeinungen aus der völkisch motivierten biologisch-anthropologischen Rassenkunde verknüpft: In den Germanen sah man Angehörige der ›nordisch-arischen Rasse‹, die als ›Herrenrasse‹ anderen Rassen überlegen sei und sich durch eine besondere Reinheit auszeichne. Diese Vorstellung sah man unter anderem in wörtlich verstandenen Aussagen des römischen Geschichtsschreibers Publius Cornelius Tacitus (58–ca. 120 n. Chr.) belegt: Tacitus hatte in seiner *Germania* (moralisierend) auf die genetische Reinheit der Germanen durch Verzicht auf Einheirat durch andere Völker abgehoben (Tac. Germ. 2.1 und 4). Für die Verbindung von Rassenlehre und Germanenideologie lieferte Tacitus zusätzlich eine willkommene Vorlage mit seiner (stereotypisierenden) Behauptung, die Germanen hätten alle dieselben körperlichen Merkmale gehabt, »drohende blaue Augen, rotblondes Haar und große Körper« (Tac. Germ. 4; zur Interpretation siehe Zernack 2001, 228 f.). Diese Merkmale proklamierte man in der NS-Zeit in Abgrenzung zu anderen Völkern und Rassen als typisch ›nordisch‹. Insgesamt zielte die nationalsozialistisch geprägte Ideologie darauf ab, die so verstandene ›deutsche‹ Ur- und Frühgeschichte in allen Lebensbereichen der Gesellschaft nutzbar zu machen: für die ideologischen Prinzipien der Rassenlehre, der ›Führer-und-Reich‹-Idee, der ›Volk-ohne-Raum‹-Bewegung und der ›Blut-und-Boden-Ideologie‹ (siehe z. B. Beck/Timm 2015b).

Die Beschäftigung mit den Germanen erfuhr seitens der NS-Regierung vor diesem Hintergrund eine umfangreiche Förderung.[4] Medien für Schule und Lehrerausbildung, an die breite Öffentlichkeit gerichtete Publikationen und im Alltag genutzte Gegenstände belegen weitreichende Wechselwirkungen zwischen Archäologie als Wissenschaft, archäologischer Öffentlichkeitsarbeit und Propaganda in Zusammenarbeit mit der Partei. In verschiedenen Darstellungsformaten zeigt sich zugleich das Bemühen um lebendige und ›volksnahe‹ Präsentationen zum Leben der Germanen, so beispielsweise in Romanen, Theateraufführungen, Ausstellungen mit Modellen und lebensgroßen Rekonstruktionen, bei Festumzügen, in Freilichtmuseen und in Filmen.

Der Rahmen: Sonnwendfeiern

Sonnwendfeiern gelten traditionell als vorchristlicher Brauch. Bereits vor der nationalsozialistischen Instrumentalisierung der Feiern entzündeten beispielsweise Angehörige der Jugendbewegung zur Sonnwende große Feuer an markanten Plätzen (Cancik 2004, 177 f.). Aufwendige Veranstaltungen wurden ebenso von Anhängern völkischen Gedankenguts organisiert und unter Verwendung von Objekten, die man als ›germanische‹ Zeugnisse betrachtete, als genuin ›germanischer Brauch‹ inszeniert (siehe Lund 1995, 40 f.; Schween 2010, 155–158). Im ›Dritten Reich‹ geriet die Feier dieser Intention folgend zum festen Bestandteil des NS-Festkalenders.[5] 1933 fanden erstmals reichsweit entsprechende Veranstaltungen statt, allein in Berlin an vierzehn Plätzen in »mehreren Nächten« (Cancik 2004, 178). Die Symbolkraft des Feuers in Verbindung mit einer überhöhten ›germanischen Vorzeit‹ erfuhr in diesem Rahmen eine starke politische Instrumentalisierung (dazu Haßmann 2002, 115, am Beispiel des Schulwandbildes »Germanische Sonnwendfeier«).

Zum standardisierten Ablauf einer NS-Sonnwendfeier gehörten Fanfarenrufe, die Entzündung des Feuers, Ansprachen (sogenannte ›Flammenreden‹), Weihesprüche, das Singen bestimmter Lieder und ein Totengedenken, z. B. an die Gefallenen des ersten Weltkriegs (siehe Anon. [I. B.] 1933). Die einzelnen Elemente der Berliner Veranstaltung waren: Feuer auf zwei großen und acht kleineren Altären, eine große Queste[6] als Sonnensymbol, eine Ansprache des Gaupropagandaleiters des Gaus Groß-Berlin, eine Schweigeminute mit Toten-

---

4   Siehe die Beiträge in Steuer 2001; Leube 2002; Focke-Museum 2013; Beck/Timm 2015a.

5   Siehe z. B. Fehrle 1933, der sich explizit auf die Ansichten Wilhelm Teudts und Herman Wirths beruft.

6   Zur Queste siehe Beck/Timm 2015b, 64 mit 63 Abb. 20 und 65 Abb. 23.

gedenken, Sportvorführungen und der Einmarsch von HJ und BDM, Sprechchöre, der ›Germanenzug‹, eine Ansprache des Gauleiters, Sonnwendfeuer/Ent-
zünden der Feuer, Feuertänze/Sonnwendreigen durch HJ und BDM sowie der
Flammensprung und ein großes Feuerwerk.[7] Der erste Redner, Walther Schulze-
Wechsungen, sprach vermutlich zur Symbolkraft des Feuers und des Lichts und
schlug über deren Einbindung in die ›nordische‹ Mythologie eine Brücke zur
Gegenwart (siehe Anon. 1933a, 3; Euringer 1933; Cancik 2004, 180). Die Rede
von Joseph Goebbels konzentrierte sich der Presse zufolge auf das politische
Tagesgeschehen (Anon. 1933b, 1 f.; Cancik 2004, 180 f.).

Die Verwendung von archäologisch überlieferten Symbolen und Objekten
hatte in den organisierten Sonnwendfeiern zweierlei Funktion: einerseits den Beweis für das Alter des Brauchs zu erbringen, andererseits den sakral-feierlichen
Charakter der Veranstaltung hervorzuheben. Die Einbeziehung von Wissenschaftlern in ein solches Vorhaben sollte den Authentizitätsanspruch des Dargestellten untermauern.

Wissenschaftler als Fachberater: Für ein ›neues‹ Germanenbild

Laut Kiekebusch (1933a, 178 f.) war die »Gaupropagandaleitung der NSDAP«
auf ihn zugekommen, um ihn »als wissenschaftlichen Beirat« für das Vorhaben
zu gewinnen. Der Archäologe war für diese Rolle mehr als geeignet[8]: Ursprünglich Lehrer, absolvierte Kiekebusch zusätzlich ein Studium unter anderem der
Vorgeschichte in Berlin, wo er 1907 mit einer von Kossinna (s. o.) betreuten
Dissertation abschloss. Die Vermittlung von Themen der Ur- und Frühgeschichte
sah er Zeit seines Lebens als wichtige Aufgabe: Ende 1907 Mitarbeiter des *Märkischen Museums* geworden, ordnete er die Vorgeschichtliche Abteilung neu, um
sie ansprechender zu gestalten. Ab 1922 bis zu seinem Tod war er Direktor der
Abteilung. Von 1908 an hatte er zahlreiche öffentliche Vorträge, Führungen und
Schulungen angeboten, ab 1912 verschiedene Sonderausstellungen organisiert.
Daneben lehrte er an der Berliner Universität, die ihn 1932 zum Honorarprofes-
sor ernannte. Kiekebusch hat sich für die Etablierung der Ur- und Frühgeschichte
in den Berliner Lehrplänen für die Volksschulen eingesetzt und, neben einigen
Werken für eine breite Öffentlichkeit (z. B. Kiekebusch 1916), auch Materialien
für Lehrer publiziert, Lehrerschulungen durchgeführt, Ausflüge zu Grabungen
organisiert und Wanderausstellungen für die Berliner Schulbezirke konzipiert.

---

7   Siehe Anon. 1933a und 1933b; Kiekebusch 1933a; Cancik 2004, 179 f.
8   Zu Kiekebusch z. B.: Kügler 1930; Mertins-Kiekebusch 1995, bes. 281 f.; Samida
    2006, 177 f.

Als die NSDAP 1933 bei ihm anfragte, hatte Kiekebusch bereits eine erfolgreiche Karriere hinter sich. Mit der Mitarbeit verband sich für ihn eine persönliche, im Kontext der Vermittlungsarbeit zu sehende Motivation, gepaart mit der Überzeugung, »dem deutschen Volke« ein neues »Bild altgermanischer Geschichte und Kultur« (Kiekebusch 1935, 3) schuldig zu sein. Dabei folgte er grundsätzlich den Annahmen seines akademischen Lehrers Kossinna über die Kontinuität und Einheit von Ethnos und Kultur (siehe z. B. Kiekebusch 1928, 41–43). Kiekebusch beschreibt als Hintergrund und Ziel der Germanenrepräsentation, dass die bis dahin in der Öffentlichkeit vorherrschenden klischeebesetzten Vorstellungen zu den Germanen – z. B. »daß die Germanen nur mit Raubtierpelzen behangen waren und etwa sämtlich Ochsenhörner trugen« (Kiekebusch 1933a, 180) – durch ein aktuelles, fachwissenschaftlich begründetes Germanenbild korrigiert werden sollten: »Oberster Grundsatz war, alles, was nur irgend an Kitsch erinnern konnte, beiseite zu schieben und das Bild, das von den alten Germanen [...] immer noch in den Köpfen auch der Gebildeten unseres Volkes spukt, auszumerzen [...]« (ebd.) – um letztlich »Erfurcht« vor den Leistungen der »eigenen Väter« und ihrer »unübertroffenen Heldenhaftigkeit« entstehen zu lassen (Kiekebusch 1933b).

Von fachlicher Seite her unterstützten ihn, wie Kiekebusch schreibt, drei Studierende und der Archäologe Jörg Lechler (1894–1969). Lechler hatte 1921 eine Studie über *Die Geschichte des Hakenkreuzes* veröffentlicht (Lechler 1921, 1934) und war nach verschiedenen Tätigkeiten 1924 bis 1935 Archäologe in der Prignitz (siehe Probst 1996, 445). Er sympathisierte schon früh mit nationalsozialistischen Gruppierungen. 1934 trat er dem Reichsbund für Deutsche Vorgeschichte bei, der 1909 als Deutsche Gesellschaft für Vorgeschichte von Kossinna gegründet worden war. In der Verbandszeitschrift der Gesellschaft publizierte Lechler 1933 einen Beitrag über »Pferd und Wagen in der Steinzeit und Bronzezeit« (Lechler 1933). Diese Spezialisierung qualifizierte ihn in besonderer Weise für das Vorhaben in Berlin, wo Wagenrekonstruktionen Kernelemente des ›Germanenzugs‹ bildeten. Für Lechler gilt, dass er aufgrund seiner politischen Ausrichtung in Verbindung mit der Prähistorischen Archäologie ein guter Partner für die NSDAP war. Als Verfasser von Begleitmaterialien zu Lehrmitteln (siehe Haßmann 2002, 115; Beck/Timm 2015b, 64), Vortragender bei Fortbildungsveranstaltungen für Lehrerinnen und Lehrer (siehe Schöbel 2002, 352 Anm. 135) sowie Autor des weit verbreiteten Buches *5000 Jahre Deutschland* (Lechler 1936) trug er auch nach dem Germanenzug zur Verbreitung ideologisch eingefärbter Vorstellungen über die Ur- und Frühgeschichte bei.

Akademische Ansprüche: Materialität als Grundlage

In Kiekebuschs Text zeigt sich der Anspruch, Kleidung und Ausstattung der Germanen möglichst originalgetreu nachzubilden: Die Archäologen nutzten eine Vielzahl damals bekannter Funde als Vorlage; sie zogen »alles, was wir von römischen Denkmälern, aus Funden und aus der Literatur von der Kleidung, den Waffen, dem Schmuck und der sonstigen Ausrüstung der Germanen wissen«, heran (Kiekebusch 1933a, 179). Der Zugriff auf das archäologische ›Material‹ erfolgte, wissenschaftlichem Usus entsprechend, chronologisch sortiert durch eine Zuordnung der verwendeten Objekte zu drei Gruppen bzw. Epochen: Bronzezeit, Vorrömische Eisenzeit sowie Römische Kaiserzeit und Völkerwanderungszeit. Der Tradition der Festzüge folgend gruppierten sich die Zugabschnitte jeweils um Wagen: »Dadurch kam reichlich Abwechslung in den Zug, und die Gliederung war für jeden Zuschauer ohne weiteres ersichtlich« (ebd. 180).

a. Römische Kaiserzeit und Völkerwanderungszeit (15 v. Chr. bis 480 n. Chr.): Kiekebuschs Hauptgruppe sollte Germanen der jüngsten gezeigten Epoche darstellen. Den Mittelpunkt bildete, in Anlehnung an eine Szene auf der Mark-Aurel-Säule in Rom, ein »Wagen mit Vollrädern«, auf dem »eine Germanin« saß (Kiekebusch 1933a, 179, 181). Der Gruppe ging ein »Führer« – in Person des ehemaligen Offiziers und Vertreters der Gaupropagandaleitung – voran, der »mit der ganzen Rüstung des Thorsberger Kriegers ausgestattet« war, von dessen »Goldhelm« allerdings die »Maske fortgelassen« wurde. »Reiter mit Kettenpanzern«, »schwer bewaffnete Krieger zu Fuß«, »leicht bewaffnete Reiter, nur mit dem Mantel bekleidet« und »leicht bewaffnete Krieger zu Fuß« bildeten weitere Bestandteile dieser Gruppe (ebd.).

Beim Thorsberger Moor, auf das Kiekebusch mit der Ausstattung des »Führers« anspielt, handelt es sich um einen Mitte des 19. Jahrhunderts entdeckten Fundplatz in Schleswig-Holstein. Im Lauf mehrerer Jahrhunderte waren hier Waffen und Ausrüstungen, vermutlich als Kriegsbeuteopfer, deponiert worden. Denkbar ist, dass Kiekebusch und Lechler für den »Führer« eine Rekonstruktionszeichnung vor Augen hatten, die 1898 der dänische Archäologe Sophus Müller (1846–1934) veröffentlicht hatte (Müller 1898, 129 Abb. 91) (Abb. 1).[9] Lech-

---

9 Eine der ersten Publikationen zum Fundort enthielt bereits Fundzeichnungen (Engelhardt 1863), die seitdem die Phantasie von Künstlern für die Darstellung germanischer Krieger beflügeln: Siehe z. B. die handkolorierte, durch den Runologen G. Stephens 1865 in Auftrag gegebene Radierung (abgebildet z. B. in Carnap-Bornheim 2014, 422). Das *Dänische Nationalmuseum* hatte bereits in der 2. Hälfte des 19. Jahrhunderts eine Kopie der silbernen Maske erworben (siehe Blankenfeldt/Lau/Matešić 2014, 59). Ein Foto, aufgenommen 1938 in der Dauerausstellung im *Däni-*

Abb. 1 »Nordische Krieger aus der Völkerwanderungszeit«. Bildseite aus:
Müller 1898, 129 Abb. 91.

ler nutzte diese Abbildung später auch in seinem Buch *5000 Jahre Deutschland*
(Lechler 1936, 171). Den Gesichtsschutz des Helms ließ Kiekebusch entweder
aus praktischen Gründen – er behindert etwas die Sicht – oder auch deswegen
weg, weil es sich um eine Maske nach römischem Vorbild handelte (zum Helm
siehe Matešić 2010).

b. Eisenzeit (800 bis 15 v. Chr.): Die mittlere Gruppe repräsentierte Germanen
der Vorrömischen Eisenzeit. Im Zentrum stand eine Nachbildung des »Kultwa-
gens von Deibjerg« mit »dem Sessel darauf«, der von einem Priester »in wal-
lendem weißen Bart und weißem Gewand« sowie »zwei Priesterinnen mit den
genau nachgebildeten, lang herabhängenden ehernen Gürteln« flankiert wurde
(Kiekebusch 1933a, 179–181).

Als Vorlage für den Wagen dienten Funde aus dem Dejbjerg-Moor in Jütland.
Eine erste Rekonstruktionszeichnung erschien nur wenige Jahre nach der Entdeckung (siehe Müller 1898, 44 f. mit Abb. 26). Man sah im Wagen eine technische
Meisterleistung, ein besonderes Zeichen von ›Kulturhöhe‹: Lechler reihte ihn
1936 in *5000 Jahre Deutschland* mit Hilfe anderer Abbildungen in eine Linie
von jungsteinzeitlichen Wagen bis zum deutschen Automobil ein (Lechler 1936,

---

schen Nationalmuseum, zeigt eine lebensgroße Figur, die entsprechend der Abbildung
bei Müller (1898, 129 Abb. 91) mit Kettenhemd, Schwert, Gürtel und Lanze dargestellt ist (wiedergegeben bei Blankenfeldt/Lau/Matešić 2014, 2).

Abb. 2 Darstellung einer eisenzeitlichen Prozession. Erdal-Sammelbild 125/6 aus: Erdal-Fabrik 1938, 33. Zeichnung: Gerhard Beuthner.

114; siehe auch Lechler 1933, 123). Teilweise verknüpft mit dem Thema ›Kult‹ taucht der Wagen mehrfach in verschiedenen Medien der Geschichtsvermittlung auf: Die Wanderausstellung *Lebendige Vorzeit* (1937–1939) des Reichsbundes für Deutsche Vorgeschichte zeigte beispielsweise eine originalgetreue Rekonstruktion (siehe Beck/Timm 2014a, 21 Abb. 15). Ein Sammelbild der Firma Erdal vermittelt einen Eindruck davon, wie man sich in den 1930er Jahren die Nutzung des Wagens (in Anlehnung an Tac. Germ. 40) als Kultwagen für die Göttin Nerthus vorstellte (Erdal-Fabrik 1938, 33) (Abb. 2).

c. Bronzezeit (2200 bis 800 v. Chr.): Die dritte Gruppe stellte Germanen der Bronzezeit dar. Ihr Wagen, ein unter Lechlers Anleitung angefertigter »Streit- oder Rennwagen«, hatte eine Felsritzung »vom Kivikmonument« zum Vorbild. Ergänzt wurde die Bronzezeitgruppe durch Repliken des »Sonnenwagens von Trundholm« und des »Kultgeräts auf Rädern« von Balkåkra, die »von je vier Germanenfrauen« »auf kleinen Bahren« getragen wurden (Kiekebusch 1933a, 180). Die Ausstattung der mitlaufenden »Männer, Frauen und Kinder« war »möglichst getreu nach den Vorbildern« gefertigt: »vom Rock, Mantel und Mütze des Mannes bis zur Jacke, dem Rock und dem Haarnetz der Frau sowie dem Halskragen, den Spiralarmringen und Fibeln« (ebd. 181). Ergänzt wurde die Gruppe durch »drei Lurenbläser«.

An dieser Stelle sei exemplarisch auf die wichtigsten Elemente dieser Gruppe eingegangen (ausführlicher Sénécheau/Samida 2015, 90–100): Bei dem von

Kiekebusch angeführten »Kivikmonument« handelt es sich um ein mit Steinplatten eingefasstes Grab (Kivik/Schweden, um 1000 v. Chr.). Die zahlreich vorhandenen Ritzzeichnungen – darunter ein zweirädriger Wagen mit Pferdegespann, ›Sonnenräder‹ sowie Tier-, Menschen- und Lurendarstellungen – deutete man als Wiedergabe eines Sonnenkultes (Lechler 1936, 111) und folgte dabei einer Meinung, die bereits in völkischen Kreisen verbreitet gewesen war (siehe Löw 2009).

Luren sind Blasinstrumente der jüngeren Bronzezeit; Funde sind vor allem aus Norddeutschland und Skandinavien bekannt. Aufgrund ihres Tonumfanges und ihres häufigen Auftretens in Paaren sahen völkisch geprägte Musikwissenschaftler in Luren den Beweis dafür, dass die Germanen die Diatonik, den Dur-Dreiklang und die Polyphonie erfunden hätten; der Dur-Dreiklang sei, so die damalige (auch antisemitisch ausgelegte) Annahme, typisch für ›deutsche‹ Musik und ein Beleg für das angeblich aufrechte und kraftvolle Wesen der ›germanischen Rasse‹ (Potter 2000, 175 f., 269 f.). Bereits Anfang des 20. Jahrhunderts waren Luren auf einer Tagung der Deutschen Gesellschaft für Vorgeschichte, auf der auch eine Nachbildung erklang, als Beleg für die Kulturhöhe der Germanen diskutiert worden (Schween 2010, 155 f.); bei Sonnwendfeiern wurden sie bereits in den 1920er und 1930er Jahren mit eingesetzt (ebd. 157). Zum ›urgermanischen‹ Musikinstrument schlechthin erklärt, gehörten sie in der NS-Zeit zur Ausstattung zahlreicher Rekonstruktionszeichnungen (siehe z. B. Beck/Timm 2015a, 27 Abb. 3, 63 Abb. 20) wie auch verschiedener NSDAP-Veranstaltungen (siehe Schween 2010, 159 f., 164 Abb. 41 f.). Die in Berlin verwendeten Nachbauten stammten aus dem Privatbesitz Lechlers und aus dem Heimatmuseum Heiligengrabe (Kiekebusch 1933a, 180 f.).

Beim ›Sonnenwagen von Trundholm‹ handelt es sich um einen Miniaturwagen mit sechs Rädern, auf den ein Pferd und eine mit Goldblech bezogene Scheibe montiert waren. Das Original, ein 1902 in Dänemark entdeckter Fund aus der Zeit um 1400 v. Chr., wurde schon früh mit der Sonnensymbolik in Verbindung gebracht und war in der NS-Zeit Teil des imaginierten ›germanischen Sonnenkultes‹ (siehe z. B. Fehrle 1933; Erdal-Fabrik 1937, 47; Beck/Timm 2015a, Abb. 117 rechts). Auf einer Fotografie zu Vorbereitungen des ›Germanenzugs‹ ist die in Berlin verwendete Replik zu sehen (Abb. 3).

Insgesamt wurden für den ›Germanenzug‹ 1933 zahlreiche konkrete archäologische Vorlagen herangezogen. Viele davon waren seit dem 19. Jahrhundert bekannt. Gemäß damaliger Deutungsmuster erfuhren sie im Nationalsozialismus eine Kontextualisierung, die besonders drei Dinge hervorheben sollte: ›germanische Kulturhöhe‹ seit der Bronzezeit, Kriegertum (durch die große Anzahl der mit Waffen ausgestatteten Darsteller erschienen die Germanen als kriegerische,

Abb. 3 Aufnahme während der Vorbereitungen für die Sonnwendfeier 1933 in Berlin. Aus: Freiburger Zeitung 166, Zweites Abendblatt, vom 22.06.1933.

kampfbereite und kampfwillige Gesellschaft)[10] und einen sakralen Charakter der ›Kulturhöhe‹ (greifbar gemacht durch eine Auswahl bestimmter Funde und Symbole). Archäologische Objekte wurden damit Teil einer immer wiederkehrenden Bild- und Formenprogrammatik, die in ihren Grundzügen bis heute überdauert hat.[11]

Von Hindernissen, Pannen und Erfolgen: Authentizität, ihre Grenzen und die Emotionen eines Wissenschaftlers

Das Bemühen um Wissenschaftlichkeit stieß nicht nur durch dem Zeitgeist geschuldete Überinterpretationen an Grenzen, sondern auch praktisch. Kiekebusch schildert, dass aufgrund knapper Zeit- und Budgetvorgaben Kompromisse gemacht werden mussten. Er verwendete wider besseren Wissens Helme mit

---

10 An anderer Stelle schreibt Kiekebusch (1933b): »Jeder Mann stieg damals mit dem Schwerte ins Grab. Und sogar die Frau trug den Dolch im Gürtel und nahm ihn mit ins Grab.«

11 Eine Verherrlichung der ›germanischen‹ Kultur, Rückgriffe auf Gegenstände aus der Bronzezeit, bestimmte Vorstellungen vom Aussehen ›germanischer Krieger‹ und die Heranziehung archäologischer Objekte zur Veranschaulichung vermeintlich uralter Kulte – diese Elemente eines mittlerweile verselbständigten Germanenmythos überdauerten die Nachkriegszeit (siehe Beck/Timm 2015a, 142 f.) und begegnen uns auch in der gegenwärtigen Geschichtskultur. Inhaltliche Parallelen zum Germanenmythos der NS-Zeit finden sich heute bei Germanendarstellungen im Neuheidentum, bei Living History-Gruppen, in der Extremen Rechten oder auch in Schulbüchern. Für Beispiele siehe: Sénécheau 2008, Taf. 6.2; Sénécheau 2012, 224; Geringer 2013; Raabe/ Schlegelmilch 2013; Sénécheau 2015; Sénécheau/Samida 2015, 114–125, 126–136.

Abb. 4 Teilnehmer des Germanenzugs im Rahmen der Sonnwendfeier am 30.06.1933 im Deutschen Stadion Berlin. © Scherl/Süddeutsche Zeitung Photo.

»Stierhörnern und Adlerköpfen« als Verzierung, ebenso Pelze »für die Kleidung« (Kiekebusch 1933a, 180). Möglicherweise stammten diese aus dem Bestand des Kostümverleih Verch, mit dem kooperiert wurde. An anderer Stelle konnte Kiekebusch korrigierend eingreifen; er schreibt: »Ein kleines Unheil wurde noch von den Friseuren angerichtet. Sie hatten die Germanen in ihrem Eifer und bei ihrer falschen Vorstellung so unglaublich rot geschminkt, daß sie doch wieder wie Indianer aussahen. Gegen 50 von ihnen mußten erst wieder abgewaschen werden« (ebd. 180 f.). Einen Eindruck von den eher ›wilden‹ Gestalten, wie sie sich die Maskenbildner vorstellten, vermittelt eine Aufnahme, die möglicherweise einen Abschnitt aus der ersten Gruppe (Wagen mit Germaninnen darauf sowie Krieger zu Fuß) zeigt (Abb. 4).

Sicherheitsaspekte schildert Kiekebusch als Grund dafür, dass die mitgeführten Pferde mit den Sätteln und dem Zaumzeug der als Reiter eingebundenen »Schutzpolizei« geritten wurden: »Gern hätten wir da auf die Kandarre und die modernen Sättel verzichtet«, doch man fürchtete, »daß die feurigen Tiere, schon durch die Umgebung [...] unruhig geworden, zu Seitensprüngen neigen würden« (ebd.). Am Tag der Aufführung waren diesbezüglich einige Schwierigkeiten zu meistern: So scheuten wohl die Pferde vor den Reitern in Rüstung und ließen sich

nicht reiten bzw. nicht am Zügel führen (ebd.). Der »Führer« mit der Krieger-
ausstattung aus dem Thorsberger Moor musste gar zu Fuß gehen, weil sein Pferd
ihn nicht aufsitzen ließ (ebd.). Vom Dejbjergwagen rissen die Pferde offenbar die
Deichselspitze ab, und die Pferde »vor dem Streitwagen von Kiwik« mussten
geritten statt geführt werden. »Alle Pferde aber verweigerten ihren Dienst, als
die Reiter sie mit der Lanze in der Hand besteigen wollten, so daß ich im letzten
Augenblick gezwungen war, die Lanzen an das Fußvolk gegen Schwerter vertau-
schen zu lassen. Diese kleinen Unstimmigkeiten aber waren schnell erledigt und
sind den Zuschauern gar nicht aufgefallen« (ebd. 181).

Das Wetter spielte auch nicht mit: Am geplanten Datum der Feierlichkeiten
(23.06.1933) regnete es so stark, dass die Veranstaltung ausfiel. Am Ersatztermin
(30.06.1933) fand die Feier trotz schlechten Wetters statt. Kiekebusch schreibt:
»Alle Plätze waren ausverkauft, aber längst nicht besetzt. Bei der Aufstellung
und während des Zuges rieselten immer neue Güsse nieder – wie einst im Teu-
toburger Walde als ob es zum Kampfe gegen die Römer gehen sollte. Mit diesem Vergleich habe ich die Teilnehmer aufgerichtet, und alle hielten tapfer aus«
(ebd. 182).[12] An dieser Textstelle wird deutlich, dass Kiekebusch auch emotional
leitend auf die Teilnehmer einzuwirken versuchte – mit einem historischen Vergleich.

Eine Besonderheit dieser Quelle ist, dass ein Fachwissenschaftler schildert,
wie der Anblick des Geschaffenen ihn selbst emotional berührt. Ihn überraschte
offensichtlich selbst die lebendige Wirkung der Darstellung. Die Integration in
eine Großveranstaltung verhalf dem Germanenauftritt zu Monumentalität und
Masse; der Glanz des Feuerwerks auf den bronzenen Ausstattungsbestandteilen
trug weiter zu einem Bild von enormer Festivität bei. Der Archäologe beschreibt
dies als ein intensives, positiv konnotiertes Erlebnis:

Als der gewaltige Zug [...] das Riesenrund das Stadions im Lichte der Schein-
werfer umkreiste, bot er einen Anblick dar, den ich mir in kühnsten Augenbli-
cken nicht hätte träumen lassen. Oftmals, wenn ich in stillen Abendstunden
während der Vorbereitungszeit über den Aufmarschplänen saß, schwebte mir
für die Reitergruppen das Idealbild der Parthenonreiter vor. Und als der Zug
am Abend an meinem Platz unter der Tribüne vorüberzog, hatte ich die Empfindung: Anders, eben germanisch, aber beinahe ebenso wirksam und außerdem noch lebendiger. Ich war restlos befriedigt, und all das, was uns vorher

---

12 Kiekebusch verweist hier auf die sogenannte ›Varusschlacht‹ 9 n. Chr., in der Ger-
    manen unter ihrem Anführer Arminius dem römischen Heer eine empfindliche Nie-
    derlage beigebracht hatten. Den Berichten griechischer und römischer Autoren zufol-
    ge waren die Germanen im ihnen bekannten, aufgrund lang andauernder Regenfälle
    sumpfigen und rutschigen Gelände gegen die Römer im Vorteil gewesen.

Kopfschmerzen gemacht hatte, verschwand vor der Wirkung des Augenblicks. Alle Teilnehmer hatten sich in ihre Rollen nicht nur hineingefunden, sondern auch hineingelebt. [...] Das Bild, als die Gruppen einschwenkten, um sich um die beiden Hauptaltäre zu scharen, wird wohl jedem unvergeßlich sein, besonders als in der Auswirkung des Riesenfeuerwerks das ganze Stadion in Flammen stand und die Gestalten der Vorzeit grell beleuchtete. (Kiekebusch 1933a, 181 f.)

Der Vergleich mit der Reiterdarstellung vom Parthenon spielt möglicherweise darauf an, dass zahlreiche Zeitgenossen – darunter Hitler – in der griechischen und römischen Antike die Wurzeln der abendländischen Zivilisation sahen und die germanische Kultur dagegen geringschätzten. Kiekebusch zeigt sich überzeugt, dem auf diese Weise ein wirkmächtiges neues Germanenbild entgegengesetzt zu haben.

Es bleibt nicht dabei: Folgeaufträge, Vergleichsbeispiele

Kiekebuschs Germanen wurden zeitnah noch anderweitig engagiert: ›Bronzezeitgermanen‹ beim »Heimatfest in Heiligengrabe« und »ein weiterer Aufzug [...] bei der Jahresversammlung des Teltower Museumsvereins« (Kiekebusch 1933a, 182). Bei der »Tagung des deutschen Frauenbundes« ließ Kiekebusch »vier Bronzezeitjungfrauen mit dem Trundholmer Sonnenwagen, einen Germanenjüngling und die kimbrische Priesterin mit dem ehernen Gürtel auftreten« (ebd.).[13] Hierzu schreibt er an anderer Stelle ausführlicher:

Und ganz vor kurzem ließ sich der Deutsche Frauenbund [...] durch Vortrag und Vorführung belehren, wie etwa die von alten Schriftstellern [...] erwähnten kimbrischen Priesterinnen vor der Schlacht bei Vercellae (101 v. Chr.) und wie Germanen der Bronzezeit, also 1500 Jahre früher, ausgesehen haben, wie sie sich kleideten, wie sie sich schmückten und wie sie Träger einer Kultur waren, von der sich die größte Zahl der Hörerinnen nichts hatte träumen lassen. Das wurde bewiesen durch das Staunen über die Gestalten und das warme Interesse an dem, was da zu sehen war. (Kiekebusch 1933b)

Das Gezeigte blieb also, wie er erhofft hatte, »bis zu einem gewissen Grad vorbildlich« (ebd. 179).[14] Er äußert sich auf Grundlage seiner Erfahrungen abschlie-

---

13 Ein Foto dieser Gruppe findet sich in der Deutschen Postzeitung vom 02.11.1933 (Kiekebusch 1933b).

14 Siehe die Lurenbläser und ›bronzezeitlich‹ gekleideten Frauen im Festzug zum Tag der Deutschen Rose in Berlin 1934 (<http://www.sz-photo.de/result_webshop/

ßend positiv über diese Form der Geschichtsvermittlung, die durch das Prinzip der Anschaulichkeit und Greifbarmachung von Inhalten letztlich in der Tradition der Reformpädagogik der 1920er Jahre steht: »Unsere junge Vorgeschichtswissenschaft hat im Laufe der letzten Jahre viel getan, um das falsche Bild von unseren Vorfahren in den Köpfen unserer Volksgenossen zu zerstören. Ich glaube, dass auch derartige Vorführungen dazu dienen, unseren alten Germanen die Ehre zukommen zu lassen, die ihnen gebührt« (ebd. 182).

Aus den 1930er Jahren lassen sich noch weitere, vergleichbare Beispiele für Germanendarstellungen in der Living History anführen. Genannt sei hier der 1936 anlässlich der 900-Jahrfeier und der Eröffnung des Germanengehöfts in Oerlinghausen zusammen mit dem Schauspiel *Oerl Bark* veranstaltete Festzug mit Germanen (siehe Crumbach 2014; Banghard 2015). In München wurden von der NSDAP mehrere große Historische Festzüge veranstaltet, die – im Kontext der Darstellung deutscher Kunstgeschichte – ebenso die Geschichte der Germanen thematisierten (siehe Schweizer 2007, 146–154, 199). Ein anderes Beispiel ist das Begleitprogramm zum Kreisfest des Deutschen Reichsbundes für Leibesübungen in Neumünster 1937. Karl Schlabow (1891–1984), Leiter des *Museums Germanischer Trachtenkunde* in Neumünster, war seitens der Stadt gebeten worden, die nach seiner Anleitung für das Museum entstandenen germanischen Kleidungsrepliken in einem Festzug zu zeigen. Er erweiterte die Idee des Festzugs um die Austragung historischer Wettkämpfe. Die von der Veranstaltung überlieferten Fotografien (BArch NS 21/2321) zeigen, dass Schlabow bei der Ausstattung seiner Germanen und des Festzugs ganz ähnlich vorgegangen war wie Kiekebusch: Unter anderem führte der Zug einen ›Sonnenwagen‹ in Übergröße mit sich; Wagenrennen wurden auf Rekonstruktionen bronzezeitlicher Wagen gefahren. Auch Schlabow verband mit dem Auftrag die Möglichkeit, wissenschaftliche Erkenntnisse zu vermitteln: »Ich sah in dieser Veranstaltung eine gute Propaganda für meine Museumsarbeit«, schrieb er in einem Brief an den Reichsgeschäftsführer des SS-Ahnenerbes (Schlabow 1939).

Zusammenfassung: Doing History 1933

Insgesamt ist der Berliner ›Germanenzug‹ von 1933 ein frühes Zeugnis für eine zu NS-Propagandazwecken nutzbar gemachte Ur- und Frühgeschichte. Wissenschaftler und Parteifunktionäre kooperierten für eine aufwendige Inszenierung der ›eigenen‹ fernen Vergangenheit. Bezüglich der Form knüpft die Veranstal-

---

germanenkult-waehrend-des-nationalsozialismus/dossier-1.1121577>, Bild 12 von 28, Foto: Scherl, Bild-ID: 00147791).

tung an bestehende Traditionen an: einerseits Sonnwendfeiern, verstanden als gelebtes, ›volksnahes‹ ›Brauchtum‹ (siehe oben), und andererseits Historische Festzüge, in denen sich seit dem 19. Jahrhundert »politische, religiöse und soziale Deutungen der Vergangenheit zum Zweck einer gegenwärtigen Identitätsstiftung« und der Versinnbildlichung geschichtlicher Legitimation z. B. von Herrschaft verbanden (siehe Schweizer 2007, 33–39, hier 33). Beide Elemente wurden in Berlin als Teil einer von Seiten der Regierung organisierten Großveranstaltung symbiotisch in einen neuen Rahmen gesetzt, die letztlich der Selbstdarstellung und Selbstvergewisserung des Deutschen Reichs unter der neuen nationalsozialistischen Regierung diente. Das Phänomen einer ›nachgespielten‹ Frühgeschichte war dabei nicht neu: Germanen waren beispielsweise bereits 1900 bei den Feierlichkeiten zur Grundsteinlegung des Römerkastells Saalburg aufgetreten (siehe Obmann/Wirtz 1997) und 1909 zur 1900-Jahr-Feier der Varusschlacht am Hermannsdenkmal in Detmold (siehe Kösters 2009, 248–254). Neu war in Berlin 1933 die Akribie, mit der man in Zusammenarbeit mit hauptverantwortlichen Fachvertretern eine möglichst nah an Originalfunden orientierte Ausstattung der Akteure anstrebte und diese lebendige Form der Geschichtsvermittlung in ihrer Wertigkeit im Vergleich zu anderen Formen (Texte, Ausstellungen) als mindestens gleichrangig ansah. Vorläufer für vergleichbare Kooperationen gibt es für andere Epochen und Vermittlungsformen, beispielsweise für Jungsteinzeit und Bronzezeit mit der Errichtung des Pfahlbaumuseums Unteruhldingen ab 1922.

Der Berliner Germanenzug unterscheidet sich in mehreren Punkten von Veranstaltungen aus dem Bereich der gegenwärtigen Living History: Die Teilnehmer wurden von den Organisatoren zur Umsetzung des staatlich geförderten Vorhabens eigens rekrutiert. Die hier umgesetzte körperliche Praktik zielte weniger auf das Erleben der Darsteller im Germanenzug ab, auch wenn Kiekebusch (1933a, 188 f.) betont, dass sich die Teilnehmer »in ihre Rollen nicht nur hineingefunden, sondern auch hineingelebt« hätten. Was er damit meint, muss insofern offen bleiben, als er an anderer Stelle berichtet, er habe sie im Rahmen eines Vortrages »in den Sinn ihrer Aufgabe« eingeführt (ebd. 182), nämlich an der Produktion eines lebendigen Gesamtbildes zum Zwecke der Geschichtsvermittlung mitzuwirken, in der die Teilnehmer als Medium fungieren (nicht als Akteure, die selbst danach streben, in die Vergangenheit ›einzutauchen‹ oder sie körperlich zu ›erfahren‹, siehe Samida 2013, 107, 112 f.). Die Inszenierung beschränkte sich in erster Linie auf das Repräsentieren und kam, anders als heute bei vielen Living History-Gruppen, im Moment der Aufführung ohne Erklärungen aus. Der optische Eindruck war maßgeblich: »Die funkelnagelneuen Sonnenbildnisse glänzten im Scheine der elektrischen Lampen wie gleißendes Gold und erregten ganz besonders das Interesse der Besucher«, berichtet Kiekebusch (1933a, 180). Der für diese Repräsentation notwendige Aufwand wurde nicht durch die Teilnehmer selbst betrieben, sondern war zentral organisiert und finanziert. Die Organisation ›von oben‹ griff bis in Details hinein, wenn für bestimmte Rollen Personen eine Bevorzugung erfuhren, die dem NS-Rasse-Ideal entsprachen: So wurden laut Kiekebusch speziell »zwei stattliche blonde Frauen« als Begleiterinnen eines Wagens ausgewählt; ein Vertreter der Gaupropagandaleitung übernahm die Rolle des »Führers« an der Spitze des Zuges, weil er als »hohe Prachtgestalt« dafür »prädestiniert« gewesen sei (Kiekebusch 1933a, 179, 181).

Während des Umzugs war keine unmittelbare Interaktion zwischen Zuschauern und Zugteilnehmern geplant. Durch ihre »leibliche Ko-Präsenz« (Fischer-Lichte 2012, 54–58) im Stadion schufen die Zuschauer allerdings die notwendige Kulisse, den Raum die Großveranstaltung, die nur im gemeinsamen Erleben der dem Spektakel beiwohnenden Masse ihren Glanz voll entfalten konnte. Über den Einsatz von Feuer und Feuerwerk, Kostümen und Objekten sowie durch den insgesamt feierlichen Rahmen entstand eine besondere Atmosphäre, die letztlich Zuschauer und Teilnehmer – sowohl untereinander als auch miteinander – verbinden konnte. Kiekebuschs Selbstzeugnis deutet an, dass auch die Zuschauer das Ereignis der Aufführung als intensiv und unmittelbar, als magischen Moment und damit als Leiberfahrung (siehe Samida 2013, 111, 115) erlebt haben können.

Die Ausgangsbedingungen für den Germanenzug 1933 waren andere als in der gegenwärtigen Living History, dennoch können einige Gemeinsamkeiten festgehalten werden. Dazu zählen: das Streben nach größtmöglicher Authentizität der Darstellung über die herangezogenen Objekte, inklusive der Kompromisse, die aus finanziellen oder praktischen Gründen gemacht werden müssen; ungeplante Ereignisse während der Aufführung (»Unvorhersehbarkeit« als Eigenschaft des Performativen, siehe Fischer-Lichte 2012, 75–85); der Wunsch, Wissen zu generieren, zu vermitteln und in einer besonderen Weise erfahrbar zu machen; sowie die Illusion, dass über Performativität Vergangenheit gegenwärtig gemacht werden könne. Letztlich spiegelt der Germanenzug von 1933 genau wie Darstellungen aus der modernen Living History die gesellschaftliche Gegenwart, den zeitlichen Ausgangspunkt, von dem aus die ›Reise in die Vergangenheit‹ unternommen wird, und kann damit als Quelle für gesellschaftlich-politische Diskurse innerhalb des weiten Feldes von ›Geschichtskultur‹ untersucht werden.

Literatur

Quellen und Literatur vor 1945

Anon. 1933a: Anonymus, Tag der Sonnenwende: Auch im Berliner Stadion werden wie überall in Deutschland die Feuer lodern. Völkischer Beobachter vom 22.06.1933, 3.

Anon. 1933b: Anonymus, Sonnwendfeier im Stadion: Goebbels spricht. Berliner Morgenpost vom 01.07.1933, 1–2.

Anon. [I. B.] 1933: Anonymus [I. B.], Die Sonnwendfeier der Karlsruher Jugend. Der Führer 174 vom 26.06.1933, 4.

BArch NS 21/2321. Germanische Wettkämpfe in Neumünster. <https://www.bundesarchiv.de/oeffentlichkeitsarbeit/bilder_dokumente/02213/index-8.html.de> [24.03.2015].

Engelhardt 1863: Conrad Engelhardt, Thorsbjerg Mosefund. Sønderjyske Mosefund 1. Kjøbenhavn: Gad 1863.

Erdal-Fabrik 1937: Erdal-Fabrik (Hrsg.), Aus Deutschlands Vorzeit: Ein Erdal-Bilderbuch. Mainz: Werner & Mertz AG 1937.

Erdal-Fabrik 1938: Dies., Aus Deutschlands Vor- und Frühzeit: Ein Erdal-Bilderbuch. Mainz: Werner & Mertz AG 1938.

Euringer 1933: Richard Euringer, Flammenrede zur Sonnwendnacht. Völkischer Beobachter vom 21.06.1933, Zweites Beiblatt.

Fehrle 1933: Eugen Fehrle, Sonnwendfeuer. In: Fest der Jugend. Sonderbeilage des »Führer« zum ersten deutschen Reichsjugendtag am 24. und 25. Juni [= Der Führer 172 vom 24.06.1933], 3.

Germanen-Erbe 1933: Germanen-Erbe. Monatsschrift für Deutsche Vorgeschichte 1/5, 1933, Titel.

Kiekebusch 1916: Albert Kiekebusch, Bilder aus der märkischen Vorzeit: Für Freunde der heimischen Altertumskunde, insbesondere für die Jugend und ihre Lehrer. Berlin: Dietrich Reimer (Ernst Bohsen) 1916.

Kiekebusch 1928: Ders., Das Königsgrab von Seddin. Führer zur Urgeschichte 1. Augsburg: Benno Filser 1928.

Kiekebusch 1933a: Ders., Der Germanenzug im Berliner Grunewaldstadion. Nachrichtenblatt für Deutsche Vorzeit 9, 1933, 178–182.

Kiekebusch 1933b: Ders., Aus der Urzeit der Germanen. Deutsche Postzeitung 18 C vom 02.11.1933, 2. Beilage.

Kiekebusch 1935: Ders., Germanische Geschichte und Kultur der Urzeit: Vom ersten Auftreten der Germanen in der Geschichte bis zum Beginn der Völkerwanderung. Wissenschaft und Bildung: Einzeldarstellungen aus allen Gebieten des Wissens 301. Leipzig: Quelle & Meyer 1935.

Kossinna 1912: Gustaf Kossinna, Die deutsche Vorgeschichte, eine hervorragend nationale Wissenschaft. Leipzig: Kabitzsch 1912.

Kügler 1930: Hermann Kügler, Albert Kiekebusch. Brandenburgia 39, 1930, 3–12.

Lechler 1921: Jörg Lechler, Vom Hakenkreuz: Die Geschichte eines Symbols. Leipzig: Kabitzsch 1921.

Lechler 1933: Ders., Neues über Pferd und Wagen in der Steinzeit und Bronzezeit. Mannus 25/2, 1933, 123–136.

Lechler 1934: Ders., Vom Hakenkreuz: Die Geschichte eines Symbols. Leipzig: Kabitzsch ²1934. [Erstauflage 1921.]

Lechler 1936: Ders., 5000 Jahre Deutschland: Eine Führung in 620 Bildern durch die deutsche Vorzeit und germanische Kultur. Leipzig: Kabitzsch 1936.

Müller 1898: Sophus Müller, Nordische Altertumskunde: Nach Funden und Denkmälern aus Dänemark und Schleswig, gemeinfasslich dargestellt. Zweiter Band: Eisenzeit. Straßburg: Trübner 1898.

Schlabow 1939: Karl Schlabow, An den Reichsgeschäftsführer »Das Ahnenerbe«. Brief vom 09.05.1939, BArch NS 21/2321. <https://www.bundesarchiv.de/oeffentlichkeitsarbeit/bilder_dokumente/02213/index-8.html.de>, Bild 2 von 9 [02.08.2014].

Tacitus Germania: P. Cornelius Tacitus, Germania. Interpret., hg., übertr., komm. u. mit einer Bibliographie versehen v. Allan A. Lund. Heidelberg: Winter 1988.

Literatur nach 1945

Banghard 2015: Karl Banghard, Nationalsozialistische Jugendarbeit im Germanengehöft Oerlinghausen. In: Beck/Timm 2015a, 96–105.

Beck/Geuenich/Steuer u. a. 2004: Heinrich Beck/Dieter Geuenich/Heiko Steuer/Dietrich Hakelberg (Hrsg.), Zur Geschichte der Gleichung »germanisch – deutsch«. RGA-Ergänzungsbände 34. Berlin/New York: de Gruyter 2004, 103–129.

Beck/Timm 2015a: Erik Beck/Arne Timm (Hrsg.), Mythos Germanien: Das nationalsozialistische Germanenbild in Schulunterricht und Alltag der NS-Zeit. Dortmund: Westfälisches Schulmuseum 2015.

Beck/Timm 2015b: Dies., Das Nationalsozialistische Germanenbild auf Schulwandbildern der NS-Zeit. In: Beck/Timm 2015a, 48–73.

Blankenfeldt/Lau/Matešić 2014: Ruth Blankenfeldt/Nina Lau/Suzana Matešić, Der Fundplatz Thorsberger Moor: Naturräumliche Gegebenheiten, Fund- und Forschungsgeschichte, Archivalien und Fundbestand. In: Carnap-Bornheim 2014, 1–119.

Brather 2004: Sebastian Brather, Ethnische Interpretationen in der frühgeschichtlichen Archäologie: Geschichte, Grundlagen und Alternativen. RGA-Ergänzungsbände 42. Berlin/New York: de Gruyter 2004.

Cancik 2004: Hubert Cancik, Sommersonnwende Berlin 1933: Zur Herstellung eines nationalsozialistischen Kultes. In: Judith Baumgartner/Bernd Wedemeyer-Kolwe (Hrsg.), Aufbrüche – Seitenpfade – Abwege: Suchbewegungen und Subkulturen im 20. Jahrhundert. Würzburg: Königshausen & Neumann 2004, 177–184.

Carnap-Bornheim 2014: Claus von Carnap-Bornheim (Hrsg.), Das Thorsberger Moor 4: Fund- und Forschungsgeschichte, naturwissenschaftliche und materialkundliche Untersuchungen. Unter Mitarbeit von Ruth Blankenfeldt. Schleswig: Verein zur Förderung des Archäologischen Landesmuseum Schloss Gottorf 2004.

Crumbach 2014: Sylvia Crumbach, Zurück zu unserem Cheruskerhof! Anschauliche »Kulturhöhe« im Germanengehöft auf dem Barkhauser Berg, Oerlinghausen. Kleine Hefte zur Archäologie 1. Kerpen-Loogh: Welt und Erde 2014.

Fischer-Lichte 2012: Erika Fischer-Lichte, Performativität: Eine Einführung. Edition Kulturwissenschaft 10. Bielefeld: transcript 2012.

Focke-Museum 2013: Focke-Museum (Hrsg.), Graben für Germanien: Archäologie unterm Hakenkreuz. Stuttgart: Theiss 2013.

Geringer 2013: Sandra Geringer, Alltägliche Germanenbilder. In: Focke-Museum 2013, 179–181.

Haßmann 2002: Henning Haßmann, Archäologie und Jugend im »Dritten Reich«: Ur- und Frühgeschichte als Mittel der politisch-ideologischen Indoktrination von Kindern und Jugendlichen. In: Leube 2002, 107–146.

Kösters 2009: Klaus Kösters, Mythos Arminius: Die Varusschlacht und ihre Folgen. Münster: Aschendorff 2009.

Kuhnen 2002: Hans-Peter Kuhnen (Hrsg.), Propaganda. Macht. Geschichte: Archäologie an Rhein und Mosel im Dienst des Nationalsozialismus. Schriften des Rheinischen Landesmuseums Trier 24. Trier: Rheinisches Landesmuseum 2002.

Leube 2002: Achim Leube (Hrsg.), Prähistorie und Nationalsozialismus: Die mittel- und osteuropäische Ur- und Frühgeschichtsforschung in den Jahren 1933–1945. Studien zur Wissenschafts- und Universitätsgeschichte 2. Heidelberg: Synchron 2002.

Löw 2009: Luitgard Löw, Völkische Deutungen prähistorischer Sinnbilder: Hermann Wirth und sein Umfeld. In: G. Ulrich Großmann/Uwe Puschner (Hrsg.), Völkisch und national: Zur Aktualität alter Denkmuster im 21. Jahrhundert. Darmstadt: Wissenschaftliche Buchgesellschaft 2009, 214–232.

Lund 1995: Allan A. Lund, Germanenideologie im Nationalsozialismus: Zur Rezeption der ›Germania‹ des Tacitus im »Dritten Reich«. Heidelberg: Winter 1995.

Matešić 2010: Suzana Matešić, Der germanische Helm aus dem Thorsberger Moor. Archäologische Nachrichten aus Schleswig-Holstein 16, 2010, 54–58.

Mertins-Kiekebusch 1995: Ingeborg Mertins-Kiekebusch, Gedanken und Erinnerungen: Dr. Albert Kiekebusch. Kevelaer: Bercker 1995.

Musées de Strasbourg/Musées de Metz 2001: Musées de Strasbourg/Musées de Metz (Hrsg.), L'archéologie en Alsace et en Moselle au temps de l'annexion (1940–1944). Strasbourg: Musées de Strasbourg 2001.

Obmann/Wirtz 1997: Jürgen Obmann/Derk Wirtz, »Sie muß den Kaiser auf der Saalburg sehen«: Die Grundsteinlegung des wiedererrichteten Römerkastells am 11. Oktober 1900. In: Egon Schallmayer (Hrsg.), Hundert Jahre Saalburg: Vom römischen Grenzposten zum europäischen Museum. Mainz: Zabern 1997, 33–54.

Potter 2000: Pamela M. Potter, Die deutscheste der Künste: Musikwissenschaft und Gesellschaft von der Weimarer Republik bis zum Ende des Dritten Reichs. Stuttgart: Klett-Cotta 2000.

Probst 1996: Ernst Probst, Deutschland in der Bronzezeit: Bauern, Bronzegießer und Burgherren zwischen Nordsee und Alpen. München: Bertelsmann 1996.

Raabe/Schlegelmilch 2013: Jan Raabe/Dana Schlegelmilch, Die rezente extreme Rechte und das Germanentum. In: Focke-Museum 2013, 172–178.

Puschner 2004: Uwe Puschner, Germanenideologie und völkische Weltanschauung. In: Beck/Geuenich/Steuer u. a. 2004, 103–129.

Samida 2006: Stefanie Samida, Wissenschaftskommunikation im Internet: Neue Medien in der Archäologie. @Internet Research 26. München: Fischer 2006.

Samida 2013: Dies., Aneignung von Vergangenheit durch körperliches Erleben? Literatur in Wissenschaft und Unterricht 46/2&3, 2013 [2015], 105–121. [= Themenheft »Kulturelle Aneignung von Vergangenheit«, hrsg. von Sabine Moller und Matthias Bauer.]

Schöbel 2002: Gunter Schöbel, Hans Reinerth: Forscher – NS-Funktionär – Museumsleiter. In: Leube 2002, 321–396.

Schween 2010: Joachim Schween, »Nur Deutsche hatten die Lure«. In: Ulf F. Ickerodt/Fred Mahler (Hrsg.), Archäologie und völkisches Gedankengut: Zum Umgang mit den eigenen Erbe. Ein Beitrag zur Selbstreflexiven Archäologie. Frankfurt a. M./Berlin u. a.: Peter Lang 2010, 155–164.

Schweizer 2007: Stefan Schweizer, »Unserer Weltanschauung sichtbaren Ausdruck geben«: Nationalsozialistische Geschichtsbilder in historischen Festzügen zum ›Tag der Deutschen Kunst‹. Göttingen: Wallstein 2007.

Sénécheau 2008: Miriam Sénécheau, Archäologie im Schulbuch: Themen der Ur- und Frühgeschichte im Spannungsfeld zwischen Lehrplanforderungen, Fachdiskussion und populären Geschichtsvorstellungen. Bd. 3: Tafeln (= Dissertationsschrift, Universität Freiburg 2006). Freiburg: FreiDok 2008. <http://www.freidok.uni-freiburg.de/volltexte/6142/> [25.03.2015].

Sénécheau 2012: Dies., Die Germanen sind wieder da: Archäologische, didaktische und gesellschaftspolitische Perspektiven auf ein altes Thema in neuen Lehrwerken. Archäologische Informationen 35, 2012, 219–234. [Auch unter: <http://dx.doi.org/10.11588/ai.2012.0.10252> (25.03.2015).]

Sénécheau 2015: Dies., Was bleibt – Spuren der NS-Germanenideologie in der Gegenwart. In: Beck/Timm 2015a, 106–115.

Sénécheau/Samida 2015: Dies./Stefanie Samida, Living History als Gegenstand Historischen Lernens: Begriffe – Problemfelder – Materialien. Stuttgart: Kohlhammer 2015.

Steuer 2001: Heiko Steuer (Hrsg.), Eine hervorragend nationale Wissenschaft: Deutsche Prähistoriker zwischen 1900 und 1995. RGA-Ergänzungsbände 29. Berlin/New York: de Gruyter 2001.

Steuer 2004: Ders., Das »völkisch« Germanische in der deutschen Ur- und Frühgeschichtsforschung: Zeitgeist und Kontinuitäten. In: Beck/Geuenich/Steuer u. a. 2004, 357–502.

Zernack 2001: Julia Zernack, Germanische Altertumskunde, Skandinavistik und völkische Religiosität. In: Stefanie von Schnurbein/Justus H. Ulbricht (Hrsg.), Völkische Religion und Krisen der Moderne: Entwürfe »arteigener« Glaubenssysteme seit der Jahrhundertwende. Würzburg: Königshausen & Neumann 2001, 227–253.

Verzeichnis der Autorinnen und Autoren

Frank Bösch

1991–1997 Studium der Geschichte, Germanistik und Politikwissenschaft an den Universitäten Hamburg und Göttingen; Promotion 2001; 1998–2002 wissenschaftlicher Mitarbeiter an der Universität Göttingen; 2002–2007 Juniorprofessor an der Ruhr-Universität Bochum, 2005 als Stipendiat am DHI London. 2007–2011 ord. Professor an der Justus-Liebig-Universität Gießen; seit 2011 Direktor des Zentrums für Zeithistorische Forschung (ZZF) Potsdam und Inhaber des Lehrstuhls für deutsche und europäische Geschichte des 20. Jahrhunderts an der Universität Potsdam.

Juliane Brauer

1996–2001 Studium der Neueren/Neuesten Geschichte und Musikwissenschaft an der Humboldt-Universität zu Berlin; Promotion 2007 über Musik im Konzentrationslager Sachsenhausen an der Freien Universität Berlin; seit 2010 wissenschaftliche Mitarbeiterin im Forschungsbereich »Geschichte der Gefühle« am Max-Planck-Institut für Bildungsforschung (Berlin); 2012 Vertretungsprofessur für Neuere/Neueste Geschichte und ihre Didaktik an der Universität Erfurt.

Mads Daugbjerg

1997–2004 Studium der Anthropologie an der Universität Aarhus; Promotion 2008 mit einer Arbeit zu Geschichtsperformanzen am historischen Schlachtfeld Dybbøl (Düppel) in Süd-Dänemark, veröffentlicht 2014 als *Borders of Belonging: Experiencing History, War and Nation at a Danish Heritage Site*; 2009–2012 Forschungsprojekt »The Semantics of Revival: Enlightenment, Experience and National Sentiment in Historical Reenactment«; 2009–2011 Projektleitung der Forschergruppe »Experience Innovation in Bicycle Tourism«, gefördert vom dänischen Wirtschaftsministerium. Seit 2013 außerordentlicher Professor für Anthropologie an der Universität Aarhus. Mitherausgeber einer Sondernummer des *International Journal of Heritage Studies* (›Reenacting the Past‹, 2014) und *History and Anthropology* (›Globalized Heritage‹, 2011).

Anja Dreschke

Medienanthropologin und Filmmacherin, lebt in Köln; derzeit wissenschaftliche Mitarbeiterin im DFG-Projekt »Trancemedien und Neue Medien« an der Universität Siegen. Aktuelle Publikationen: *Trance Mediums and New Media: Spirit Possession in the Age of Technical Reproduction*, hrsg. mit Heike Behrend und Martin Zillinger, 2015; *Reenactments: Medienpraktiken zwischen Wiederholung und kreativer Aneignung*, hrsg. mit Raphaela Knipp u. a., in Vorbereitung; »Die Stämme von Köln« (Dokumentarfilm/DVD), Köln: Real Fiction Filmverleih, 2011.

René Gründer

2001–2005 Studium der Soziologie, Philosophie und Historischen Anthropologie an der Albert-Ludwigs-Universität Freiburg i. Br.; Promotion 2010 mit einer religionsethnographischen Feldforschungsarbeit zum ›germanischen Neuheidentum‹ im deutschsprachigen Raum; seit 2013 Professor für Soziale Arbeit an der Dualen Hochschule Baden-Württemberg in Heidenheim.

Wolfgang Hochbruck

1978–1990 Seemann, Student und Journalist; 1990–2000 Promotion; danach diverse Stellenvertretungen, Assistent in Stuttgart und Vater in Elternzeit; 2001 Habilitation und Professur an der TU Braunschweig; seit 2004 Professor für Nordamerikanische Philologie an der Universität Freiburg.

Georg Koch

2005–2008 Lehramtsstudium der Geschichte und Informatik an der Freien Universität Berlin; 2008–2012 Masterstudium der Public History ebenfalls an der Freien Universität Berlin. Seit 2012 wissenschaftliche Mitarbeit im Forschungsprojekt »Living History. Reenacted Prehistory between Research and Popular Performance« am Zentrum für Zeithistorische Forschung; hier entsteht die wissensgeschichtliche Dissertation zur Inszenierung der Urgeschichte im deutschen und britischen Fernsehen.

Sven Kommer

1985–1991 Lehramtsstudium (Musik, Deutsch, Mathematik) an der PH Ludwigsburg; Promotion 1995; Habilitation 2009; 2001–2007 Hochschuldozent für Medienpädagogik an der PH Freiburg; seit 2013 Professor für Allgemeine Didaktik mit dem Schwerpunkt Technik- und Medienbildung an der RWTH Aachen University.

Stefanie Samida

1993–1999 Magisterstudium der Ur- und Frühgeschichte, Klassischen Archäologie und Mittelalterlichen Geschichte in Tübingen und Kiel; 1999–2001 Diplom-Aufbaustudium der Medienwissenschaft-Medienpraxis; Promotion 2005; danach unter anderem von 2008–2010 Forschungsstipendiatin der Gerda Henkel Stiftung; 2011/12 Junior Fellow am Berliner Exzellenzcluster »Topoi«; 2012–2015 Projektleiterin im Forschungsprojekt »Living History. Reenacted Prehistory between Research and Popular Performance« am Zentrum für Zeithistorische Forschung Potsdam; seit Oktober 2015 Nachwuchsgruppenleiterin im Projekt heiEDUCATION der Heidelberg School of Education, eine hochschulübergreifende Einrichtung der Universität Heidelberg und der Pädagogischen Hochschule Heidelberg.

Miriam Sénécheau

1994–2000 Studium der Geschichte sowie der Ur- und Frühgeschichtlichen Archäologie in Tübingen, Aix-en-Provence und Freiburg i. Br.; Promotion 2006; seit 2007 Mitarbeiterin und seit 2010 Projektleiterin in der DFG-Forschergruppe 875 »Historische Lebenswelten in populären Wissenskulturen« an der Universität Freiburg mit einem Projekt zur Germanen- und Keltenrezeption in Vergangenheit und Gegenwart.

Bernhard Tschofen

1984–1992 Studium der Volkskunde und Kunstgeschichte an der Universität Innsbruck, der Empirischen Kulturwissenschaft und Kunstgeschichte an der Universität Tübingen; Promotion 1999; Habilitation 2001; von 1995–2001 Universitätsassistent sowie von 2001–2004 Ao. Univ.-Prof. am Institut für Volkskunde der Universität Wien; 2004–2013 Professor für Empirische Kulturwissenschaft/Volkskunde am Ludwig-Uhland-Institut der Universität Tübingen; seit 2013 Professor für Populäre Kulturen mit Schwerpunkt kulturwissenschaftliche Raumforschung an der Universität Zürich.

Sarah Willner

2001–2008 Studium der Empirischen Kulturwissenschaft und Amerikanistik an der Universität Tübingen; 2009–2011 wissenschaftliches Volontariat am Stadtmuseum Tübingen; 2011–2015 wissenschaftliche Mitarbeit im Forschungsprojekt »Living History. Reenacted Prehistory between Research and Popular Performance« am Ludwig-Uhland-Institut für Empirische Kulturwissenschaft an der Universität Tübingen; Promotion 2015 mit einer ethnographischen Kulturanalyse des archäologischen Themenwanderns in den Alpen; seit 2016 Leitung Bildung und Vermittlung am »paläon – Forschungs- und Erlebniszentrum Schöninger Speere«.

Philipp W. Stockhammer,
Hans Peter Hahn (Hrsg.)

Lost in Things – Fragen an die Welt des Materiellen

Tübinger Archäologische Taschenbücher, Band 12, 2015, 212 Seiten, br., 27,90 €, ISBN 978-3-8309-3175-1
E-Book: 24,99 €, ISBN 978-3-8309-8175-6

Sind wir verloren in den Dingen? Oder sind es letztlich die Dinge, die uns verloren gehen – in ihrem Übermaß, in ihrer Vielfalt, in ihrer alltäglichen Gegenwart, in ihrem unterschwelligen Uns-entgegen-Stehen, in ihrem Aus-unserem-Blick-Gleiten? Dieser Band verspricht keine klaren Antworten, aber doch die Möglichkeit, sich mit neuen Fragen an die Welt des Materiellen den Dingen auf eine neuartige Weise anzunähern. Er kann erklären, welches komplexe Mensch-Ding-Verhältnis wir unter »Lost in Things« begreifen. Seine Beiträge sind aus der internationalen Konferenz »Lost in Things – Questioning Functions and Meanings of the Material World« hervorgegangen, die im November 2013 an der Goethe-Universität in Frankfurt am Main stattgefunden hat und deren Anliegen die Integration aktueller und innovativer Ansätze aus der Archäologie und der Ethnologie/Anthropologie zur Analyse materieller Kultur und des Mensch-Ding-Verhältnisses war.